吴少博　李晓宁——著

企业征收拆迁维权办案手记

QIYE ZHENGSHOU CHAIQIAN WEIQUAN
BANAN SHOUJI

中国政法大学出版社

2017·北京

图书在版编目（CIP）数据

企业征收拆迁维权办案手记/吴少博, 李晓宁著. —北京: 中国政法大学出版社, 2017.8
ISBN 978-7-5620-7671-1

Ⅰ.①企… Ⅱ.①吴… ②李… Ⅲ.①房屋拆迁－民事纠纷－案例－中国 Ⅳ.①D922.181.5

中国版本图书馆CIP数据核字(2017)第201505号

出 版 者　　中国政法大学出版社
地　　址　　北京市海淀区西土城路25号
邮寄地址　　北京100088 信箱8034分箱　邮编100088
网　　址　　http://www.cuplpress.com（网络实名: 中国政法大学出版社）
电　　话　　010-58908586(编辑部) 58908334(邮购部)
编辑邮箱　　zhengfadch@126.com
承　　印　　固安华明印业有限公司
开　　本　　880mm×1230mm　1/32
印　　张　　9.625
字　　数　　280千字
版　　次　　2017年8月第1版
印　　次　　2017年8月第1次印刷
定　　价　　36.00元

序 言 PREFACE

　　《企业征收拆迁维权办案手记》是北京吴少博律师事务所"企业拆迁维权三部曲"的收官之作。本书是我所数位多年从事企业拆迁维权资深律师的办案经验总结。为的就是与广大中小企业主进行经验分享。所以这盘菜请不要简单的以是否精致来评判，还是用味觉来鉴赏为好。我们认为这就是一盘大杂烩，味道十足，但是品相未必入眼。本书中总结的一些企业拆迁发展规律就好似数学中的定理，恒定且准确。

　　我国的中小企业生存发展史必然带有国情的烙印。近40年的改革开放换来了经济的高速发展，中小企业在这个过程中主动或者被迫进行着时代的检验。以前是围着GDP发展，到今日环保问题又成为了时代健康发展的重中之重。又一次考验着中小企业的生存能力。以前企业遇到征收拆迁是偶然的，但今日铺天盖地的环保关停，拆除违章建筑等以前不是问题的问题而今都成了大问题。一个企业可能没有被市场所淘汰，但无情的时代发展车辆也会随时把你碾得粉碎。企业主以往只知道开拓市场的艰难，而不知更大的问题来自于今日如何存在。我们不是社会学家也不是宗教徒，我们只是法律践行者，希望本书能给您的企业拆迁维权之路增添一束光明，从而多一分把握。

　　在这里提醒各位，在阅读本书前请最好先阅读前两部书籍，即：《企业拆迁维权攻略》《企业征收关停补偿纠纷案例评析》，这是一个简单的逻辑关系。因为没有前两部的基础，您看本部书可能理解得不深刻。尽管不存在晦涩难懂的文字，但是表达的意思确实需要深度理解。我们一直坚持的都是授人以鱼不如授人以渔。告诉您所谓结果不如指导您怎样去做。道理就是没有精彩的过程哪来完美的结果呢？本书不完整及错误还望指正。

目　录 CONTENTS

■ 序　言 ……………………………………………………… 001

■ 概念篇 ……………………………………………………… 001

1. 企业拆迁是什么？ ……………………………………… 001

2. 拆迁的几种方式 ………………………………………… 003

3. 中小企业征收拆迁纠纷的特点以及应对手段的分析 ………… 005

4. 企业拆迁维权的本质 …………………………………… 008

5. 拆迁四板斧 ……………………………………………… 009

6. 拆迁维权要凝聚三力：抗压力、攻击力、平衡力 …………… 011

7. 企业拆迁前，企业主要做哪些准备 …………………… 012

■ 论述篇 ……………………………………………………… 014

8. 企业拆迁维权会经历一场怎样的心路历程？ ………… 014

9. 为什么征收拆迁对效益好的企业可能是一场灭顶之灾 …… 016

10. 怎样做一个合格的企业拆迁律师兼谈产业律师的形成 …… 018

11. 拆迁当中企业主应该保持的一种思维和状态 ………… 020

12. 是什么让企业主破除万难也要维权 …………………… 022

13. 我们提供的企业拆迁维权的内容 ……………………… 024

14. 我所为大型企业出具的法律意见书和评估意见书 ……… 025

15. 为全国中小企业生存奔走疾呼 ……… 026

16. 律师应该怎样代理行政纠纷 ……… 030

17. 企业在进行征收拆迁中企业主的几个误区 ……… 032

18. 整体征收和局部征收 ……… 035

19. 群体诉讼组织以及特点 ……… 036

20. 企业被强拆后是否应该立即进行行政赔偿诉讼？ ……… 038

21. 企业拆迁中可能遭受的重大行政处罚以及应对策略 ……… 040

■ 地方政策篇 ……… 043

22. 环境整治和拆违缘何成了低价拆迁的工具 ……… 043

23. 污染企业搬迁、拆迁重点问题探讨 ……… 045

24. 解读环境综合整治的信访和告知书 ……… 047

25. 政策性拆违 ……… 049

26. 城市管理综合执法局在拆迁中的作用 ……… 050

27. 行政诉讼的三大主要问题 ……… 051

28. 江浙沪拆违现状分析 ……… 053

29. 近年来征收拆迁模式的演变 ……… 054

30. 具体行政行为的两面性 ……… 055

31. 环境污染、腾退搬迁问题 ……… 057

32. 解析江浙沪三改一拆、五违必治等现象 ……… 058

33. 禁养区的划定范围的法律规定 ……… 061

34. 畜牧养殖业新建、改建和扩建需要遵循哪些环保要求？ ……… 062

35. 违建、关停、禁养对企业拆迁的影响 ……… 064

36. 环保关停禁养，你的胜算在哪里 ……… 068

■ 合法性篇 ……… 072

37. 企业违章建筑一事不再罚原则与责令限期拆除的性质 ……… 072

38. 违章建筑拆除中法不溯及既往的问题 ·············· 073

39. 如果是这样的违章建筑，不要放弃诉讼的权利 ····· 075

40. 违章建筑与行政法信赖保护原则的关系 ·············· 078

41. 企业违章建筑拆迁重点问题探讨 ·············· 079

42. 涉嫌违章建筑庭审经验谈 ·············· 082

43. 实践维权中涉嫌违章建筑的行政诉讼陷阱有哪些 ····· 085

44. 违章建筑的三个争议问题 ·············· 087

45. 违章建筑拆除理论探讨 ·············· 088

46. 违章建筑拆迁维权漫谈 ·············· 091

47. 谈违章建筑区别对待 ·············· 093

48. 违章建筑拆迁为什么绕不开历史原因 ·············· 095

49. 违章建筑维权的目的 ·············· 097

50. 小产权房拆迁与违章建筑的关系 ·············· 098

51. 违章建筑拆迁中对待的问题 ·············· 100

52. 江浙沪违章建筑案件共同点 ·············· 103

53. "违法用地"和"违章建筑"解析 ·············· 104

54. 拆违章建筑如何提起行政复议 ·············· 106

55. 土地来源方式与违章建筑拆迁的关系 ·············· 108

56. 论江浙沪违章建筑的那点事儿 ·············· 109

■ 补偿安置篇 ·············· 115

57. 在拆迁中企业主可能遭受的损失和获得补偿项目有哪些? ··· 115

58. 企业拆迁厂房重置价格的计算方法 ·············· 117

59. 两停损失如何计算 ·············· 118

60. 如何设计企业拆迁补偿方案 ·············· 119

61. 中小企业关停关闭补偿是什么 ·············· 122

62. 租赁厂房遭遇拆迁如何争取补偿 ·············· 123

63. 企业在征收过程中承租人的补偿问题研究 …………… 124

64. 企业拆迁中一地拥有两个或多个营业执照能多获得停产停业
补偿吗? …………………………………………………… 126

65. 商铺拆迁时获得的停产停业补偿为什么高于厂房 ……… 127

66. 企业拆迁中停产、停业损失这个事到底有多大? ……… 129

67. 你的土地使用权补偿去哪了 ……………………………… 131

68. 有些企业拆迁案件为什么一拖再拖未能解决 …………… 134

■ 评估篇 ……………………………………………………… 139

69. 一场企业拆迁评估之战对企业补偿影响几何 …………… 139

70. 一份不同意委托评估申请书让企业重新获得了应有的谈判
地位 ………………………………………………………… 141

71. 评估环节在拆迁过程中价值几何? ……………………… 144

72. 企业拆迁评估的方法有哪些? …………………………… 146

73. 企业拆迁评估乱象汇总 …………………………………… 148

74. 企业拆迁评估事宜 ………………………………………… 150

75. 论拆迁评估报告与资产评估报告的区别 ………………… 152

76. 拆迁中机器设备怎样进行评估估价 ……………………… 153

■ 谈判篇 ……………………………………………………… 156

77. 企业拆迁谈判中的"四不"和"四看" ………………… 156

78. 解析企业拆迁谈判的五关论 ……………………………… 158

79. 如何进行企业拆迁维权谈判及报价的禁忌 ……………… 160

80. 企业拆迁谈判中的道与术 ………………………………… 163

81. 企业征收拆迁谈判中如何沉住气 ………………………… 165

82. 企业拆迁谈判要点 ………………………………………… 167

83. 中小企业拆迁要忌"马拉松式"拆迁谈判 ……………… 170

84. 怎样抓住企业拆迁关停的最佳和解机会 ………………… 171

■ **维权篇** ···176

85. 企业拆迁维权是一场怎样的较量 ··················176

86. 企业拆迁中遭遇"三断"怎么办？ ··················179

87. 企业客户遇到搬迁或者关停关闭应该如何确定维权目的 ····181

88. 行政关停企业，企业怎么办？ ··························182

89. 企业拆迁中的分割之诉 ································184

90. 承租土地建厂房或租赁厂房遇到拆迁怎么办？ ·······187

91. 遭遇禁养及污染环境关停的养殖场该如何维权？ ·····188

92. 浙江嘉善中小企业罢免协会会长维权纪实 ··········191

93. 强拆是怎么回事？我们应该怎么办？ ················192

94. 企业拆迁中土地使用权纠纷问题 ····················194

95. 拆迁征收过程中企业违章建筑维权的门道解析 ·······196

96. 违法占地（用地）的处罚措施及法律适用与维权 ·····198

97. 住宅和商铺混同拆迁时应该怎么处理 ················199

■ **行业篇** ···203

98. 宾馆、饭店、超市企业拆迁的补偿安置 ············203

99. 加油站、码头、小港口遇到拆迁怎么办？ ··········204

100. 企业拆迁中的商铺和门面怎么补偿？ ···············205

101. 沿街住房的拆迁怎么补偿？ ·························206

102. 宅基地企业拆迁补偿安置 ···························207

103. 幼儿园拆迁的补偿与安置如何确定？ ···············208

104. 从法律角度谈养殖行业关停补偿问题 ···············209

105. 养殖场拆迁怎么补偿？ ·····························211

106. 养猪场、养鸡场等一些养殖普通家畜拆迁补偿 ······212

107. 养殖滩涂水域拆迁补偿 ·····························213

108. 种植业与水产业拆迁补偿 ···························214

109. 林地苗木用地拆迁怎么赔偿？ ……………………… 216

110. 小市场租金维权 ………………………………………… 217

■ **成功案例篇** ……………………………………………… 220

111. 招商引资建厂房却遭无偿强迁 ………………………… 220

112. 包头市某保温材料厂拆迁维权案例：股权分割皆欢喜，
　　补偿项目要仔细 ……………………………………… 223

113. 黑龙江三家养殖场拆迁维权案例 ……………………… 227

114. 办案手记：加油站征收维权案例 ……………………… 229

115. 贵州开发商被拆迁：坚持原则从实际，维权还得靠法律 … 232

116. 安徽宿州某连锁饭店拆迁案 …………………………… 235

117. 济南某机械厂办案手记：一纸败诉赢得当事人三年经营权 … 236

118. 黑龙江某铸造企业维权案例：拆迁方施压不要慌 …… 240

119. 安徽合肥汽车配件厂拆迁案例 ………………………… 243

■ **附：专家看法** ………………………………………… 246

一、《行政强制法》第 44 条中易被误解的两个问题 ………… 246

二、招商引资境遇下中小企业信赖利益保护问题 ………… 254

三、拆迁中补偿资金问题 …………………………………… 264

四、遭受违法强拆的房屋所有权人可主张行政赔偿 ……… 271

五、提起行政复议和诉讼的主体不限于行政相对人 ……… 279

六、多个行政行为并存时如何维权 ………………………… 286

七、行政机关强制执行与申请法院强制执行的关系 ……… 291

1

企业拆迁是什么?

企业拆迁是什么,这个问题包含的具体内容非常多。我们可以从三个大的方面来解析:其一,给企业拆迁下定义;其二,拆迁依据在哪里,合法性在哪里,主要审查哪些合法性依据;其三,企业拆迁活动有哪些多种多样的形式。从这三个大方面进行解析,对初涉企业拆迁的企业主而言是一个浅显易懂的模式,可以体会到企业拆迁的灵魂。

第一,对企业拆迁下定义。我们根据具体的理论和实践总结,认为企业拆迁是指基层拆迁方部门(县级或乡镇一级)因土地利用、城乡规划、环境保护等原因对企业实施的拆除建筑、腾空土地、关停并转、停产停业、拆除设备等行为,并就企业应获得的补偿价格及补偿依据或企业损失,与企业谈判具体事务的一项具体行政行为或具体行政执法过程。

具体分析一下这个概念。首先企业拆迁是由基层拆迁方启动的。一般在实践当中,是由县级或者乡镇一级的基层拆迁方所启动的,因为拆迁方要把这块土地重新利用为公共利益的项目,或者重新进行实际的规划、商业开发、城乡规划、拆迁规划等。以前驻扎中小企业的土地,现在规划为集约化用地,这就是城乡规划,就像上海一样,要求把地块进行工业和商业的分离。还有因为环境保护,违法排污对当地生活和生产造成了重大的影响,因此要对企业进行腾退或者拆除建筑、关停关闭停止生产,要么就拆除设备,达到的目的还是关闭生产要素。并且就对企业所造成的损失是什么,企业的损失怎么补偿,补偿的价格是什么、依据是什么,前期定的补偿政策是什么等问题进行补偿谈判。这个执法过程应被界定为一种具体的行政行为，因为它是拆迁方在做的一项土地回转、土地收回的具体行政行为。所以我们就把企业拆迁的概念界定为：由基层拆迁方因土地利用、城乡规划、环境保护对企业进行拆除建筑、关停关闭、停产停业、拆除设备、腾空土地，并就企业损失、补偿价格及依据进行谈判的具体行政执法过程。这就是企业拆迁的完整概念。

第二，拆迁的合法性依据。具体执行的依据是哪些法律，我们认为有以下三方面。

（1）企业主体的合法性。其一，企业经营合法，企业取得了营业执照或特种经营的许可，正常纳税，即便是特种行业也取得了特种经营的许可；其二，土地合法，有土地使用权证，要么是一次性买断的，要么是租赁的；其三，建筑合法，有房产证或者建筑工程规划许可证，证明建筑的合法性，或者是在 2008 年之前建造的，或者是经过了招商引资的程序。主要证明企业、被拆除的建筑和占用的土地都是具有合法主体性的。

（2）拆迁方执法的合法性。执行征收拆迁、关停关闭要有政策和法律的依据。同时，在执法过程中，所制定出来的补偿依据，以及对企业将产生具体影响的行政处罚行为，比如，责令停产停业、要求限期拆除、因消防、安全、税务等行政处罚行为，必须有充足的行政处罚依据。

（3）补偿依据的合法性。如果要进行补偿征收，参考的是不是市场比较法？如果有收益，是否按照收益法的标准进行实际评估补偿？征收方不能按照一刀切的方式每平方米给 200、300 块钱，这是没有经过评估测算所得出来的数据，是征收方自己愿意出的价格，是没有法律依据的。补偿依据必须具有合法性，按照国务院 590 号令，有收益的必须按照收益法，在国有土地上有土地使用权的必须按照市场比较法，这都是有具体的法律依据可循的。

再一个是程序。在评估完了以后，企业有复核和要求专家委员会鉴定的权利。如果评估程序做得不合法，企业还有自行委托评估的权利。这是评估单位选择的问题，评估依据、评估单位、评估价格、评估参数的选取等都要纳入合法范畴之内。

企业拆迁的合法性问题主要就是以上三方面：企业主体的合法性；拆迁方执法的合法性；补偿依据的合法性。

第三，现在拆迁形式多种多样，但万变不离其宗。所有形式的企业拆迁所要达到的目的都在前述拆迁概念当中——关闭关停、停产停业、拆除建筑、腾空土地等。所呈现出来的形式五花八门，有的以正规的征收拆迁的方式来进行：国有土地按照《国有土地上房屋征收与补偿条例》的规定，集体土地上按照《土地管理法》的规定；有的按照经济政策所实行的产能淘汰，但耗能不符合现在政策的依据。比如，一些钢铁、煤炭的生产企业和家居装修装饰等带有污染的企业等，包括产生废水也属于腾退产能淘汰一类；有的是违法建筑或者违法经营，现在很多中小企业的建筑是违法的，没有建筑工程规划许可证，也没有房产证；有的则是企业经营不符合法律要求，明明应该取得加油站行业与危险行业的经营许可，但是没有取得，经营是违法的，比如很多小码头没有取得港口经营许可证，是非法码头，或者宾馆明明应该取得特种行业经营许可，但仅有一个营业执照，就应该取缔；还有环境保护的方式不满足环境保护要求的企业，尤其是现在环保已经纳入到国家政策的方向上，一些重大污染行业肯定要面临关停关闭的困境，包括一些小的煤炭、铝加工、小家具厂等都在进行环保腾退；最后还有一种用于单纯的土地腾退，要求土地腾退然后进行补偿。土地腾退最早应该是在20世纪80年代的《城镇国有土地使用权出让和转让暂行条例》之中规定的。但是在实践当中，北京就有集体土地腾退问题，由乡镇或者村集体进行表决，人大会议或者村民代表大会要求把村委会所使用的土地或者说村民所使用的宅基地、耕地进行土地腾退。当然，这是否合法还要进行商榷。由此可见，企业拆迁形式多种多样、层出不穷。

2

拆迁的几种方式

现在拆迁在现实当中有很多叫法：拆迁、征收、搬迁、腾退、动迁、关闭关停等。拆迁想要达到的结果是什么呢？特别是针对中小企业而言，都是要把企业关闭，使企业不能生产经营。

只不过有的目的是有具体的项目在此，要进行土地的"三通一平"，要进行挂牌交易，有具体的项目要落户到这里。特别是依赖土地财政作为拆迁方主要财政来源的时候，这种方式是很多的。以前进行拆迁，后来改成征收，特别是2001年改成《国有土地征收补偿条例》，以前是开发商出面拆迁，现在是拆迁方直接出面来进行土地征收。

还有一种叫土地回购。20世纪80年代有城镇建设用地回购的条例，即拆迁方因公共事业要回购这块土地。土地先前已经进行市场成交，现在要回购回来，前提与征收一样，必须是基于公共利益进行的。但是回购比征收在补偿方面的要求更严格，不能赋予一定的市场价值，只能当时花费多少钱卖的地，现在回购基本还是这个价钱，这点区别于征收。

在现实当中，这些名称的目的都是公共利益或者非公共利益的商业项目要入住，所以现在具体的叫法在集体土地上叫腾退，运用的是《土地管理法》和村民自治法的相关规定，通过村民委员会、村民代表大会、乡人民代表大会作出决议把集体土地进行腾退。

不过现在只是一种叫法，没有了上位法的支撑，没有《土地管理法》以及《物权法》的支撑，对这块到底适用哪方面的法律规定？怎么来适用法律规定？应该依据什么？现在是学术界、法律界、实务界争议比较大的部门，确实没有上位法的合法来源。

中小企业关停关闭一般是由于环境原因，特别是京津冀地区。关停关闭最多的企业就是钢铁厂、石材厂、砖窑厂、化工厂等，特别是在一些水域地区，像太湖流域等，特别是养殖行业，比如，养猪养鸡行业，对水域的影响也纳入关停关闭或者腾退的范畴之内。这种情况所追求的目的，不是具体的项目入驻，仅仅是把企业关闭掉，只要企业关闭不生产了，对环境不造成任何影响了，拆迁方的目的就达到了。所以在补偿方面往往只给企业停产停业损失的补偿，补偿的单价和额度非常低。因为关停关闭的目的很简单，不用你的地和房屋，房屋也不拆，只需要把企业关停关闭就可以了。

现在不管哪一种叫法，给中小企业造成的损失都是企业无法生存，无法发展经营，预期的可得利益都将不复存在，这是产生的结果，只不过前边拆迁是直接把土地厂房拆走了，关停关闭则不需要厂房和土地。

但是反过来讲，即使不需要厂房土地，企业在这里也不能按照原经营范围进行生产经营了，只能搬迁或者再进行土地的市场化交易，也就是说卖掉土地。因为企业主不能干这个产业，要不就转行干别的产业，要不就把土地和厂房进行市场化的交易买卖，所以说在选择补偿项目上讲确实是不一样的。

当然，我们认为被征收人、被关闭人确实有一个补偿安置选择权的问题，如果征收方要企业的土地和厂房，那么企业有一个补偿项目的选择。如果不要，同时又满足不了企业实际经营的话，企业也可以要求拆迁方把厂房土地回购，按照征收拆迁来补偿。

在实践中确实有这么多具体的情形，由于拆迁方做这个事情所达到的目的不一样，所以给予被征收人、被拆迁人、被关停人补偿的项目和补偿的价格也不一样。我们也要从行政相对人的角度来思考，怎么才能够最大范围的保证利益、保证权益，找出一定的合法合理性基础。这是有利于行政相对人跟行政主体和谐处理问题的前提。

3

中小企业征收拆迁纠纷的特点以及应对手段的分析

政企纠纷中主要是以中小企业拆迁纠纷、违章建筑等不动产纠纷为主，我们可以用社会观点来分析中小企业拆迁到底有哪些特点、现在拆迁维权手段的优劣和如何选择最好的维权手段的问题。

一、征收拆迁时面临的主要问题

以下五个特点是中小企业在征收拆迁和涉嫌违章建筑的时候所面临的一些主客观问题。

1. 利益大

双方之间所争议的不动产利益是比较重大的，往往涉及中小企业生存发展的命脉。土地、厂房、机器设备等动产或不动产，都是涉及企业下一步生存发展的重要生产物资。用现在社会的观点来讲，不动产所占有的这种利益的成分是非常重大的，涉及的标的额非常高，利益链繁琐复杂。

2. 不平等

哪里不平等呢？是双方的地位不平等的。一方是地方部门，另一方是中小企业，双方处在管理者和被管理者的地位，在进行协商谈判的时候地位显然是不平等的。地方部门本身就具有管理企业的行政职权，现在被管理者来跟管理者进行谈判，何来平等？原本是行政管理的关系，现在要变成民事平等主体进行谈判，这种不平等性在征收拆迁中表现得非常明显。

3. 难度大

由于不平等的地位，双方涉及的利益比较大，所以双方谈判、协商以及最后磋商成功的难度系数比较大。

4. 时间长

征收拆迁过程中要反复磋商，多次谈判，甚至会涉及诉讼，涉及相关部门行政决定的争议等等。周期非常长，相信被拆迁企业主都深有体会。

5. 关系杂

很多中小企业主都谈到，由于长时间与某个地域范围之内的拆迁部门有交往，与拆迁部门的个别人员往往是利益交织的关系，双方会有较为复杂的关系。本身是征收方与被征收方的协商关系、平等的谈判关系，但是由于当事人与相关部门内部个体人员之间的关系复杂，可能经常能听到所谓的"内部消息""恐吓信息"等。

总结出的这五个特点是在中小企业进行征收拆迁谈判或者中小企业进行违章建筑协商、磋商的过程中可能涉及的有鲜明特征的地方。

二、维权手段

经过总结，我们认为可以用十二个字共六个方面来概括中小企业主所能够运用的维权的手段：诉讼、磋商、沟通、信访、控告、曝光。下面来分析一下这六个维权手段到底应该怎么使用，使用中要注意哪些问题，以及怎么能够结合自己客观情况来选择对自己最有利的维权手段。要据实而适，不司的时机运用不同的手段才能得到好的效果。

1. 诉讼

在这个过程中涉及的诉讼大部分都是行政诉讼，对方如果对你施加了某一个行政行为，并且这个行政行为具有可诉性，你就可以提起诉讼或行政复议。比如，认定违章建筑限期拆除通知书，下发行政处罚责令关停关闭企业，因为消防安全、环保、税务等采取重大行政处罚，有些地方下达的收回土地使用权的行政决定，这些都可以进入诉讼程序。诉讼有什么好处呢？首先是诉讼为双方搭建了一个谈判的平台，诉讼必然要有一个调解过程，这就为我们与拆迁方之间的磋商谈判形成了一个良好基础。而且如果涉嫌到不动产违章建筑搭建物、构筑物等，按照《行政强制法》的规定，诉讼和复议期间是不能执行的，这就给了我们足够的时间去寻找解决途径。

2. 协商

在实践中由于双方地位不平衡，协商的途径实行起来很困难，双方要建立一个平等的谈判地位，必然是双方在某个时间段进行了博弈，只有在博弈到达一定程度的时候才能以谈判作为解决的方式。企业主单方要求协商解决但是对方却不理睬、不协商，"剃头挑子一头热"是没有意义的。所以说协商一般是诉讼之中或之后，或运用其他手段已经产生一定的博弈效果之后再进行协商比较好。

3. 沟通

实践中运用一些企业主在经营过程中跟相应的职能部门所形成的关系来进行运作和通融，这不代表腐败问题。早期形成于熟人之间的关系产生通融的效果，这种方式跟上面所提到的协商方式类似。我们认为单纯的通融是没有任何意义的，企业在征收拆迁过程中不是跟职能部门里的某一个人产生矛盾，而是双方通过征收拆迁所形成的部门对企业的问题，或者说是公对公的问题。这个环境下，对个人或小集体沟通是不起作用的，甚至在实践中还会起到反作用。

4. 信访

我国颁布了新的信访条例，当中有一个基本的原则就是不允许越级信访，县级、市级、省级、国家级，一级一级信访，信访途径往往都终结于省级信访当中。如果对终局作出的决定还是不服的话，就会变成无理的缠访，从而会导致治安处罚和刑事犯罪。选择信访这一途径首先要付出大量的时间和精力，其次是所产生的维权效果不明显，再有就是对人身安全会产生风险。

5. 控告

控告是对个人的控告，如果在征收拆迁过程中，有某个领导干部对企业整个征收拆迁方案、评估等产生一些个人恩怨，或由于某个领导干部的过失、渎职的行为对你造成了损失，就可以进行控告。

6. 曝光

如果问题带有一定的标志性、代表性，可以通过媒体适度曝光达到维权效果。

当然以上这六个方面各有优劣，在运用的时候要根据自己面临的状况和客观情况选择不同的途径，各位企业主可以选择综合运用以达到维权效果。

4

企业拆迁维权的本质

中小企业征收拆迁维权，维权内容的本质是什么呢？我们确实经过了近十年中小企业拆迁维权，都是在进行实务性的工作，虽然没有上升到一定的高度将企业拆迁维权的内容本质进行总结和提炼，但是我们认为内容和本质可能是来自于这么几个方面：

1. 这是一场预设的不公平交易

从征收拆迁一开始中小企业就能明显感受到——"我要做的这场交易可能是不公平的"。这种不公平性来自以往当地征收拆迁中的一些中小企业的经验，灌输以前在补偿额度上非常低的思想，企业主可能感觉这时候进行征收拆迁的话补偿额度应该也会非常低。这种征收拆迁的社会乱象也给很多中小企业主一种前置的预设空间，感觉最后获得补偿的可能性很小，补偿额度很低。所以企业主已经预设到可能会遭遇不公平、不平等的补偿，不公平、不平等的交易。

2. 遭受到不诚信、不合理、不平等的谈判地位

有很多企业在过程中遭受到不诚信、不合理的对待，处于不平等的谈判地位。为什么这么讲呢？因为有很多中小企业在维权过程中往往都遭受到严重的侵权。比如，房屋被强拆，水电路被断等。水电路被断就相当于经营被断掉，并且拆迁方会来查环评、消防、税务，已经造成了一定的损害事实。这也是中小企业遇到这种状况奋起拿起法律武器维权的初衷。

3. 对补偿项目、补偿价值方面感到迷茫

在这场并非势均力敌的谈判中，中小企业主也认为自己的知识、经验等各方面能力不够。有很多中小企业主表示对拆迁补偿不太清楚："我只知道我损失在哪些地方，但是我不知道损失如何统计，如何进行法律依据的测算，也拿不出正规的资产评估法律意见，但是我知道我有很大的损失。"法律上的补偿项目到底有哪些？补偿的价值是怎么来参考市场价值的呢？市场的价值又是如何在企业生产经营中体现的呢？有很多中小企业主确实在这方面非常迷茫，这也是为什么中小企业要聘请律师维权的原因。

总体来讲维权的本质总结成这么几句话：

第一，让法律得到正确的贯彻和实施。

第二，让客观现实反映出企业的真正价值。

第三，让行政侵权畏手畏脚。

第四，让不公平、不平等的交易转换成市场交易的行为。企业卖给对方就有权利去要市场价值。

5

拆迁四板斧

企业拆迁遇到拆迁方施压涉及的问题，就是拆迁方对企业拆迁施压的四板斧，其实被拆迁企业主也碰到很多这样的情况，我们来总结一下，看在实践中是否遇到过、遭受过这样的侵害。

第一板斧：忽悠

在东北有一词叫"忽悠"，当然这里所说的"忽悠"的方式和内容可能会不一样，拆迁的"忽悠"包括威胁、吓唬、欺骗、恐吓、虚假承诺和全面否定，还有在过程中出具的没有具体法律根据的承诺。我们相信企业主在现实中都会遇到被"忽悠"的侵害，比如，口头说要给被拆迁人增加拆迁补偿，但是到最后会告诉你由于某种原因没通过审批，还有就是吓唬你再不拆就强拆了，反正你的房屋没有证照。被拆迁企业遇到的威胁是查税务和经营，威胁要关闭企业。到了每个阶段采取的手段是不一样的，这就需要你保持冷静的头脑去分析，不要上当。

第二板斧："三断"

"三断"即断水、断电、断路。这些招数都是针对中小企业的，针对住宅是没有用的，住宅仅仅是居住不怕断水断电，但是对企业来说就不一样了，断水、断电、断路就等于把正常的生产经营、企业厂房的价值断掉了。一般企业主面对这种情况首先想到的是赶紧搬家，但是只要搬家了就有强拆的可能，这样企业主的心态就会产生很大的变化，相信企业主在客观现实中也碰到过这种情况，这主要就是要把你的心理预期打压到最低。

第三板斧：重大行政处罚

企业的税务、消防、生产许可、环评、安全生产等出现大大小小的问题，比如，房屋没有证照涉嫌违章建筑，按照《城乡规划法》以及相关的施工管理条例等要拆除，让你形成巨大的心理压力，逼迫企业主接受较低的补偿，否则一分补偿都没有。每一个拆迁项目都有一部分人是以这种方式妥协的。

我们在北京做过这样一个案件：一个生产不锈钢的企业，他们生产不锈钢的机器设备放在院子里，以前检查的时候没有说过此设备存在安全隐患，但是一旦遇到拆迁，安全生产部门一看到这个设备就上纲上线，直接以安全生产不达标来关停关闭企业。其实就是要抓住企业一点错误无限放大，这种重大行政处罚也会让企业无法经营。

第四板斧：强拆行为

在现实中，有部分拆迁方在谈不拢的时候会先把房屋拆掉，不管房屋是否合法都拆除，降低被拆迁人的心理预期。很多企业主都觉得房子都没了，更没有资本提高补偿了。

我们在实践中碰到的这种情况并不多，只要采取了重大违法强拆行为，拆迁方就会第一时间找被拆迁人谈，以便了解被拆迁人的心理落差，这个时候也是被拆迁人心理最脆弱的时候，一般不敢要价。更甚者利用企业可能涉及的行政违法行为抓人，当然主要目的不是抓人，而是让你接受低廉的补偿价格。

在实践中总结后，无非就是这"四板斧"，认真分析、理清这四板斧的优势和劣势——怎么能够形成好的谈判策略和谈判地位？谈判时是回避还是据理力争，还是引入法律程序回击？其实四板斧破解好，相信整个企业拆迁补偿不会很低，谈判策略也不会有失误。

6

拆迁维权要凝聚三力：抗压力、攻击力、平衡力

什么是"三力"？我们主张的"三力"是抗压力、攻击力、平衡力。这是我们在多年的企业拆迁维权中总结出的：必须有这三种力量才能达到良好的维权效果。

第一力：抗压力

企业所有生产经营行为都是来自于地方相关职能部门的审批、许可。有审批必然有处罚。一旦面临拆迁，消防、生产不过关，或者被认定是违章建筑、违法用地，这些都是可以进行行政处罚的，所以面对行政处罚的时候，我们要有抗压力。

第二力：攻击力

在拆迁方用行政职能的手段施加影响的时候，企业要有进行回击的能力。拆迁方必须要在拆迁前期取得相关的征收批准文件、规划、国土、立项等，这是拆迁主体资格的要求。被拆迁人要抓住拆迁方的短板大力攻击。既要抗得住拆迁方施加的压力，也要懂得利用拆迁方的违法之处予以回击。

第三力：平衡力

拆迁双方必然要坐在谈判桌上，如果有不可调和的矛盾就达不到维权的效果。我们经常跟被拆迁企业主谈到"跷跷板"问题，双方到最后必须达到一个平衡状态。双方有博弈的过程是不可避免的，想达到平衡需要互相让步。

真正在拆迁维权中出神入化地使用"三力"，并且反复利用三力原则，都会达到良好的维权效果。

有很多企业主谈道："我主要就考虑抗压力和攻击力的问题，拆迁方给我施加的压力我扛不住，我想给地方拆迁方施加压力的时候我也找不到违法之处"，这可能就是我们律师在企业拆迁维权中应该协助企业主做的。其实把"三力"揉和在整个企业拆迁维权中，必须协助企业主该使用攻击力的时候不能有太多顾虑，拿住主要证据重拳出击。在拆迁过程中，有的企业主会涉及地方部门复杂的人脉关系，这时候也需要律师协助他排除不合理的情绪，以及准确及时的告知被拆迁人如何维护自己的权利。希望被拆迁企业主们一定要合理运用这"三力"。

7

企业拆迁前，企业主要做哪些准备

"企业拆迁前做什么准备"这个问题在我们上一本书《企业拆迁维权攻略》中做过介绍，比如法律程序和项目政策的准备、企业自身的准备、专业人员的准备和做好持久战的准备。

第一，最重要的就是心理准备。企业主一定要做好长期艰苦斗争的心理准备，这个过程不会是一帆风顺的。因为大多数企业主在前期获得的评估报告与评估单中的评估内容和补偿都偏低，与根据收益法和市场比较法评估出的价格相距甚远，那么这个时候一定要做好长期斗争的心理准备。我们认为心理准备、心理博弈和心理斗争是企业拆迁中最重要的一方面。

第二，查漏补缺，对自己手中的证据进行梳理和补强。首先企业主先要查看自己有哪些错误的方面，有哪些缺少的证照还能在期限内进行补强、补充。然后对企业整个生产经营的状态进行梳理，看哪些方面在拆迁中会遭受一定的行政处罚，特别是涉及可能遭受到重大行政处罚的一种状态进行实际梳理。重大行政处罚如同被拆迁方扼住咽喉，对人身、财产造成重大制约。很多企业在税务、消防、安全生产、建筑合法性等方面存在问题，一定要看看如何梳理和补强。补强不一定要把证据补强到最完整最充分的状态，但是也应该对相应的事实和客观状态进行有利的梳理和补强。

举个例子，比如土地是从村委会租赁而来的，村委会明明告诉企业主是集体建设用地，是不是需要让村委会出具一份证明，证明这个地方是集体建设用地而非耕地，以免以后被基层相关部门说是占用耕地，从而按照违法用地处理。

或者明明是当时相关部门承诺这个地方可以先建建筑再补办证照，没有补办证照责任在拆迁方。但是对证据证明如何来进行实际的运作？也就是说要进行完整证据链的梳理和补强，以免遭受重大的行政处罚，掣肘下一步博弈。这就是自有程序的一种证据跟自身证据的补强。

第三，对对方项目政策、来源、合法性要做到心里有数，是腾退、企业关停关闭、违法用地的项目还是征收拆迁项目？对对方是否合法要做出正确法律上的判断，要对使用政策进行梳理核对，然后要清楚对方要使用的法律程序。比如，什么时候作出征收决定，什么时候作出征收补偿决定，什么时候到法院进行司法强拆，这些司法程序要搞懂，以免在法律维权过程中造成被动的局面。

第四，要有专业人员从专业程度进行把关，特别是大型企业要做到心里有数。当中有两方面的人员一定要聘用。一个是评估人员，按照法律规定以及评估技术规范，按照成本法、收益法或者市场法进行评估，最后得出的市场价值到底是多少钱，企业主应该去要多少钱，这就依赖于正规的评估人员。另一个是法律专业人士，必须按照法律程序一步步运作，到哪一步应该提供专业性建议，到哪一步会对企业主产生法律威胁，到哪一步应该及时地回击等这都需要法律专业人员来进行布局，给予适当的专业性帮助。

前期我认为主要就是这四个方面，不打无把握之仗，企业主在这方面要做到证据十足、信心十足，到最后才能获得好的效果。

8

企业拆迁维权会经历一场怎样的心路历程？

十年企业拆迁维权路上我们看到了太多中、小企业主从迟疑踌躇到坚定不移，同时也看到不少企业主的意志慢慢消散，最终在拆迁方面前溃不成军。企业拆迁维权到底是一场怎样的旅途？

一、艰难的维权道路

对当事人来说为企业拆迁维权是一条艰难的旅途，中间会出现纠结，出现恐惧，还会出现怀疑。当事人纠结的是到底要不要去维权，用哪种方法手段维权效果会更好，付出的时间、精力值不值得，能不能挽回我的损失；恐惧的是拆迁方接二连三断水断电，"前赴后继"下达通知，或者不停地派"官方"工作人员穿着制服来骚扰，这都是当事人在选择维权之后可能会出现的情况。这样的骚扰，你受得了吗？你会怀疑周围的人和拆迁方都说官司打不赢，补偿也不可能提上去。拆迁方不停地泼冷水，当事人就会怀疑自己到底应该怎么办，还要不要去接着争取？能不能接受现在的条件？

这都是在选择维权道路前和维权过程中会不断徘徊在企业主脑海中的障碍，都需要思考甚至需要激烈的思想斗争。一旦你决定选择为自己维权，去争取自己的合法利益，那就请不要再犹豫，不要再去计较对或者不对，不要一边委托律师一边怀疑自己的选择。你必须明白，自己所选择的是一条十分艰难的道路，唯有坚定，没有他途。

二、激烈的博弈道路

如果你选择了这条路，明白了这个过程不是平坦的，不是一帆风顺的，那我们就要告诉你怎么做了。

"知己知彼百战不殆"，经常过分强调"知彼"而忽视了"知己"。知己是一个很重要的态度，所以你首先应该自诊一下，诊断自己的企业有哪些缺陷，有哪些会被拆迁方紧紧抓住并无限放大的可以利用的地方，如果能够及时弥补，请尽快弥补。只有一个合法的企业才能够在拆迁中毫无畏惧地伸张自己的权利。如果已经无法弥补这些缺陷，但是经过衡量问题并不大的话，请做好被处罚的准备。因为拆迁中双方的博弈将是非常激烈的，要清楚对方的资本。

在检查了自身后，请迅速进入角色——你是被拆迁人，你有资格审查拆迁主体的合法性。一定不要恐惧这项权利的行使，因为你的权利就是利刃，所到之处往往就是对方的弱点。如果这个弱点恰好被你抓住了，请狠狠地按下去，直到对方求饶为止。反过来说，如果你的弱点被对方抓住的话，一定要衡量后果，如若后果可能过于严重，那就要看你的勇气和态度了——有的选择了妥协，有的毅然决然选择继续博弈下去。很多选择咬牙坚持，继续博弈，我很敬佩他们，最后的胜利必然属于坚持的人们。

三、有理有据的合法道路

我们从来不崇尚无理取闹和暴力维权，这是不对的，不光是对被拆迁人自己不负责任，同样也会对社会造成不好的影响。所以在这个过程中，请你对自身企业的价值有充足的认识，不要过高估计自己的价值，也不要随便放弃自己的利益。有些企业说："我在此地还有十年租期，我每年利润是200万，所以我要2000万。"试问你这样要求对吗？你觉得说出来合适吗？俗话说人贵有自知之明，你能给自己的价格标注上依据吗？还有企业想，这是大趋势，不仅仅我自己，既然大家都要吃亏，那吃亏就吃亏了。这样的想法太消极，这样的亏吃的也太窝囊。希望最好能研究一下评估的程序和方法，多咨询一下专业的律师和评估审计人员，尽量做到心里有数，谈报价的时候胸有成竹，说理由的时候头头是道，签协议的时候无怨无悔。

说了这么多我想主要还是要有个好的心态，不急不躁，不卑不亢。依据法律坚定维权。

每一个和我们并肩作战的企业主，我们都会帮助他走完崎岖坎坷的维权之路。就是这样一场旅途，我们带着对法律的信仰和对维权的信心坚持了十年。宝剑十年，锋从磨砺出；梅花九冬，香自苦寒来。

9

为什么征收拆迁对效益好的企业可能是一场灭顶之灾

企业面临征收拆迁时对于效益好的企业可能是一场灭顶之灾，这句话大多数企业，特别是经营效益好发展前景好的企业都能够理解。特别现在是集约型、劳动密集型、技术型和带有很多专利型的企业，经营生产项目状况非常好，一旦拆迁可能会带来很多复杂的连锁反应和连锁的损失。

我们做过很多这样的企业，把自己的困难用书面的方式表达出来很复杂，比如，我们在长春做了一个专门给地铁公司供应相关的零配件企业的案件，它的经营非常稳定，并且现在各个城市都在建地铁，业务也日渐走高，各方面都非常好，并且专利带有一定的垄断性，其他企业厂家都做不了这个，一旦面临拆迁就会陷入极度焦虑当中。

第一，面临的是客户的流失以及现有客户可能要产生的违约状况。一旦拆迁，有可能许多的合同无法履行或者履行不完毕，就要承担要给客户违约赔偿的责任。

第二，一旦客户跟专业性的工作人员知道搬迁，而且不确定搬到哪，可能会造成人员流失。客户看你不能按期提供业务，所以客源也在流失。被拆迁企业非常焦虑烦恼，心里特别不平衡，这是一个直观的损失。

还有下一步需要一整套复杂的自我安置流程。因为拆迁方不找地方安置，如果能够纳入拆迁方某方面的工业园区也就罢了，纳入不进去怎么办？自己要找地要建厂房要规划，特别现在对房屋建设要求越来越严，以前没有相关规划手续和建筑审批手续的房子还可以存在，现在都必须有相关手续的审批，相关机器设备的安装调试，一整套复杂流程会给企业带来连锁的反应，甚至如果复杂过度，几年之后你再进行生产经营的话，前绥的一些客户已经流失掉了，可能还需要做更多工作。我们做过的几个汽车4S店，包括在北京四环、花乡、丽泽桥和往外一些例如大兴的黄村等，也都面临这些问题。首先企业不是垄断性行业，是靠不断发展自己的客源，并且长期稳定地提供优质服务才能获得长期稳定的客户。企业一旦搬迁，就不具有地理优势了。原本离得很近、上下班很方便的客户，都不来这里保养和上保险了。其次一旦距离位置等各方面远了以后，因为企业本身只是一个大众品牌，北京内可能有几十家上百家这样的企业，客户就到别处去了，这就会造成很多潜在客户流失。对企业来讲会产生很大的影响。

前边所谈到的问题，对于一个发展性行业、一个效益特别好的行业、一个具有独立垄断生专利技术的行业都几乎是一场灭顶之灾。

也就是说除了有形的损失，像拆迁评估中的土地、厂房、基础性的停产停业损失和不可移动的附属物装修等这些有形损失之外，给企业造成的无形损失怎么赔偿呢？哪个评估公司能评估无形损失呢？评估公司根本评不出来。这就是我们拆迁律师在实践中要为企业主做的，不但要分析现有的损失，也要分析预期的损失，而且这种预期的损失必须要找到合理的依据支撑。而且许多企业特别是密集型、专利型企业和研究型行业，预期利润损失比企业厂房的固定资产损失还要大，拆迁方到底应该怎么赔偿？这可能是下一步对这种效益好的企业应该怎么赔偿的整体原则。不能一刀切、一平方米固定多少钱来补偿，也不分是3米高的厂房还是8米高的厂房，也不分是一般型行业、传统型的行业还是技术型行业，而是按照每平方米多少钱的停产停业损失来赔偿。

一刀切已经满足不了一个效益好的企业在拆迁当中应得的补偿了，因为涉及方方面面复杂的连锁损失，和下一步应该考虑的各个方面，与一般的养殖畜牧业和制造业有很大的区别。在实践中对于效益好的企业来讲，拆迁很有可能是一场灭顶之灾。但是如果预先做好规划方案、预测措施和自我安置的方法，我们相信这可能会成为一个契机，不是灾难而是重新腾飞的契机。

10

怎样做一个合格的企业拆迁律师兼谈产业律师的形成

企业拆迁律师既是诸葛亮，又是关云长。

"产业律师"，以前叫"专业律师"，指在某个服务领域有特殊的专长，并且长期服务于该领域的律师，如国际法专业律师、拆迁专业律师、经济专业律师、合同法专业律师、婚姻法专业律师等。在服务经济产业的时候，必须以"产业律师"为标准作为一个律师的业务能力的衡量，这确实是不一样的。2009年国浩律师事务所出版的《中国产业律师实务》对这个问题有一定的探讨，主要限定于金融相关的产业领域，但仍然局限于一定的专业律师的成分上，没有对真正的产业上下游以及产业链及服务领域、执业时间、执业经验等作出一些客观的描述和判断。什么叫产业律师？我们通过近十年的执业经验进行客观总结，让各位对中国的律师以及产业律师有一个客观地认识。

一名执业时间较长、服务领域固定及对服务领域和上下游产业专业知识全面扎实的执业律师，一般情况下最起码满足四点：

第一，熟知整个领域的全部产业链。以房地产产业律师为例，需要清楚整个房地产上下游的赢利点、整个公司的架构以及整个企业的运行模式。房地产产业从招拍挂、征收拆迁、商品房建设和预售，再到进行实际成交，办理产权证照等整个产业链条，作为一个产业律师都是应该特别熟悉的。

第二，对产业链的上下游企业都有着充分的了解。房地产开发的企业也不是实际参与房地产的全部生产过程，在这个过程中有建筑商进行房屋建造、招投标机构进行社会的招投标、相应的销售团队进行房屋预售等。对产业链的上下游企业有充分的了解，不单是对该产业的知识，还对各个企业生产经营的状况、具体的赢利点和发展方向、现有的发展模式都有着充分的了解。

第三，服务时间长并有充足的经验。不是说服务三年两年就是产业律师，服务周期应该特别长，并且在执业过程中总结了充足的执业经验，对整个产业链的法律知识掌握得非常充分，对每个问题都能从产业的角度进行解读，提出自己的主要观点。对服务的企业或者说服务的个体的整个交易市场和交易行为有一个充足的判断。

第四，熟读产业发展规划。指整个产业在国民经济当中所产生的规划，以及它与国民经济其他产业的关联关系。这是我们认为一个产业律师应该具备的基本满足的条件。只有这样，才有广大企业来请你对它进行服务。此时的服务不是起一个简单的律师打官司的作用，而是对企业产生一种智囊、高级军师的作用，这才是我们所倡导的律师该有的定位。

那么如果落实到企业拆迁，以产业律师的视角，我们企业拆迁律师又应该具备哪些品质呢？

我们向来主张企业拆迁律师既是诸葛亮，又是关云长，既能给企业出谋划策，进行实际的谈判策划、补偿方案策划以及具体分析谈判的每个点，又能代企业诉讼，跟相关的职能部门进行谈判和协调交流，并且还有充足的资源能够服务到企业拆迁的领域。

有以下五点是在实际当中应该掌握的。

第一，要懂得各种企业的生产盈利方式。所代理的企业形态不一样，比如，宾馆、加油站、养殖行业，甚至小码头、小港口等，每个企业的生产盈利的模式都是不一样的，整个生产周期、市场、现在国家对该产业的预估形态和前景也是不一样的。

第二，要懂得拆迁当中的门门道道以及整个拆迁的法律流程。拆迁是最复杂的一种社会现象，不仅在实践当中考验智力的运用，还要知道拆迁应该走哪些合法流程。比如一开始对方应该掌握哪些合法性文件，自己又应该提供出哪些合法性文件，双方应该如何质疑对方的合法性问题，这就是一个充足的拆迁法律流程。

第三，懂得行政法。因为拆迁双方主体是基层相关部门跟企业主，所以要懂得行政法，特别是《行政处罚法》《行政复议法》以及《行政拘留法》，并且要有充分的行政法律实务经验。如果对违章建筑下了《限期拆除决定》，那么就要有充足的法律经验，知道如何从实体和程序的法律依据、客观依据和事实依据去驳斥。

第四，有充足的谈判经验以及社会阅历和社会经验。这种企业拆迁谈判和普通的商业谈判、市场谈判是不一样的，因为双方地位是不平等的。所以说要有充分的企业拆迁谈判的过程经验，并且这种经验要兼于一定的社会阅历。企业主在理解这个方面的时候比一般老百姓要更充分一些，因为即使他没有做过这种不公平交易，但它本身在实践中做的就是一种不公平交易。到底如何来博弈斗争呢？这就需要产业类的企业拆迁律师在服务企业的时候，有充分谈判经验跟社会阅历。

第五，最好懂点社会学。比如，说你要清楚对方的暗示，对方在拿语言延续观点的时候，要及时切断他，让他整个思维体系不能成形等，这些都需要懂一些社会学知识。

所以说在企业拆迁维权的过程中，要以产业律师的方式来要求自己。我们不仅仅是打官司的"关云长"，还是出谋划策的"诸葛亮"。

11

拆迁当中企业主应该保持的一种思维和状态

企业厂房征收拆迁应该怎么梳理维权思路，这可能是比较大的课题。但是最近特别在浙江、江苏、安徽这一带有很多企业主咨询这类问题——"要怎么跟对方交流，我们觉得没有思路没有方式，觉得很迷茫"。在企业遇到拆迁征收的时候一定要有自己正确的思路，有自己的方向和方式，不能让拆迁方"牵着鼻子走"，这是一个原则。如果一旦掉入对方的圈套中，有可能企业谈判的整个思路和最后的结果都不会太好。

本身拆迁方和被拆迁方是在两条平行线之间跑的车，应该不断地缩小之间的差距，找到合适的交叉点，但是缩小差距是谁靠向谁，是拆迁方靠向企业还是企业靠向拆迁方，这本身可能是一个双方的交叉点，有了交叉点就能达成协议。在选择的维权手段的各个方式中，我们应该怎么做呢？

特别是在拆迁方拿着一些具体行政手段来产生恐吓威胁的时候，会产生法律风险的时候，很多企业都会陷入恐慌，产生恐慌是正常的，但是我们一定要对怎么维权有一个正确的思路。

第一，一定不能被牵着鼻子走。在进行拆迁维权的思路确定，包括思维方式、维权手段和维权结果的预测上，一定不能让对方牵着鼻子走。我们在内蒙古包头、吉林长春，黑龙江佳木斯谈过企业案件以后，企业主往往就会陷入恐慌。拆迁方第一个目的就是想确定你到底想要什么，在这个方面一定要有自己正确的思路，不要陷入对方设的条条框框中。我们在沈阳谈过一个案子，对方就想知道你想要多少钱，然后再说对方的评估价格是多少钱。而且双方必须形成一个观点，你必须按照拆迁方的评估价格来谈，评估价格是基础，这个评估价格非常低，各方面项目也有缺失。如果按照评估价格谈的话，你的补偿谈的再高能有多高呢？所以我们做了自己的评估意见和法律意见放到拆迁方面前，如果按照我们评估意见和法律意见谈的话一切都好谈，就是说把基础确定为我们所确定的基础，而不是对方所确定的基础，这是一个前提。

第二，是双方在进行实际交流的时候一定要分清客场主场，每一次交流都要以我们是主场来进行交流，而不是把主动权递到对方的手里，这才是一个正确的思维方式。而且不要被对方一些恐吓性、威胁性的语言所吓倒。他们要具体运用的一些法律手段，运用的一些措施，都必须要在法律的框架内，如果不在法律的框架内要及时的提起一定的法律程序质疑他们。

第三，涉及一些私人关系问题，在拆迁方运用一些你所熟悉的私人关系来影响你的时候。你要记住这些私人关系都是有限度的，影响都是有限的，不能一意孤行任由他来影响你。我们认为企业主一定要保持清醒的意识，包括一些外在的影响，各个方面都要保持清醒的意识。也不要主动托一些所谓的关系，影响你的补偿价格，而且你想一想，是你所托的关系大呢还是拆迁方所托的关系大呢？所以一定要有正确的认识。

第四，拆迁方拿出一些强制性的手段，包括具体行政行为，城管、税务、工商、环评、环保来影响你的时候，不要害怕，一切都要在法律的范畴内跟对方谈判 要保持不卑不亢、不屈不挠的精神来进行企业拆迁的谈判，这样才能获得合理的补偿。

12

是什么让企业主破除万难也要维权

近来我们团队接受了两拨群体企业拆迁维权案件的委托，一个是浙江嘉善的木业协会，另一个是湖南长沙企业群体维权。接触此类案件对我们的触动很大，也确实让我们看到了现在中小企业维护权益决心以及法制意识的进步，甚至可以说是法制维权的觉醒。群体维权在委托律师前都需要进行相关的准备工作，这个准备工作十分困难，非常需要勇气和担当。

我们在文章《什么原因让嘉善众企业罢免会长》中提到过，此案件在进行维权前，企业主们希望由嘉善木业协会出面聘请律师，而木业协会理事会及会长由于恐惧当地拆迁方和基层相关部门的压力，希望各位企业主不要聘请律师进行法律维权。但是协会中有五六十名业主的维权决心非常坚定，他们充分认识到所面临的客观现实使他们不得不聘请律师进行综合法律维权，因为不想自己的利益遭受无端的损失，也希望律师从法律角度出具指导意见并参与谈判诉讼。

我们十分赞同这种做法。这五六十名业主形成了统一的观点，但是协会不予支持，协会的主心骨总是持异议，但客观现实又让他们感到非常的困难。所以凝聚团结众多中小企业主的维权会议也迟迟无法召开。面对这种状况有几个业主代表非常焦急，马上联系到我们团队律师咨询："能不能通过罢免协会理事会及会长的方式来成立新的或临时的协会、理事会，然后由新的协会、理事会跟律师签订委托协议来达到维权目的。"我们团队律师在了解情况后迅速给相关骨干人员出具了这方面法律意见，希望他们能够参考这个建议，并且在实践中避免影响维权事务。

听取了律师的建议后，前期的走访、鼓励等工作，大家都给予了很大的配合，参与的积极性非常高。当然这个过程中也遇到了一些困难，当地拆迁方的无端阻挠，原协会理事会也强烈希望不要律师参与群体维权。但是有一点令我们团队律师非常感动，众多中小企业主在几位业主代表的带领下信心凝聚得非常坚固，通过罢免理事会会长，达到了将大家聚到一起通过律师进行实际维权的目的。

这是我们在实践中遇到的比较极端的案例。最近我们还要参与一个长沙的企业群体维权案件。长沙企业进行群体维权的时候，我们首先跟各企业主介绍了群体维权的复杂性，群体维权中每个人思维难以统一，而且会受到当地无端干扰。一些客观压力可能会让大家信心的凝聚非常困难，希望在我们专业拆迁律师的指导下能够顺利完成前期业主信息的统计、业主的说服工作，以便更好地来达成共同的委托事项。为了尽量摆脱当地的干扰，长沙业主代表在晚上12点的时候把大家召集在一起互相探讨维权事宜。过程中受到无端的阻挠、干预，甚至受到违法拆迁的恐吓威胁就不必多言了。但是只要大家坚定维权决心就一定能达到目的。

从这两个案例中给了我们一些启示：

第一，想进行维权首先必须坚定维权信心。有了维权信心才能实际操作好每一步的维权程序，才能跟律师配合好进行全面的维权工作，同时律师也有信心来维护你的合法权利。

第二，要有组织。群体维权中要有"敢担当、敢负责"的灵魂人物。有业主代表进行实际维权，而且业主代表能够把大家的思想统一在一起，把大家的诉求表达清楚。选出有担当的业主代表至关重要，因为群体案件大家的思维比较难统一，可能会出现怕当地拆迁方用比现在拆迁行为更恶劣的手段来对付他们，从而紧张害怕不敢参与维权；也有看到维权效果好了想"搭便车"的；还有就是用自己的渠道达到所求也不想参与群体维权的。这就需要业主代表发挥作用把大家的思想统一在一起。

浙江嘉善、湖南长沙这两个案件给我们提供了很多群体维权的经验，对如何把企业主聚集在一块、如何把企业主的思想统一、如何更好地制定维权方案、如何正当的行使我们法律程序的权利等方面提供很多见解和帮助。

13

我们提供的企业拆迁维权的内容

一个完整的企业拆迁维权方案应该包括哪些部分？

我们将近十年的企业拆迁维权过程中，针对被拆迁企业所面临的状况以及被拆迁企业主对拆迁认识的程度，把提供的法律服务总结起来，叫作"两意见一方案"和谈判诉讼一揽子维权措施。

先来解释"两意见一方案"。两个意见，我们在给企业客户提供维权服务的时候，要对被拆迁企业出具两个意见。企业或者企业主应该知道的最关键的两个意见：一个是法律意见，一个是估价意见，是我们在实践中要给企业主提供的。

法律意见主要包括几点：一是审查被拆迁方主体资格是否有缺失。是否会由于拆迁主体所实施的一些手段给企业造成很大的影响，特别是在一些工商、税务、环评、土地建筑的合法性方面等。在主体方面要进行审查，有需要补强的要进行补强，有需要回避的要进行回避，在这方面不能存在任何风险，这是从拆迁主体来讲。二是如何审查拆迁方是否有拆迁主体资格，拆迁人或征收主体是否有资格来征收拆迁。按照国务院590令的规定以及以前拆迁的相关文件的规定，有没有拆迁许可证或者征收公告，有没有拆迁许可证前置的必要性法律文件，比如立项、国土审批手续、资金的安排、按照征收决定所要求的稳定的风险评估报告等。这一类要审查作为拆迁主体是否有资格，有没有法律上违法的地方。既要了解自己的短板也要了解对方的短处，自己的短板要尽力去补强，让其不要出现风险，对方的短板要牢牢握在自己手中，作为下一步谈判的主要工具。这就是法律意见。

另一个是评估意见。有很多企业主来找我们的时候，往往都拿着两份报告来。一个是拆迁方给的拆迁评估报告，估价非常低而且很不规范，有的评估报告甚至都没有评估师签字也没有评估机构盖章，没有说怎么取值、怎么进行系数换算、怎么设置参考值，仅仅是一个很简单的单子。二是有些大企业自己做的资产评估方案。企业主拿到我们这说："这两个都不是我想要的。"而且资产评估报告征收方不认，怎么来要这个钱？拆迁评估和资产评估本身是不一样的，评估目的就不一样。这时我们就会从法律角度找出充分的法律依据怎么要这个钱。从评估和充足的法律依据（评估的各方面依据无非也是法律依据）来提出我们到底应该拿多少钱。我们在这方面做过很多大型企业的法律估价、法律意见，并且到最后都有相关的数值支撑。

"一方案"就是从头到尾的谈判方案，应该抓哪些点，应该放哪些点，应该回避哪些问题，应该在哪些法律风险上采取法律措施。根据前期的审查、调查以及接触，来制定下一步的谈判方案。这就是"两意见一方案"。

在实际参与的谈判工作当中如何跟对方周旋？如何打太极？如何取得满意的效果？对方增加具体行政行为，特别是违法的具体行政行为影响的时候，你怎么拿着复议诉讼或者法律措施予以回击呢？怎样把他们的违法手段给你产生的影响降到最低呢？这就是我们的一揽子维权手段所提供的法律服务，包括"两意见一方案"和实际参与谈判，参与复议诉讼以及签订补偿协议。

14

我所为大型企业出具的法律意见书和评估意见书

我们在实践中感受到，很多规模比较大、盈利效果比较好、当地纳税比较多、专利技术比较密集的行业在进行评估或者征收法律实施时，会遭遇到很多难点。出于为客户排忧解难的目的，我们的核心业务之一——为客户出具法律意见和评估意见——应运而生。

众所周知，很多律师事务所都出具法律意见书，但是评估意见书鲜有律师事务所承接，众多律所一般不确立这方面的工作业务。但是我们在工作当中发现，很多客户有这方面的急迫需求，他们在找我们的时候往往会谈到，不管是企业自己委托的评估公司，还是对方委托的评估公司，都无法准确评估出征收拆迁给企业所造成的真正的直接损失或间接损失。而委托的评估公司都只从固定资产即有形资产的角度进行评估，不管他们是按照拆迁评估还是资产评估的方式，都具有不可避免的狭隘性，满足不了企业的长远收益及其在客观当中的企业现状。后来我们在受理案件的过程中，只要承接这种大型企业的业务，就都要为我们的当事人出具法律意见跟评估意见。

大家都清楚，评估是一个复杂繁琐的流程，当中涉及一些技术层面的专业性问题，原则上应该是由有资格的评估公司来出具评估报告，但是很多客户拿到评估公司出具的相关评估报告后，感觉根本不是自己想要的，或者说根本没有把企业所遭受的损失罗列当中，只是全部进行评估技术的处理。仅仅是依据固定资产来进行成本核算后给出一个结果而已，根本没反映出企业在市场上的真实价值。

我们也认识到这个问题，所以在研究交付客户的评估意见时，都要从该企业利益最大化的角度出发，并且当中所罗列的每一个项目、所吸收的每一个参数、所能够达到的每一种评估方法的选择，采取一种最优的方式，一种最能够满足企业主由于征收拆迁而中断经营、无法恢复生产所造成的全部客观损失的方式。我们团队在这个方面应该已经做到了别人所不能做到的深入研究。

简单谈一谈我们所出具的法律意见和评估意见。我们曾为上海、吉林、江苏等地企业所出具过法律评估意见。我们从最专业的角度，结合当事人的具体现状和评估方法的选择、当地市场的客观因素，最后作出评估意见。在这方面姑且属于全国首例，尚未有其他的律师事务所从事这方面的业务，也达不到相应的层级。如果当事人需要这方面的信息，或者想进行这方面的讨论，就可以到我们律所共同探讨，"从认真做起，为客户服务"一直是我们所秉承的专业态度。

15

为全国中小企业生存奔走疾呼

拆迁是土地利益争夺最激烈，也是社会矛盾最集中的地方。因为你的谈判对象是拆迁方、开发商、拆迁公司，是无论财力、势力都比你大得多的机构，当你在和他们争取利益的时候，必然困难重重，这时候的被拆迁企业需要专业的法律服务。

一、当前中小企业面临的生存窘境的成因和解决方案

结合我们近十年的中小企业维权经验和案例，分析当前中小企业面临的生存窘境的成因及一些切实可行的解决方案，相信能助力中小企业维权。

当前中国南方一些城市正在进行大规模的城市改建。涉及中小企业的，拆迁方往往采取关停中小企业或者将企业建筑认定为违章建筑的形式，逃避对受损失的中小企业的合法补偿。这对中小企业的生存造成了严重妨碍。土地被收回或腾退，建筑被拆除却得不到合理的补偿。

我们在实践维权中也经常遇见这些行为，成因很复杂，既可能与当前主流土地利用观点有关，也可能涉及污染企业的腾退，或者与低成本拿地后进行商业运作有诸多联系。打开电视或者在网络新闻上都能看到江浙沪一带正在如火如荼地开展"三改一拆""五违四必"或称"五违共治"，即综合治理违章建筑、违法用地、违法排污等行为的行动。但是这些行动最终采取的手段和措施基本都是腾退关闭中小企业，这就把中小企业的生存之路阻断了，对中小企业对社会的贡献和自身拥有的合法权益考虑甚少。中小企业如何安置呢？拆除、关停之后是不是另有土地来进行安置？这些问题拆迁方在城市改建中很少加以考虑，尤其是在上海、杭州等大城市，几乎懒得去进行配套措施的探索，只是单纯把中小企业赶出去，并没有为中小企业留有后路。这就使得中小企业作为城市发展推动者的同时，却也沦落为城市发展的牺牲者。

我们认为，必须给中小企业留有生存空间，而这生存空间首先必须配备必要的生产资源。土地厂房、水电供应是企业正常生产经营的基础条件，但即使是这些最基本的条件，拆迁方仍然没能履行好自己应当履行的职责，这是亟待解决的问题。为了维护中小企业的权益我们也一直在努力，曾在各大媒体上多次疾呼，希望能唤起相关部门的注意。在我国讲究的是"安居乐业"，先"安居"再"乐业"，希望相关部门在城市改建中为中小企业另谋出路，如给予土地进行安置，重

新规划工业园区等，从而免除中小企业的后顾之忧。另外，我们认为，关停不应成为中小企业治理的"标配"。有些中小企业只是因为环评出现了问题，这时候，基层相关部门应该采取一定的引导措施，帮助企业改善经营管理，只有在实在无法奏效的情况下才可以采取进一步的措施，而不能一上来就判死刑，不给企业改过自新的机会。

我国的中小企业很多都是在20世纪70、80年代兴起的，彼时正值改革开放初期，中小企业对于盘活社会经济、推进改革进程作出了卓越贡献，更别提在人员安置、GDP发展等方面的作用了。难怪很多中小企业心理不平衡："需要我们的时候，我们作出了贡献；现在拆迁方要进行政绩工程、环境治理，于是毫不留情就将我们赶了出去，这不符合历史逻辑也不符合拆迁方的职能要求。"当前中央关于中小企业发展的基本政策导向是给中小企业减负，多措并举给予中小企业政策倾斜，让中小企业更高质量地发展。诚然，技术密集型、高智能型行业是未来经济的发展趋势，手工业、基础行业、农牧业、大型机械加工业等行业在能源消耗和环境保护方面逐渐无法跟上时代理念，但是，无论何时，无论何地，社会发展离不开他们提供的服务。所以，我们在这里再次恳求各个地方的基层相关部门在进行政绩建设的时候，能够顾及上述现实并作出有效的措施调整。

二、中小企业遭受行政侵权有哪些情形？

在中国从事拆迁维权的法律工作很不容易，被拆迁企业属于弱势群体，我们在实践中遇到过一些比较极端的案例，这些案例不仅让我们在维权时时刻保持警醒，还让我们感到有责任把这些侵权行为凝结成册、形成书面报告。这样才能给全国人大立法部门或地方相关部门提出具有现实意义的法律意见，才能对症下药、有的放矢，提高城市综合治理以及中小企业良好经营环境营造的质量与效果。

下面介绍我们在执业过程中碰到的真实案例。

山东枣庄有一个私人加油站拆迁项目，拆迁方为了逼迫加油站早日搬迁，采用断水断电的手段，使其无法正常经营。断水断电可以说是拆迁方侵犯中小企业权益的"常规武器"，而且经常奏效。水电一断，无法经营，中小企业会立刻陷入恐慌之中，尤其是在找相关部门解决无果之后恐慌感会逐渐增大。企业每天都会产生经营成本，很少有中小企业有实力能与乔迁方相持。结果就是，中小企业往往只能忍痛割爱，对拆迁方妥协，寻找下一个地点恢复生产经营。但常常更让人无奈的是，拆迁方的赔偿额度根本无法支撑企业另起炉灶。江浙沪一带许多企业主因此放弃继续开办企业，因为他们没有精力、资金再去考虑减少企业的环境污染问题，让企业向技术密集型方向发展，只得将补偿款当养老费了。这对于社会经济发展无疑是难以挽回的损失。在拆迁过程中，拆迁方的权力似乎习惯于充满侵略性，为了达到自己的行政目的，联合环保、消防、城管等部门一起向企业施加压力。要知道，拆迁之前它们却销声匿迹，从不与企业接触。

我们所代理上海久富开发区的案例又是另外一番情况。开发区内每个企业的资金投入都是巨大的，其中有一个混凝土企业，建设了两条生产线，共投入了上亿资金，却只经营了不到三年的时间就遭遇当地拆迁方进行"五违共治"、拆除违章建筑，每平米仅仅补偿800元钱，企业主欲哭无泪。总计一千多万的补偿，对比上亿的投资，只能算个"丧葬费"。更令被拆迁企业主气愤的是，当初企业入驻进行工商、环评审批时一路绿灯，当地镇相关部门也盖章对此招商引资事项进行认可，没有人告诉他们此地块涉及拆迁拆违。现如今，在企业已经取得建设用地规划许可证和营业执照，并且合法经营行为持续较长时间的情况下，拆迁方却给出如此之低的赔偿额度，造成的结果也显而易见，即企业倒闭，企业主遭受重创，毕生心血毁于一旦，企业职工即刻失业，并且多半得不到合理补偿——不是企业不愿意，而是企业没能力。然而，这一切都是可以避免的，前提是拆迁方作出合理的政策安排。试想，若拆迁方为企业创造出合理的生存环境，让企业能够重整旗鼓，那么，企业主就能继续创造经济价值，企业员工也能避免失业，继续坚守在自己熟悉的岗位之上。

三、中小企业权益维护的方案

中小企业主应该如何调整自己的维权策略才能获得更好的补偿呢？

第一，拆迁行为必须基于对公共利益的考虑，进行征地拆迁之前必须有对公益项目的规划，不能是单纯地为了拆而拆，拆完后的土地利用要符合公共利益，要令大多数人更加受益。拥有这样的前提条件，征收拆迁行为才具有合法性。就拿当前违章建筑拆除来举例，有一些并不是基于公共利益考虑，只是打着环境治理的幌子，行征地卖地之实，这就失去了正当性。因此，维护中小企业权益时，分析拆迁方征地拆迁行为的性质是一个常见的突破口。

第二，补偿安置中小企业要进行通盘考虑。拆完这个地方，就要规划另一个地方为企业的生存发展提供必要的生产资料和基础性条件。这是个基本问题，不是拆完就万事大吉，有拆除就有安置，应当上升为拆迁方征地拆迁行为的指导原则。当然，若中小企业环保、消防不达标，拆迁方当然有权利对其进行处罚甚至整改，但若从税收方面为难中小企业，是不合适的，也不符合政策环境。中小企业的资金规模与大企业无法相提并论，税收压力本来就很大，因此，拆迁方应当给予中小企业一定程度的税收优惠。

第三，这的确是现实情况，很多中小企业由于成立时间较早，证件手续上有欠缺。可以说是由于历史原因才导致企业不合规定的。这不能不考虑实际情况就将这类企业认定为违法企业。我们是否能够比照合法的中小企业来进行对待呢？很多中小企业在20世纪90年代与村委会签订租赁合同，租赁土地进行厂房建设，在当时是没有问题的，然而却不符合现在的规定。我们不能据此就将其认定为违章建筑，我们必须考虑到历史原因。还有些企业，因为各种原因没能成功办理证照，但是却履行了自己的主要义务，比如缴纳土地出让金。这些情况在征地拆迁补偿中也应当予以考虑。

拆迁维权不仅是法律问题，也是社会问题。拆迁律师可能接到形形色色的案件，但是我们的目的是一样的，就是最大可能的争取到最合理的补偿。

16

律师应该怎样代理行政纠纷

行政纠纷包括行政沟通、行政磋商、行政复议和行政诉讼。作为律师，应该如何代理行政相对人进行行政磋商、行政复议和行政诉讼呢？

行政复议和行政诉讼是法定程序，只要有行政行为存在都可能引起复议诉讼，但是行政磋商却不是一个法定程序，主要是跟相应的行政机关如何沟通磋商谈判来完成代理任务。我们近几年每年都要代理上百件这种行政类纠纷，我们在其中也采取了很多的措施，包括前面说的复议、诉讼、磋商和引入第三方媒体监督等措施来进行行政纠纷的解决处理。我们总结了一下比较常见的四个类别：

1. 申请类

比如拆迁方信息公开，申请后 15 个工作日内必须给答复，必须把信息公开的内容给申请人，不能提供就说明不存在拆迁方信息公开内容，或者相关部门要指明到哪里去申请。

一个违章建筑举报完后拆迁方不作为，或者说一个民事主体或市场主体采取了行政违法的行为，举报后不予作为，这可能都涉及行政不作为，这其中也包括申请类，到期不给答复也属于行政不作为。

2. 处罚类

拆迁方下达了一个违章建筑的认定、环评罚款的决定或者生产安检消防都是处罚类的，罚款、停止建设、一定期限内拆除等也都是行政处罚类的。

3. 行政许可类

企业本身符合营业执照、消防许可证、建设工程规划许可证等证照的申请条件，向拆迁方申请了却没有得到许可，这就是许可类的。

现实中这三类比较多，而且在实践中围绕这四类也有不同的理解方式。那么我们就要探讨如果遇到上述介绍的行政纠纷，我们该如何运用法律和沟通等各手段来解决纠纷。

这里要有一个评估价格存在，比如，许可类，首先申请行政许可先要提交相关材料文件，是不是可从法律上判断主体资格，主体资格判断不明的，应补充相关材料要求行政审批，适时拿起法律武器维护自己的权利。在现实中这种行政纠纷有七八成都是征收拆迁纠纷，或者说都是涉及不动产类别的纠纷。在不动产纠纷中遇到了上述三类行政纠纷时要进行区别对待，什么时候应该跟拆迁方磋商这个问题，主要还是拆迁方在前期给了你相关的许诺，并且从事实上给了你有倾向性的意见。现实中有很多招商引资的情况，拆迁方在某个时段为了政绩进行招商引资，拆迁方在进行拆迁的时候又不认可这个文件，或在拆除违章的时候说你没有工程许可，所以要认定违章。这个问题要及时跟拆迁方沟通磋商，前期有充分的事实依据，并且拆迁方前期给你的政策或者相应的审批文件、行动或语音的许诺，一定要尽可能多的运用行政磋商，因为复议诉讼时，你在法律依据方面往往是有所缺失的，败诉的可能性比较大，特别是现在对一些行政上的要求往往采取"一刀切"的方式，现在追求依法行政，如果是"一刀切"的方式企业主就吃亏了。如果遇到处罚类不作为类，我们认为应该及时提起复议诉讼程序，因为这种类型往往没有磋商谈判的余地。许可类的还是可以用磋商、沟通的方式，可能会达到行政纠纷消灭的事实，对于处罚类和不作为类，我们认为沟通的空间比较小，应该及时提起复议、诉讼。

复议、诉讼要区别对待，复议是上级主管机关来进行审查拆迁方行为的合理合法性，诉讼是直接让法院审查，也就是说一个具体的行政行为出现的时候，你有选择的权利，两个月可以复议，六个月可以诉讼，复议完如果上级相关部门没有改变下级相关部门的事实依据结果等，企业主可以将他们作为共同被告人进行诉讼，所以在复议和诉讼选择的时候要考虑：①上下级监督是否有力；②复议完可以进行诉讼，保留诉讼的权利在后边；③从时间上讲直接进行诉讼的时间跨度短，复议完再进行诉讼的时间跨度长，特别对不动产案件，必须是诉讼完才有强制执行力，复议完则没有。我国《行政强制法》有明确规定的，特别对不动产类，所以我们在解决行政纠纷的时候要进行综合的思考，要用哪些法律措施、磋商手段和资源来解决问题，在实践中不要局限于只简单的利用法律措施去解决，这是一个比较关键的问题。

17

企业在进行征收拆迁中企业主的几个误区

在企业征收拆迁中企业主可能会产生几个误区，这几个误区可能是导致最后获得不了合适补偿或者补偿效果不好的原因，总的来说最起码存在五个误区。

这五个误区是我们在实践中总结的，不是最全面的，但是确实是在征收拆迁中企业主经常会陷入的主要误区。希望这五点能帮助到正在面临拆迁苦恼的企业主们。

第一点特别迷信个人在当地长期经营的私人关系，并且确信这种私人关系会在征收拆迁中提供很大的帮助，可能在其他实践中屡试不爽，但是拆迁实践经验已经告知我们，不可能由于你的私人关系就会给你带来好的一面，往往带来都是消极的影响。因为你会运用私人关系，拆迁方也会用跟你好的私人关系来制约你。

我们在实践维权中碰到过很多这样的案件，比如，我们在北京朝阳区的王四营，曾经有一个企业就是这样。企业主是当地村民，其叔叔就是本村支部书记，在进行拆迁的时候就过于迷信私人关系，感觉他叔叔不会坑他，就积极让他叔叔运作这个事情。没想到运作完后拆迁方知道他们的这种关系后反过来对其叔叔提出要求——可以少量的加补偿款，但必须及时签字。结果这个企业主非常后悔这么做，应该用正规渠道去谈，而不应该通过私人关系反被制约，没有起到作用反被拆迁方所制约。这就是在拆迁中不要过于迷信私人关系。

我们在山东枣庄也遇到过这样的企业，企业主的表哥就是当地城管局的局长，我们去了以后一看加油站已经被城管局用墙围起来了，不让经营不让进出。结果在吃饭的时候给我们介绍这就是当地城管局局长。我们都难以置信！你的表哥为什么要做这个事情？其实这就是他错误的运用了私人关系，让他表哥运作这个事情，反过来拆迁方要求把加油站围起来，不许生产经营，这种私人关系恰恰被拆迁方用了。

这就告诉我们一个基本道理，不要过于迷信私人关系可能在拆迁当中所产生的积极作用。我们在实践当中所看到的几乎都是消极作用。

第二点，特别恐慌拆迁方，特别是基层相关部门采取一些手段来制约或强制企业主，企业主怕把拆迁方得罪以后会被秋后算账，这也是他们会产生恐慌或者误区的方面。这个时候拆迁方一旦采取合法或不合法的行为对企业三产生制约以后，企业主是不是会马上跟拆迁方达成协议呢？这时企业主可能就会面临一个巨大压力。如果拆迁方是涉嫌违法进行行政行为的话，我们应该及时采取法律措施予以回击，而不应该陷入恐慌怕秋后算账，结果采取一种妥协的态度。这就是一种误区，因为对方的违法行为都是纸老虎，不要过于恐慌和害怕。

第三点，很多人面对拆迁不愿意寻求法律帮助，因为他们对法律认识不清，信心不足。我们国家的法律在征收拆迁方面确实有一些缺失，有些不尽人意的地方，并且跟客观实际可能有些脱节。特别是江浙沪一带，一些中小企业本身经过招商引资，经过一种合法渠道等进行实际经营，结果在拆除违章建筑的时候却不进行具体的实际区分，可能会造成法律的规定、政策的执行和客观事实脱节，这会制约法律的实施和运用，但是往往企业主看多了打官司打不赢的现象，对法律没有信心。走完法律程序以后是不是能带来想要的效果？是不是能达到公平正义？对此信心不足。这也会产生一个极度的误区。也就使很多企业主最终放弃使用法律武器，而是采用一种私人关系或直接对抗等错误手段。这种情况在实践中能见到很多，我们一定要坚信法律，坚定维权信心，特别是对法律政策的运用一定要精熟于心。

第四点即便如果隔壁企业被拆了，也要坚持维权。此时心里可能非常恐慌，担心是不是下一步也要强拆我，维权决心一直摇摆不坚定，会造成企业自身维权决心的懈怠。我们认为，信心和决心一旦树立一定要坚持到底，不达目的决不罢休。而且你的维权决心是有法律和事实依据的，不用怕也不能摇摆，应该坚持到底。只要坚持是有理由、有事实根据的，为什么不坚持呢？

第五点，新闻上报道的很多极端抗拆的行为，是一种实践中或社会的对抗意识和方式，往往忽视一些策略和手段的运用和选择。有些企业主运用自己的手段，如果来强拆就跳楼，要给拆迁方产生制约，产生暴力肢体冲突达到制约对方的目的。现在这个不可行了，作出这种事情，一是你没有任何获得，二是付出很大的代价。因为不管执法行为是正确的还是错误的，但是一旦激烈的对抗就是妨碍公务，而且可能涉嫌犯罪。有时候拆迁方还会希望你做出这些行为，这样的话就可以及时抓住你的短处来给你施加压力和制约，把这个事情直接限定在一个范围内解决掉，这本身也是有些心怀叵测的人可能希望发生的。我们在进行策略选择的时候，一定要在合理合法并且不产生任何风险的前提之下，比如，谈判的策略，和对方互相交流互相摸底的过程，可能这都是一种策略的方式，不应该简单局限于一种暴力肢体的对抗、拉横幅等声势上的东西。拆迁其实不怕这个，甚至有时候希望这样，只要产生了冲突，只要有短处被拆迁方抓住，既然抓得住制得住你，就要你放弃利益。我们在实践中确实遇到企业主会有不限于上述五种误区，但是这五种误区是比较主要的方面，也给在实践中维权的企业主们提个醒。

18

整体征收和局部征收

如果企业占地比较大，厂房分部也比较零散，生产流程和生产工艺比较复杂，就容易出现选择整体征收还是局部征收的问题，这个问题一定要引起重视。

在现实中，修高铁和高速路的时候往往就会出现这种情况。比如该地区要修一条路或者建一个公益设施附属物，高速路或者铁路周边50~200米内是不能有建筑的，只需要征收部分企业用地。还有一个问题就是相关职能部门存在"自扫门前雪"现象，实践中征收部门、施工部门和运营部门都只想解决自己眼前的问题，就造成这样一种客观现象，征收部门只想补偿被占用的土地，用一亩地给一亩地的钱，这对企业影响很大。

我们在实践办案中遇到很多这种情况，比如，在山西宁武有一个做铝工业的客户。当地要修高速，企业所处位置在要建的高速桥下边，需要在企业用地内打桩。在实际谈话中征收方表明："只补偿打桩占用的面积，而且占用的面积对企业实际经营不造成实际影响。"这样是不是就可以局部征收了呢？但是有没有考虑过，铝工业是有大烟囱的，按照高速公路的要求50米范围内不能有平行高度的建筑，该企业的烟囱已经超过了高速路的高度，一旦烟囱冒烟，高速路上的视线清晰度就会受影响。由于这些问题是运营部门考虑的问题，征收部门也就不管了。

湖南湘西有一个生产食用油的企业跟该铝工业遭遇了相同的状况。

同样修高速路要在企业中打两个桩，要把厂房切断，补偿也是只补打桩占用的面积和拆掉的厂房面积，根本不考虑整个生产线已经被切断了，生产条件不复存在的问题。食用油有可燃性的问题，征收部门也不考虑一旦生产经营产生安全事故怎么办。也许征收的只是一小部分面积，但是企业的生产经营受到了整体影响。

所以在实际补偿的时候到底应该整体征收还是局部征收呢？整体征收和局部征收我们认为主要看两个方面：

（1）局部征收后对企业是否造成很大的阻碍，局部征收后还能否正常经营。

（2）局部征收后企业的经营是否干扰局部征收要达到的目的。

如果局部征收后造成企业无法生产经营，反过来讲，企业的实际存在也造成对要建的项目无法正常运营，双方的相互影响已经造成不可改变的事实了，这就达到了整体征收的前提。在我所承办的案件中大部分要求整体征收的意见也得到了征收方最后的认可，如果企业在现实中也遇到此类问题，就需要跟拆迁方谈判要求整体征收。

19

群体诉讼组织以及特点

小企业、小工厂、小商铺、小摊位如遇征收拆迁腾退如何来进行群体维权？在现实中有一个词叫集团诉讼，集团诉讼在国外特别在欧美是很常见的，往往限制于一定的消费品。比如，共同买了福特汽车，结果福特汽车某方面出了问题，在国外就由律师或专业的维权人士来组织大家进行群体诉讼，像汽车类、家装家具类、股市基金证券行业类也经常出现集团诉讼。我们遇到征收拆迁都是小面积的商铺，不管是房主还是租赁户，或是一些小市场摊位、工业园区的小企业，往往自主维权的能力比较小，需要联合起来进行维权，这种就叫群体维权，在国外就叫集团诉讼。

群体维权的时候我们要注意什么？应该怎么做？

这可能是一个比较大的课题，在实践中我们组织承办过很多群体维权的案例。比如上海青浦违章建筑维权、上海奉贤松江的小企业群体维权、杭州工业园区的小企业维权、北京地区的万家灯火、东郊市场、四元汽配城、大红门服装城等这些小摊位小商铺的群体维权等。我们要清楚这种群体维权往往会出现哪些问题？下面来总结一下，到底应该怎么组织群体维权？

1. "搭便车"

有部分人员有搭便车的嫌疑，有很多小企业主或小商铺经营者户会先观望其他人的维权结果。如果维权有效就加入，维权不好也没有关系，因为没有花费聘请律师的费用，也没有花费时间和劳动力去做这个事情。正因为没有付出也无所谓收不收获的问题。但是一旦有被拆迁人维权成功了就可以比较、参照，就可以"搭便车"。在现实中一定要极度杜绝这种心理。

2. 群龙无首

组织者没有一定的号召力也没有威信，往往组织起来很难成功。在被拆迁企业中有想"搭便车"的，有想托私人关系解决问题的，还有不想争取自己利益的等。在群龙无首的时候没有合适的、有号召力、领导力和威信的群主来组织这个事情，往往是一盘散沙，大家意见都不一致。这时候就需要有人组织大家做这个事情。但是在实际经营中，大家来自不同的地域，认识都比较有限，组织起来往往也比较困难，更主要原因就在于没有组织者。

3. 利益的共管性

要付出利益或者收获利益的时候一定要有共管原则。就像小区的业主委员会在小区打广告牌赚钱的时候，所得要交到业主委员会，一些公物维修资金要付出的时候也要通过业主委员会。前期经常会出现这种情况，特别是费用收取的时候，有的被拆迁企业不想交、有的想交少一些，有的想先暂时交一点，有的想后边看维权情况好了以后再交等。这种利益的付出和收获没有一个规矩，即使立规矩也有遵守程度问题。群体维权到最后也是要获取利益的，也就是说一定要在现实中采取利益的沉浮与共管的性质，最好能选出业主代表或相关的代表人员，在现实中业主代表一般不超过5%，即一百户不超过5个人。但是30户也不能低于10%，即业主代表在3~5个人之间。选择业主代表的条件首先是好沟通，其次是相关的事项决定的效率特别高，最后是跟普通业主沟通起来比较方便。所以说共同管理利益就要选出相应的领导机构来。

4. 共进共退的精神

共同来维权，维权过程中取得的效果要共同来享受。我们要共同放弃哪些利益和要确定哪部分利益的时候，都要有共进共退的原则，被拆迁业主要齐心协力。这恰恰就是前边具有领导力的人员组织到位才能达到的目的。

20

企业被强拆后是否应该立即进行行政赔偿诉讼？

企业一旦遭遇强拆如何进行行政赔偿，这是在实际维权中，尤其是在涉及违章建筑纠纷案件中经常会碰到的情况。有很多企业主在企业被强拆之后找到我们，希望我们能为其维权，我们就企业遭遇强拆，如何以行政赔偿的方式维权来探讨两个问题：

（1）企业遭遇强拆是否应该进行行政赔偿；

（2）如果进行行政赔偿有哪些应该纳入赔偿范围。

在企业拆迁维权实践中，我们并不是特别赞成企业遭遇强拆后就立刻进行行政强拆诉讼。在维权实践中采取这个方式的案件少之又少。原因在于一旦企业遭遇非法强拆，之后通过行政赔偿方式能取得的行政赔偿数额和最后所能达到的效果往往并不好。前两年出现一个中国最高拆迁行政赔偿案例，被拆迁人要求赔偿1.89个亿，最后北京铁路运输法院判决补偿50万。主张1.89个亿最后只拿到50万，为什么给的如此之低？首先是很多损失难以证明，其次是很多损失是否能纳入行政赔偿范围之内确实是不好认定的。这就是企业一旦遭遇非法强拆之后我们不主张也不赞成进行行政赔偿的原因。

在《国家赔偿法》中规定的赔偿范围被界定为被损害人的合法财产范围内。一旦界定了合法财产范围，如果房屋没有取得建设工程规划许可证或房产证，是否能纳入行政赔偿的范围就是一个未知数。在实践中如果没有取得建设工程规划许可证或房产证，往往是不能纳入行政赔偿范围的。室内装修、附属物、机器设备、添附物等是可以纳入赔偿范围的，但是如果在强拆的时候直接把装修附属物或机器设备搬离，没有造成合法财产的损失，这样补偿就寥寥无几了。房屋的主体建造、结构本身是不纳入行政赔偿范围的，因为这不是合法财产，这就是为什么在实践中企业遭遇强拆后再找我们维权，我们并不赞成直接进行行政赔偿诉讼。我们往往选择的途径是找拆迁主体在本次强拆内的重大违法事项，并且把违法事项确定在两个点上：第一个点是将强拆行为确定在当地拆迁方的具体行政行为错误的层面，第二点是将强拆行为所应追究责任人确定在当地拆迁方主要负责人员渎职，以及滥用职权的刑事追责的范围之内。2016 年 12 月 30 日国务院颁布了《关于加强政务诚信建设的指导意见》，对拆迁方诚信进行了大范围的确定，对政务诚信进行了严格的要求。一旦出现强拆并最后被确认为违法了，那么拆迁方相关负责人也要承担相应的责任。这种责任介于刑事责任和行政责任之间，比如，行政警告、行政记过、行政开除等。如果涉嫌滥用职权或渎职等犯罪，也要进行严肃的追责。这也是国务院本次指导意见中所要求的一个具体方面。

在实践中，很多企业成立的时间比较早，土地或房屋往往是租赁当地村委会甚至是从某国有企业转租的，均未取得《城乡规划法》所要求的建设工程规划许可证、房产证等证明房屋为合法财产的证明文件，企业房屋一旦遭遇非法强拆，就很难被纳入行政赔偿范围。

如果要通过行政赔偿的方式维权，行政赔偿的范围往往就是确定合法财产的范围。实践中，当地有职权的拆迁部门为了经济发展，对企业进行了许可、允诺，甚至招商引资，对企业建造房屋的行为明知而不予制止，反而予以鼓励支持。在江苏南通盐城等地产生了一种新的判决方式，即如果拆迁方许可允诺，甚至进行招商引资等行为符合行政法的两个基本原则——诚实信用原则和信赖保护原则，也可以认定企业的建筑是受到了具有建筑建造许可认定部门允诺的。农村的集体土地建筑要经过乡镇相关部门的许可，城市的建筑必须经过县级城乡规划主管部门的许可。实践中，企业在乡村建造的建筑得到了乡镇相关部门的默许、认可，或者招商部门的支持；城市国有土地上建造的企业厂房是经过县级以上相关部门的招商引资政策确定的。这种情况下，本级相关部门是有职权来认定建筑的合法性的，此时企业遭遇强拆是可能获得行政赔偿的，但是这种情况在实践中出现的比较少。所以企业在遭遇行政强拆之后，通过走行政赔偿来直接维权，往往是走不通的，而是要从行政追责或刑事追责的角度来做。

如果说出现上述状况的话，企业建筑应该给予行政赔偿，但是实践中对于合法财产的认定，往往只认定室内没有搬离的、能够证明主体合法性资格的财产，只将这类财产纳入赔偿范围之内。如果拆迁方在进行行政强拆的时候没有对上述财产给予保护，也就是搬离或者进行公证后保管在合法的场所之内，才将其纳入行政赔偿的范围内。如果已经搬离并且未造成损坏，行政赔偿就没有任何意义。

有很多企业的居住用房和经营用房没有分离，居所的生活用品、贵重物品都放在企业厂房内，一旦遭遇强拆，对合法财产损失的证明又是一个很大的难题。由于贵重物品或现金无法证明实际存在，造成的损失就无法进行赔偿。这里出现了两个矛盾，即如何证明是合法财产的存在以及如何证明财产是合法的。这两个问题都是行政赔偿的疑难问题，在举证和裁判的时候往往都会产生与事实相偏离的结果。

所以在实践中，一旦企业遭遇到强拆，不论是合法还是非法强拆，我们都主张不要轻易启动行政赔偿诉讼，可以启动行政确认违法诉讼。确认强拆行为违法之后就有两种权利：一个是行政追责，另一个是刑事追责，包括现在国务院公布的政策法规中也对拆迁方及相应负责人的行为进行了严格的约束。这是我们对企业主提出的建议，一旦遭遇强拆后要慎重选择维权手段和维权方法。

21

企业拆迁中可能遭受的重大行政处罚以及应对策略

一个企业在面临征收拆迁的时候会跟征收方出现一些矛盾、冲突，特别在企业的补偿与安置如何落实的问题上，双方的意见往往是不一致的。面对这些问题，双方出经过施加压力的过程。企业经营方可能会找拆迁方在本次征收拆迁过程中可能出现的违法之处，作为其下一步征收拆迁的筹码。反过来讲，征收方也会找企业涉嫌的违法之处，给企业施加压力，然后让企业妥协并且接受较低的补偿价格。

企业拆迁中可能遭受的重大行政处罚有哪些？我们应该采取什么样的应对策略？首先必须要确认什么是重大行政处罚，事实上也就是对企业的生存与发展产生重大影响的行政处罚措施。重大的行政处罚会对企业主产生压力、心理冲击，让企业主妥协让步。

一、企业拆迁维权中可能会遇到的重大的行政处罚措施

我们在企业拆迁维权中可能会碰到以下几种重大的行政处罚措施。

1. 城管或乡镇相关部门来执行违章建筑强拆

如果房屋缺少符合《城乡规划法》规定的证件则涉嫌违章，城管下达限期拆除通知书，以不是合法建筑为由进行强拆，这是一个重大的行政处罚。

2. 消防和安监

如果不符合消防要求，有火灾隐患，不符合我国消防相关法律法规或者不符合我国安全生产所要求的设施设备规定，这样也可能会涉嫌重大行政处罚，以消防或安监不合格为由责令关闭或停产整顿。

3. 税务

比如在没有缴纳土地使用税、房产税、营业税等，存在税务上的短板时，则可能遭受到税务上的重大行政处罚。处罚形式包括罚款、拘留甚至涉嫌刑事犯罪。

4. 环保环评

环保环评出现重大瑕疵的话，也可以要求企业限产、停产、整顿以及关停关闭，这也是重大行政处罚。

实践中作为生产性经营企业，往往会在这四个方面遭受到重大的行政处罚。而且这四个方面还有一个特点，行政处罚下达后不执行或者行政相对人不履行导致严重的刑事犯罪后，换句话说本身是行政处罚，但是如果没有采取积极配合的态度，在某个时间点、某个法律实施的阶段上，可能会直接涉嫌刑事犯罪。以税务这方面为例，涉嫌数额巨大，给予罚款处罚，但是短时间内没有缴纳罚款是不是涉嫌到税

务类的刑事犯罪呢？环评也是一个道理，环境污染这方面已经在刑事犯罪当中有所体现了。重大的行政处罚会对被拆迁企业主产生巨大的心理冲击，也会出现企业经营无法存续的后果，同样也会对企业主产生刑事法律风险。

二、行政处罚与行政强制

如何区分到底是行政处罚措施还是行政强制措施？我国有《行政处罚法》和《行政强制法》，对处罚的措施、目的、达到的效果有所区分。一般情况下，下达的行政处罚决定书，肯定是个处罚行为，而由于不履行、不执行处罚行为才有后续的行政强制行为。实践中也出现环评环保不合格的情况，但没有行政处罚直接把企业关停关闭，这是直接采取行政强制措施的效果。没有进行行政处罚就直接进行行政强制，会涉嫌违法行政行为。在面临一些客观或紧急的状况时，有些则是可以直接进行行政强制的。

不管是行政处罚还是行政强制措施，对于行政相对人而言，都被赋予了相应的权利。首先，行政相对人在行政强制或行政处罚措施做出之前、之中都可以陈述申辩，这是他们的权利。遭遇行政强制或行政处罚的客观事实、客观状况、企业经营的现状、企业在经营中产生的合法性因素，在过程中怎么与行政处罚机关进行交涉的，对方有哪些允诺等客观状况都可以进行陈述，也可以进行申辩。如，申辩企业的建设是合法的，是经过拆迁方允许的等情况。

那么处罚措施作出之后，对于行政相对人而言，同样有诉讼和复议的权利，可以在 60 日内进行复议，在 6 个月内进行行政诉讼。只有涉及违章建筑等不动产相关状况时，行政强制措施才必须在复议、诉讼期限结束后执行。

在这里提醒大家，拆迁前要做到预防为主，并且把相关法律文件补齐补强，做到有备无患。

22

环境整治和拆违缘何成了低价拆迁的工具

我们周围的环境与我们的生活有着十分密切的关系，就像是鱼和水那样密不可分，谁也离不开谁。由于污染企业的存在，中国人居生存环境质量受到严重影响。中小企业的污染问题已经成为中国的社会问题。但是现在却出现了这样一种现象，特别是江浙沪一带的中小企业主应该都有深切的感受，现在环境整治和拆违章这种政策性拆迁已经成为低价拿地的有效工具。这种现象出现的原因是什么呢？环境整治和拆违缘何成了低价拆迁的工具？

现在出现这种情况确实满足了"天时、地利、人和"的条件。比如，环境整治问题，现在环境确实达到了恶劣的程度，像雾霾、水污染和种植食品安全问题等，都涉及环境重大污染的问题，环保问题恰恰是重中之重。现在每一个地方进行环境整治都具有"天时"的便利条件，环境整治、保护和治理现在基本已经达成了共识，这就是环境整治手段"天时"的问题。

当然环境整治所表现出来的主要是针对高耗能、重污染的企业，比如，对于钢铁、煤炭等大型企业采取整合以及关停的方式。对中小企业则多数采取关闭、征收拆迁的方式以达到整体生产经营被断掉的目的。只有达到这个目的后，真正的环境整治到最后要达到的环保指标才能完成。

所谓"地利"，即拆迁后空出的土地正好达到了重新利用土地、提高土地利用价值和发挥土地真正的附加值的目的。如果对企业按照正规拆迁补偿的话要付出更多的补偿和安置。但是要按照环境整治拆迁的话就无需如此，企业没有房产证、建设工程规划许可证本身就是一个违章建筑，可以不予补偿，但现在给企业一个低价的补偿已经是照顾了；或企业本身就是环境重污染企业，也可以不给任何补偿就把企业关停，但现在给你低额的补偿就是恩惠了。用这种方法拿到土地后，重新利用土地资源，提高土地资源的利用价值，让整体土地价值再翻倍再提高。以前是集体土地可以征为国有土地，国有工业用地可以转为国有商业、住宅用地。特别是现在房地产市场如此火爆，一线城市对土地资源的依赖程度更大，各地对土地依赖因为这是整个财政收入的主要来源。

"人和"就不用说了，全天下人现在已经形成了统一的观点，对这种环境污染已经痛恨至极了，人们对环境污染和环境投入都达成了很多共识。比如，浙江的"五水共治"，在饮用水域周边所形成重污染的环境，造成水里已经寸草不生了，饮用水质量已经成为重大的安全问题。以环境整治的拆违手段确实已经达到"天时、地利、人和"的状态，采用这些手段就能达到低价拆迁的目的。我所由于代理大量中小企业违章以及征收拆迁的维权工作，在这里要提出一个"十六字"建议。可以环境整治，可以拆违，可以拆迁，可以国有土地征收，可以关停关闭，也可以搬迁腾退，但是拆迁方是不是应该考虑到中小企业的生存发展的现状以及下一步如何安置的基本要求呢？我们作为拆迁律师，在召开研讨会的时候提出了一个"十六字"建议——"整合资源、分流安置、补偿到位、引导就业"。

1. 整合资源

前面提到过，拆迁方本身要达到的目的就是整合资源，提高现有的土地整体的价值。我们现有的生产经营条件资源是不是也能达到整合，比如，把企业挪到正规的工业园区，实行真正的划片工业园区重新安置，再比如，对机器设备重新改造升级，对我们下一步的生产进行适当的照顾，或者在政策上适当的倾斜。

2. 分流安置

重污染行业怎么能够让污染减少到最低程度呢？或者他们应该添加哪些设备来减少污染呢？污染行业和非污染行业，低耗行业和高耗的行业应该如何区分安置。

3. 补偿到位

企业完成搬迁腾退后要得到合理的补偿，补偿完后才能恢复生产经营，继续为经济发展做出贡献。要是完全以低价拆迁为目的进行补偿，对企业来讲是不合适的。而且许多中小企业是通过招商引资或一次性买断拆迁方的土地、厂房来达到生产目的的，在这方面一定要补偿到位，不能以低价补偿完全替代应该达到的补偿额度。

4. 引导就业

有一些污染行业实在不能再进行安置生产，那是不是能引导他们重新就业？特别是一些中小企业的工人是当地的，不能只遣散了事，应该对下一步安置就业实施引导政策，比如，可以跟其他相关企业关联，或有进一步安置的措施。

所以说我们的观点是不能一拆了事，要对拆迁后如何安置，如何恢复补偿，如何恢复正常的生产经营，如何减少污染的危害等问题有一些后续措施和政策性跟进，这是我们应该关注的重点。

23

污染企业搬迁、拆迁重点问题探讨

污染企业搬迁、拆迁重点问题是一个敏感的话题。这几年环境整治的力度加大，包括一些带有污染性的中小型行业都在进行关闭、关停，到底有哪些重点问题要进行探讨呢？非常坦诚的讲，污染企业关闭如何补偿的问题，在法律方面还有一定的欠缺，由于环境问题造成的企业关停搬迁，应该从经济层面和现有的发展中小企业能动性方面实际考察。我们认为应该从四个方面来进行探讨。

1. 法律层面

中小企业如果要进行关闭关停必须要有法律依据。现在我国所实行的《环境保护法》《大气污染防治法》《水污染防治法》等法律的规定都会涉及中小企业关停关闭。比如化工厂、水源地附近的养殖行业、煤炭钢铁等会引起大气污染或雾霾的行业，这些都是由于环境保护所造成的污染行业，必须进行关闭关停。首先要有上位法的依据，环保的执法单位有权利进行关停。现在往往都是由乡镇级相关部门来实施关停措施，包括北京的非首都功能疏解。

在法律方面关闭关停首先要有上位法依据，第二要考虑到关闭关停所造成的损失。在这方面要适当地探讨，因为不满足环保法的规定就关闭关停，这是行政处罚措施。不代表由于具体行政行为给你造成的损害就应该适当补偿或赔偿，因为这涉及不到行政赔偿问题。而且《环境保护法》《大气污染防治法》等相应的法律法规没有规定企业全部直接关闭关停，有的时候会实施限电限产、罚款、实行停业整顿或实行一次性关停关闭，这方面也存在法律的递进关系。就像《城乡规划法》第64条规定，未取得建设工程规划许可证或者未按照建设工程规划许可证的规定进行建设的，由县级以上地方城乡规划主管部门责令停止建设；尚可采取改正措施消除对规划实施的影响的，限期改正，处建设工程造价5%以上10%以下的罚款；无法采取改正措施消除影响的，限期拆除，不能拆除的，没收实物或者违法收入，可以并处建设工程造价10%以下的罚款。第65条规定，在乡、村庄规划区内未依法取得乡村建设规划许可证或者未按照乡村建设规划许可证的规定进行建设的，由乡、镇相关部门责令停止建设、限期改正；逾期不改正的，可以拆除。

2. 经营层面

企业被关停关闭后是否对其经营造成了很大的影响？是否对其生产经营做出一定的安排？是否有充分的政策依据？比如北京动物园批发市场、大红门搬迁，是迁到已经建好的地方，为其下一步生存发展提供了良好的客观经营环境，经营方面有支持力度。但是现在在环境污染行业当中对经营层面的支持，包括环保的第二次处理、各方面的扶持政策等还没有完善的系统。

3. 可行性方面

行业与产业是否能进行深度的融合，能够达到环境要求重新恢复生产经营的客观条件，这是基本的可行性问题，也是需要探讨的。

4. 社会形势方面

现在的社会形势不必多言，雾霾、水污染、食品安全等所造成的污染行业的关闭关停是大势所趋。企业主要对这方面有充分认识。企业关闭关停不可避免，但是从停产停业损失和土地厂房补偿的角度，企业主应该提出自己的三观意见，提出有合理合法的政策依据的意见，跟责令关闭关停的拆迁方主体进行谈判和探讨。

24

解读环境综合整治的信访和告知书

有两个涉及上海工业用地减量化和"五违四必"的群体案件找到我们，并提供了两份告知单，这两份告知单比较有代表性，就以这两份告知单为引子给大家讲一讲当中涉及的问题。

一份是由××环境整治办公室下发的告知书，内容如下：

前期经与××业主多次谈判至今没有达成补偿意见，为体现拆迁方诚意避免业主损失，现将有关情况告知如下：

1. 补偿方案。

（1）2004年7月拆迁方出售的房屋及附属设备：按第三方评估方案确定；

（2）停产停业：按目前剩余面积每平米200元补偿；

（3）新增未拆违法建筑：由拆迁方按每平米500元予以回购；

（4）土地使用年限：按原土地租赁费的一倍乘以未使用的有效年限予以补偿。

2. 在2016年9月28日以前，同意拆迁方案的，请与××整治办公室签订相关协议，逾期不签订协议以及不向法院撤诉的，不享受上述减量政策。

这是以整治项目办公室的名义下发的告知书，第二份是以信访的方式下答的告知书，内容如下：

您反映的信访事项已受理。经研究，现答复如下：

经查，××区规划和土地管理部门未对××工业园区内的建筑物、构筑物有过相关规划审批文件。该区域环境脏乱差，且有严重安全隐患，故被列入"五违四必"补短板环境综合治理工作。

××镇在"五违四必"整治中，对各类违法建筑对象均一律不予补偿。

根据《信访条例》第 34 条的规定，如您对本信访处理意见不服的，可在自收到本处理意见之日起 30 日内向××区相关部门提出复查申请。如逾期不提出复查申请，本意见即为最终意见。

借着这两个文件跟大家讲这几个问题，给各位企业主提个醒儿。

第一，信访处理和行政投诉是有区别的，信访是按照信访条例处理的，行政投诉是由整治办公室出具告知书，信访条例是按照《中华人民共和国信访条例》规定，反映事情后在 60 日给予答复，对于答复不服可以要求上级信访部门复查，这不是一个司法程序，而是一个特殊的关于人民群众来信来访进行实际处理的内部处理意见，这不具有可诉性，不能复议。告知书或行政机关答复书依据的是《行政处罚法》或《城乡规划法》等涉及建筑物的基本法律所作出带有全民义务影响的全面处罚行为或告知行为，这是具有可诉性的也是可以复议的。

第二，主体适格性。告知书落款是整治办公室，整治办公室往往都是临时成立的具有某项事物进行集中办理的临时机构，往往不具有法人资格，复议诉讼不应该以整治办公室作为复议诉讼主体，而应该把设立它的上级机关作为被告。

第三，上海市的基本政策。以前也提到过上海的两个政策——"198 工业用地减量化"和"五违必治"。现在这两个政策在交叉使用，我们也接到过很多上海当事人的案件委托，很多当事人都不清楚自己的土地到底属于哪个政策范围内。建议大家在确认的时候一定到区级调取所在地块涉及的腾退、征收、拆迁的具体文件，基本都能调取出来。

第四，面临这两份法律意见如何进行法律救济。信访最好是按照信访条例一步步地要求上级复查。但我们赞成以行政投诉、举报的方式反映问题，以这种方式是带有具体行政行为性的。接到投诉举报后必须按照《行政处罚法》或相关的行政类的具体客观依据做出具体行政行为。只要做出行政行为你就有行政复议的权利，走的就是正规的司法程序。

25

政策性拆违

违法建筑作为城市管理的顽疾，一直是媒体报道和市民关注的热点。近年来，我们发现有些地方正在开展政策性拆除不动产、违章建筑、违法用地和以环境治理为目的的环境整治行为。以上这些行为所体现出来的都是带有政策导向性的拆除地上不法存在的建筑，这些建筑中有的属于违法占地性质，有的属于违章建筑性质，有的属于环境污染性质。

在进行政策拆违的时候，拆除违章建筑的职能部门压力非常大，作为被拆迁主体，即违章建筑的建设人压力也很大，体现在实务中，由于带有一定任务性拆违章会给拆违章的主体划定时间段和任务量，一旦划定时间段和任务量，拆除的行政主体往往就不依法按照法律程序来进行实际操作了，这就会造成被拆迁主体一些合法法律程序权利的丧失，也造成了一些实体权利受侵害，这些情况在客观现实中屡见不鲜，这就是我们要讲的政策性拆违往往给人一种压力过大、形式过紧、任务过重的感觉，并且往往这种仓促的决定和过大的任务性质，要求双方的实体权利都能得到很好的维护，如果造成双方一定人身财产的损失，那么政策性拆违具有合法性基础吗？我们产生了很大质疑。按照违章建筑的基本法律《城乡规划法》，一般情况下首先违章建筑的线索来自于举报或者航拍，现在变成了相关职能部门天天主动寻找违章建筑，甚至把一些不完全属于违章建筑的建筑都划在违建范围内，使中小企业遭受了重大的损失。

政策性拆违呈现出以下特点：

（1）没有履行完整的法律程序，利用行政职权进行威胁恐吓，达到使其快速拆除违章的目的。这在客观现实中屡见不鲜，不用过多的解释大家都很清楚。

（2）由于没有完整的执法程序，所以往往没有对涉案当事人的合法财产与涉嫌违章建筑财产进行合理区分，造成不管是合法财产还是不合法财产都受到侵害。比如，违章建筑中的机器设备是合法存在的，附属物装修也是合法存在的，在违章建筑拆除的时候要进行实际区分，否则就造成很多合法财产的损失。

（3）补偿方面没有公正的补偿项目，也没有一个公正的补偿价格。因为很多要进行实际区分的违章建筑没有进行区分，都是采取一刀切的方式，就造成很多马上要取得证照或已经取得一部分合法性手续的与没有取得合法性手续的画上等号，这是不公平不公正的。

26

城市管理综合执法局在拆迁中的作用

现在各个地方进行拆迁的时候都会出现城市管理综合执法局的身影，他们来干什么？他们是来确定你的建筑属于违法建筑，然后实施行政强拆的。这种做法就是要给你制造心理压力，从而让你及时签订补偿额度很低的协议。城市管理综合执法局往往沦为拆迁方的帮凶，甚至走在拆迁方的前面，为拆迁方开疆拓土，遇河搭桥。

现在拆迁时往往是"以拆违促拆迁"，如果想建筑不被认定为违章建筑，就要按照拆迁方给的补偿价格签订协议，如果不听就按违章建筑拆除。被拆迁人仿佛坐在一个跷跷板上，压这头还有补偿，压那头就没有补偿。

这往往是违法拆迁的前置手段。此招式现在已经被拆迁方用的非常得心应手了。我们认为，这种行为确实严重违背我国征收拆迁的具体相关文件，但是又找不出违法的根据，此行为只具有法律的不合理性，却不具有法律的不合法性。不合理性在于如果是违章建筑则早就应该发现了，那为什么现在才处罚？但是从法律上讲，自发现之日起违章建筑就是一种持续存在的状态，可能不存在时效的限定。这就是我们说的不合理但是合法。

这就说明了违法拆迁为什么让城管局走在前边，为什么这个招式比比皆是，特别是在被拆迁企业中经常会看到城管局的身影。

如果城管局走在前边应该怎么办？首先，征收拆迁不是城管局的职能，只是给征收拆迁"打头炮"的。这时接到城管局的限期拆除通知书、违章建筑认定通知书，被拆迁人或企业要及时提起复议诉讼。因为他们的每一次执法，从程序、实体上都可能存在严重的错误，及时质疑他可能就会有所退缩，对之后的拆迁谈判会形成好的影响。不要产生恐惧心理，也不退缩，一定要迎难而上，而且我国《行政强制法》第44条规定，只要提起复议诉讼，期间就不能行政强拆，所以不管从态度上还是从具体应对的法律措施上都要及时采取行为。

27

行政诉讼的三大主要问题

行政诉讼庭审当中要审查被告即行政机关的3大主要拆除依据。

第一，职权依据。有没有权利做出这项具体行政行为。

第二，执法实体依据。执法是依据什么做出具体行政行为。

第三，执法程序。这是行政诉讼中三个比较大的关键性问题。

第一个要审查行政机关或者拆迁方的派出行政机构有没有权利做出具体行政行为，包括积极行为或者消极行为，也就是作为和不作为。之前我们讲到的在实践中见得比较多的有申请类、不作为类、许可类、处罚类。这是现实中行政诉讼主要围绕的三个方面。

第一，行政机关有没有权利做出这项具体行政行为，比如行政拘留，它涉及人身自由，那么作为派出所或者某些地方公安分局有没有权利做出？所以首先要审查它有没有职权。所谓的不动产违章建筑的认定，往往是街道办或城管大队作出的，那么他们有这个职权吗？有些是当地的城管局、城市综合执法局所作出的，他们有没有这个职权？在安徽这一带，由于行政执法权统一归纳分配，那么城管就是有权利认定违章的。另外还要分国有土地和集体土地分别是由谁来认可。这里存在职权的交叉和理不清的问题，所以我们首先要找出拆迁方是否有主体资格作出这种具体行政行为，这是为了理清职权。本身是上级相关部门做的，结果他给做了；本身是平级其他的职能部门的权利，结果他给做了；本身是需要派出机构给做出的，结果他又给做了。街道办是市区市县派出机构，有些职权不能等同于乡镇部门，他只是派出机构。

第二，作出这个执法行为，实体上依据的客观事实是什么？是根据这个事实引用哪些法律依据所作出的具体行政行为？比如在这个地方进行建筑，但是经过调查程序和询问当事人，发现并没有取得建设工程规划许可证和房产证，也没有临时建筑的相关手续，那么客观事实就是存在建筑但是没有证照。这种情况的法律依据是哪一条规定？《城乡规划法》和《行政强制法》都有规定。《城乡规划法》规定，未取得建设工程规划许可证的建筑应属于违章建筑，或者超出临时建筑期限，也没有补办或者没有继续申请建设工程的都属于违章建筑，这是实体的法律依据。因为没有证，并且法律规定没有证属于违章建筑，才作出认定其为违章建筑的具体行政行为，这就是实体依据。跟公安一样，公安发现了一个违法行为，比如，发现三个人在一起赌博，并且赌博的金额比较大，因为我国《治安管理处罚法》有规定，这种行为属于治安违法行为，所以才要给予治安处罚。

第三，执法程序，只作出处罚、许可、具体行政行为还不成，违章建筑进行调查认定的时候，拆迁方要向当事人发出陈述申辩意见函，也就是告知当事人有陈述申辩的权利，而且还必须到现场进行勘察了解，这都是确认违章需要做到的行政执法程序。然后必须给当事人作出限期拆除决定书，当事人在某个日期的 3 日~15 日内不执行的还要有催告书，这是完整的执法程序。工商查假货的时候，也要有充足的执法程序，首先要带执法记录仪，要向涉嫌违法的嫌疑人亮明身份，把相关的物品留存证据，甚至重要物品需要有公证的证据，要拍照封存，这才是完整的执法程序。违反完整的执法程序就相当于是违法的具体行政行为，比如，接到举报查环评，要调查化工厂违法排放的污染物，接到举报后到工厂去进行实地了解和实地勘察，可以通知当事人也可以不通知，但是总要按照环境执法所依据的法律程序一步步做。这就是行政诉讼的三大主要问题，也是我们在进行行政诉讼需要主要审查的三个问题。

28

江浙沪拆违现状分析

江苏、浙江、上海现在都进行着如火如荼的大规模拆除违章行动，这种拆除违章应该就是我们分析的政治性或者政策性拆违章，都有一个共同特点——是拆迁方以一个任务或者命令式的拆违章行为，比如，在 2016 年 4 月或者 2016 第二季度在一个县市或者地市必须完成多少万平米的拆除违章的任务。

这种拆违章在一开始从法律程序认定执行之后，都会存在极端的特点——"狠"和"快"。不给你反应时间就直接送达拆除通知，或者根本不送达而是直接言诉你什么时候来拆违章。

一些基层相关部门还存在不懂法、不知法的现状，总认为没有房产证和建设工程规划许可证就是违章建筑。反正房屋不是合法的，即便拆掉了最多也是程序违法，实体上不需要赔偿——这就是拆迁方人员的一般认识。但是我们不得不说，在现实中绝对不是这么一回事，也就是说即便你没有建设工程规划许可证和房产证，也没有拆迁方颁发的认可房屋建筑合法性的相关证照，并不代表拆迁方错误的认定和拆迁方违反法律的程序就不用承担应有的赔偿责任。

《国家赔偿法》以及《行政赔偿法》确实有规定，"必须赔偿对方合法财产"。也就是说到最后必须有自证义务，自证自己所谓的建筑是合法建筑才会有赔偿。

在司法实践中有一种主流观点，只要权利人有能够证明建筑的存在得到了拆迁方的默许、认可、鼓励、允许，权利人就有相应的权利，在这个时候进行强制拆除就是对权利人权利的侵犯。比较明显的就是拆迁方招商引资行为，具有批准权的机关，如，《上海城乡规划条例》当中明确规定，乡村由规划部门委托当地拆迁方、乡镇人民相关部门来认定颁发乡村建设规划许可证，如果乡政相关部门跟企业签订租赁合同，允许企业进行建设，那么乡镇相关部门就有职权来颁发乡村建设规划许可证，这时候企业主认为拆迁方承认企业建筑是存在合法性的。反过来讲，从村里租地，村里没有权利认可建筑合法性，这个时候就会对建筑到底是合法还是非法存在很大疑问。

之前谈到的拆除的特点是"快"和"狠"。快，即是时间要求，也就是说到一个时间点必须要完成拆除任务。狠，即是不给被拆迁人反应时间，如果过了规定时间没有自行拆除就会被直接拆除。

江浙沪的中小企业大部分都有一个现实状况，就是没有相关的证照。没有证照不代表就是违法建筑，希望江浙沪一带的中小企业要有全面的认识，不要过低地估计自己的能力和合法性，在这一点上不要有太多的顾虑。

现在上海拆迁也是轰轰烈烈，浙江有"三改一拆"，江苏也是全面土地督察来进行违章建筑的拆除。2014年或2015年的时候国家进行土地大督查，发现一些违法建筑，要进行拆除，拆除目的就不论了，必须一切都按照《城乡规划法》《物权法》以及各个地方省市自治区的城乡规划条例来进行执行。

29

近年来征收拆迁模式的演变

不知道大家有没有感受到，现在征收拆迁的方式已经产生了很大的变化。以前是必须按照《土地管理法》《国有土地上房屋征收与补偿条例》，或是2011年之前的《城市房屋拆迁管理条例》《集体土地拆迁管理条例》。也就是说必须按照基本的拆迁法律法规或行政规章的要求来进行实际拆迁，但是现在已经把征收拆迁的目的性反推了。

征收拆迁的目的无非是"三通一平"或"五通一平"。但是前期具体通过哪种方式来拿到这块地，现在已经产生了很大的变化。比如，北京现在实行的集体土地腾退、绿隔腾退、环境治理；上海实行的工业用地减量化、"五违四必""五违共治（五违包括违法用地、违法建筑、违法经营、违法排污、违法居住）"；浙江实行的"三改一拆"等。这么多名目出来后是不是跟征收拆迁所达到的目的是一致的呢？

所达到的目的是把地上附着物拆除掉，然后把土地进行平整，后续土地是用于公共利益或是进行上市的招拍挂，但是现在前期所要走的程序演变出很多模式。

征收拆迁有《土地管理法》《国有土地上房屋征收与补偿条例》。土地腾退依据的是什么呢？可能依据《村民委员会自治法》和《土地管理法》等一些地方性的法律法规。"五违四必""五违共治"也必须走拆违章，或者由国土资源局来认定是违法用地，达到的效果是一样的，在实践中一定要把这个问题看得更加确切。

北京实行的非首都功能腾退，中小企业可能会感到纳闷："腾退达到的目的就是把企业搬走，跟征收拆迁是一样的，但是征收拆迁有其对应的补偿标准，现在腾退企业补偿的标准是什么？是直接把企业关闭呢？还是有一定补偿？还是把企业地上附着物进行回收呢？"可能从法律依据和客观事实依据来看都有所缺乏，在此给中小企业理一下相关事实。在过程中尽管缺乏法律依据，但我们认为一切必须都要从客观现实当中所造成的侵害的角度进行合理补偿。关闭企业造成停产停业损失，拆除厂房造成厂房价值的损失，要有参考数值和依据。

腾退、工业用地减量化、"五违四必"等，都应该参考征收拆迁的标准，这些政策的上位法依据不充足，但是所达到的目的是一致的，所以只能参考征收拆迁的补偿标准。在现实中会出现很多状况，比如集体土地使用权如何评估？由于没有市场参考价值所以无法评估，只能参考国有工业用地，这是属于同种类、同用途，但不同性质的情况，这就只能参考相似的方式。

30

具体行政行为的两面性

在现实当中解决行政机关纠纷的时候，发现一些基层相关部门的行政机关采取拖、等、靠等方式来解决问题，这是经常出现的。比如，环境侵权，我们代理的江苏镇江的一个环境侵权的案件，在代理之前，当地一个化工厂在河流域进行违法排放，给整个养殖类企业造成了危害，包括我们的代理企业。当事人找当地拆迁方反映这个问题，希望给予化工厂行政处罚，而当地拆迁方却采取拖、等、靠的方式。每天都说在关注这个问题，在查证问题。等过一段时间又找理由说不归他们管，而归上级部门管了。又过了一段时间，相关事实还没调查清楚，又说给对方进行处罚的事实依据尚未充分。拖，成为一个基层具体行政的状况，只要拖得你在某一个时间段中没有积极坚定的维权决心了，把事情拖黄了，就达到他们的目的了。如果涉及其他部门，比如，两个部门权力交叉，食品药品质量监督局和工商局都有行政权的交叉，出现这种行政权交叉的时候，各个部门就开始等，等着让你来处理或者让他来处理，自己不处理，因为权力有交叉了就应该由其他部门来处理，或者找上级部门，就让上级部门来拿意见拿决定，自己不参与不积极，就是等。不自己解决，或者用自己的行政手段解决，而是靠其他部门或者上级有职能有职权的部门去解决，这就是现实中一些行政机关往往采取的应对行政相对人的方式，小问题拖成大问题，迟迟得不到解决，这就注定会出现很多行政事务的纠纷，其实很多都是可以不出现的，但是由于拆迁方消极怠政的行为导致出现很多纠纷。如果拆迁方能做到自扫门前雪也可以，但是还有些部门就连这也做不到，有利益的才往前冲，没有利益的即便属于自己的事也往后靠，这就形成了消极行政。

超越职权的做法也会出现，明明不应该他做或者超越法律限定的职权，但是他却做了。城市拆除违章建筑需要规划部门来认定，农村集体需要乡镇拆迁部门认定，现在是乡镇拆迁部门全部能认定，不管是集体土地还是国有土地，这是不是超越了法定职权呢？《行政强制法》明明规定得很清楚，必须是复议诉讼结束后还被认定是违章建筑的，才能进行实际强拆，但有许多基层行政部门认定就是违章建筑，认为反正拿不出建设工程规划许可证和房产证，就算到最后也还是违章建筑，所以不按照《行政强制法》规定而是直接拆掉，不按照法定程序，超越了一定的程序性职权，这就是有任务有政绩就往前冲。现在就形成这两种极端，没有任务没有政绩就往后靠，有利益有政绩哪怕不属于他的事或者是超越程序性的权利也要积极往前走，不管是不是给行政相对人造成了损害。这就是现实中基层拆迁方所出现的一种行政执法的常态，也是我们下一步讨论的重点问题。

31

环境污染、腾退搬迁问题

当企业遇到拆迁腾退时，如果查阅相关的法律书籍和网络资料，就会发现关于拆迁和腾退方面的法律政策很少，企业往往是一头雾水，不知如何维权。

我所主要以代理中小企业不动产拆迁案件为主，其中代理了大量的京津冀地区的，因环评和环境所导致的企业关停关闭以及腾退的案件。

随着京津冀地区的气候恶化，现在对京津冀地区相关的污染行业，以及排放标准不达标的行业，比如，钢铁厂、砖瓦煤窑、化工厂等，正在进行大范围的关停关闭。

1. 企业关停关闭有补偿吗？

有不少的中小企业对此非常迷茫，关停关闭是不是应该有相关的补偿呢？去年，山东临沂一次性关停了五十多家相关的钢铁厂，引起了社会媒体的广泛关注。是否公平合理在此不再赘述。但是从法律角度应该怎么来理解中小企业关停关闭所造成的损失？拆迁方应该从哪些角度来给中小企业进行实际的安置、评估以及补偿？

京津冀地区涉及一个重要的法律问题：唐山的钢铁厂的关停关闭，河北廊坊一些砖煤窑厂的关闭，天津化工厂的关停关闭，原因在于北京疏解非首都功能不再接受污染行业，以及向外疏解一些机械加工、装饰装修等，需要疏解的非首都功能的一些产业往外搬。这种具体行政行为导致企业关停的，在安置和补偿中应该怎么做呢？

2. 企业面对关停关闭在安置补偿中应该怎么做？

关闭关停拆迁安置补偿的主要法律依据是《物权法》《城乡规划法》以及一些相关的条例和政策。一些地方政策包括"退二进三"的相关要求，大力发展服务业，减少工农业的用地指标的要求等。

我们要考虑企业再生存再发展问题，所以在实际补偿当中往往就要掺杂安置补偿问题。

对中小企业而言，拆迁方所要求的都是关停，只要企业不经营了对环境没有造成实质影响了，对于拆迁方来讲任务就完成了。但是对于企业来讲，关停和征收拆迁对他们的影响是一样的。

关停不但造成经营没有了，而且还会使建筑和土地在这个地方不再有任何价值，这其实跟征收拆迁对企业造成的后果是一样的。

3. 安置补偿的三个方法

关于现在各个地方的补偿安置方法，我们总结出以下几点。

第一个是按照征收拆迁补偿标准来补偿。土地使用权、厂房、停产停业损失、装修、搬迁、附属物等，都按照征收拆迁的补偿标准来补偿。

第二个是按照一定的安置来补偿。同意规划工业园区或者往外迁，给企业一定土地指标、优惠、税收奖励来进行安置，安置完后再计算企业应该得到的补偿是多少。当然安置所得也是一部分利益，要从总体补偿中刨出去，剩余的用货币补偿。

第三个是现在比较流行的方式，就是土地腾空以后拆迁方并没有项目进来，有些大型的厂方就自己利用现有的土地进行实际开发，然后把开发的利润从总额补偿中去掉。如果不够，则拆迁方补贴，如果富余，就倒找给拆迁方。也就是说跟拆迁方签署一个空置土地优先开发的权利，河北、长春，山东青岛在这方面有一些成功的经验。

目前，一般都采取以上三种方式对企业进行一定的补偿和安置。

32

解析江浙沪三改一拆、五违必治等现象

我们在江浙沪一带代理了大量的中小企业涉嫌违章建筑的维权案件，下面主要给大家讲一讲浙江和上海这两个省份。

浙江省从 2003 年开始实行"三改一拆"，主要针对旧住宅、旧厂房、旧建筑以及城中村改造的问题。上海从 2015 年实行"五违必治"。"五违"指的是违法占地、违法经营、违章建筑、违法排污、违法居

住。但是"三改一拆"和"五违必治"有一个共同点就是主要针对中小企业涉嫌违章建筑进行强制执法。

我们在浙江范围内的杭州、宁波、台州、嘉善、嘉兴，上海的奉贤、松江、青浦、金山等上海郊区范围内碰到很多以拆违为纲领进行强拆的中小企业的案件。经过我们深入细致地的了解和调查取证，以及和当地拆迁方的多次谈判后，也理清了一些"三改一拆"和"五违必治"对中小企业造成的不公平、不合理现象，以及一些采取不合法的手段强制执行的客观现实。接下来结合我们承办的具体案例来谈一谈"三改一拆"和"五违必治"。

我们在上海松江久富开发区碰上了这样一起案件。据了解，有一千多户企业的具体现状、土地来源和厂房建筑等方面是大同小异的。这些企业中大部分都是从当地镇相关部门或久富开发区手里买来的土地和厂房，或者直接买土地兴建厂房。但是从他们取得的手续中看到，企业主手中有建设用地批准文件、建设用地规划许可证、国有土地使用权证、与当地开发区或镇相关部门购买协议，手续不一定很完整，但很多很繁琐。现在拆迁方却要按照每平米800元进行一次性拆除，这对被拆迁企业来说简直是五雷轰顶。有企业主表示："我们周边的厂房都价值15 000元一平米，我们也是从镇相关部门买的土地使用权，跟周边厂房合同效果是一致的。类比周边厂房价格，现在只按照建筑面积补偿每平米800元，实在难以接受。"我们也理解这样的拆迁补偿对中小企业主来说有一种濒临生死存亡的感觉。如果纳入"五违必治"，拆违的过程就复杂了，这里就会牵扯到方方面面的法律程序。

对于开发区里众多中小企业主来说，这个事情产生了一种不可理解的心态。为什么我们有完全的土地使用权，通过镇或开发区购买土地并且建设了厂房，甚至一次性从开发区手里买的土地和厂房，并且在建设用地批准手续上也批准了。虽然建筑普遍都没有《城乡规划法》要求的建设工程规划许可证，但是建筑已经实际存在很长时间了。怎么分析这个问题呢？我们接到委托后也感觉到这个事情跟客观现实有很大出入，拆迁方对企业本身的来源、经营现实的合法性，全部一口否认。

青浦区朱家角镇大江养鸡场最早是通过一个工贸公司从当地一次性买断土地，后来根据土地规划兴建了厂房，并且获得了营业手续。

这块土地当时有集体建设使用权，2000年左右集体建设用地出让不需要进行过户登记，这种出让方式在合理合法范畴内。买土地兴建厂房，厂房的建设非常整齐且符合规划，也都进行实际生产经营。但因为"五违必治"，要按照违章建筑拆除，这对中小企业来讲，无疑是一场灭顶之灾。

浙江的"三改一拆"也是一个道理。很多企业主都在正常的生产经营过程中，有的是跟村委会租地兴建厂房，有的是本身有厂房进行了租赁。本身在一个天然的工业园区内，但是到最后都被要求按照"三改一拆"去处罚。拆迁方在定"三改一拆"政策的时候要求依法行政，但是现在好像没有严格遵循依法行政的原则。刚才谈到补偿的合理性，必须以依法行政为前提。

在客观状况下，企业非常无奈地看到依法行政做得不到位。企业顶着"三改一拆""五违必治"的"帽子"，并且有任务性的拆迁所进行的具体执法行为，我们认为这有悖当时"三改一拆""五违必治"进行政策执行的初衷。

我们认定违章建筑始终要看企业的来源，一个有职能权利的拆迁方部门卖给企业的土地、厂房，反过头又不承认，说是违章建筑，从拆迁方依法行政的角度来说这是对的吗？以后老百姓还怎么相信基层拆迁方？

在依法行政问题上，我们在松江区、青浦区、奉贤区也采集、调研了很多企业的具体状况。最近也正在向当地的区县人大要求对拆迁方进行执法监督。"五违必治"的政策前提是好的，是为了环境更加优美制定的，但在具体执行的时候出现了很多问题。我们积极呼吁希望能引起当地职能部门和拆迁方的关注。执行具体政策没有问题，但是一切都要在法律的范围内去做。有些拆迁方的工作人员谈道："反正你这个地方是违章建筑，没有土地证和房产证，即便现在强拆了不走法律程序，最后也不能认定自己的合法财产，不能主动向我要赔偿，到最后我只不过输一个程序违法的官司而已。"这是一种不严格进行行政执法的行为。必须在程序正义的前提下才能保证实体正义，这也是我们在进行"三改一拆""五违必治"具体执行层面的一些执法监督建议。

在我们实际代理的案件中也遇到了具体行政行为违法和重实体轻

程序的问题，我们也正在拿法律程序予以纠正。在实践维权的过程中肯定会遇见方方面面的问题，肯定会有一定的坎坷波折，但是一定要坚定自己拥有要求拆迁方依法行政的基本法律权利，要有充分信任以及信心去完成这个事情。

33

禁养区的划定范围的法律规定

2016 年养殖业又受到了非市场因素的强势影响，也就是禁养区的养殖场拆迁、转移的强制执行，很多地区都定下了禁养区清场的最后期限。2016 年 11 月环保部和农业部出台了《畜禽养殖禁养区划定指南》，全国各地对禁养区作了明确的界定。2016 年 12 月国务院印发的《"十三五"生态环境保护规划》，明确要求在 2017 年底前，各地全部关闭或搬迁禁养区内的养殖场。

很多当事人来电咨询禁养的问题，他们的养殖场被县级相关部门划分到禁养的范围之内，到底应该依据哪些法律规范来约束行政机关的一些具体行政行为，特别是强制性的行政行为呢？

就禁养问题，在我国从上位法来讲是依据《环境保护法》以及《大气污染防治法》《水污染防治法》的相关规定。2014 年 1 月 1 日开始实施的《畜禽规模养殖污染防治条例》也进行了适度的规定。从法律的位阶和层级上讲，《畜禽规模养殖污染防治条例》是国务院公布的行政法规，是在原《环境保护法》《大气污染防治法》以及《水污染防治法》等相关的基本法律之下的行政法规。

在哪些区域之内禁止建设畜牧养殖场以及养殖小区呢？这在《畜禽规模养殖污染防治条例》当中是有所规定的，该防治条例基本规定了四个方面，其实大体来讲是三个方面（第四个方面是兜底条款），适用于其他法律和法规规定的相关事项当中。

1. 在水源地及风景保护区

这应该是在实践中出现最多的状况，比如，江苏环太湖本身是饮用水，在环太湖流域划定的范围是一公里范围内不能有养殖行业，像北京密云水库等。在饮用水水源地从事养殖行业原则上禁止的。在风景名胜保护区，如北京房山十渡等名胜明景区也是禁止建设相关养殖畜牧业的。在我国《水污染防治法》以及相关的环境保护法中也有相关的规定，要最大范围地保护水源地的清洁与干净，禁止造成饮用水污染，必须要禁止相关畜牧养殖业的建设。

2. 自然保护区的核心区与缓冲区

我们要清楚的是，其所规定的自然保护区的核心区与缓冲区，也就是在自然保护区的范围内并不是所有都是禁止养殖的。比如，我所早期代理过的湖南某地风景区范围内的禁养项目，明显没有列入防治污染规划以及农牧业、畜牧业相关发展规划当中的名胜自然保护区的核心区和缓冲区内，明明是在 5 公里范围之外建立的，对自然保护区的环境没有造成很大的影响，但是还是列在了禁养区的范围。那时我们就提出了这个问题，最后给我们公布出来自然保护区核心区和缓冲区的范围确实并不包括该养殖场，最后当地拆迁方也去除掉了禁养范围的一些规定，把该养殖场排除在了禁养区范围外。

3. 城镇居民区或文化教育科研研究区

特别是大量人口集中区，需要良好的环境才能适应居住。一些教育机构等就是人口的聚集区，也是大范围人口生存区，所以在这些方面也是禁止建设畜牧养殖场和养殖小区的。

4. 法律法规规定的其他禁止建设养殖场的区域

《畜禽规模养殖污染防治条例》所规定的往往就以上这些区域禁止建立建设畜禽养殖区和养殖小区。

34

畜牧养殖业新建、改建和扩建需要遵循哪些环保要求？

自 2014 年 1 月 1 日生效施行《畜禽规模养殖污染防治条例》以来，全国禁养区划定范围不断扩大，并逐渐向内陆、西部、北部地区转移。2017 年仍将是各地禁养区划定及禁养区内养殖场关闭拆迁较为集中的一年，也是禁养区内养殖场拆迁的最后期限。

那么,《畜禽规模养殖污染防治条例》当中规定新建、改建和扩建畜牧养殖场或者养殖小区应当遵循哪些环保要求?《畜牧规模养殖污染防治条例》第12、13条给了我们一个明确的答案。

第一,应当符合农牧主管部门和环保主管部门的《畜牧业发展规划》以及《畜禽养殖业污染防治规划》要求。如果要新建、改建、扩建养殖小区的话,一定要符合这两个规划,这是基本要求和前提。《畜牧业发展规划》是由当地的农牧主管部门结合当地相关产业发展状况所制定的规划。《畜禽养殖业污染防治规划》是由当地的环保部门所制定的环境持续发展的规划要件。

第二,对环境可能造成重大影响的大型养殖场和养殖小区,应当编制环境影响评价报告书或者环境影响登记表。如果规模化养殖建成的时间已经比较长且规模已经比较大了,在此基础上又进行了新的建设、改建或者扩建,那就要编制环境影响报告书,并报环境主管行政部门来报备。如果规模没有那么大,就要求编制或者填报环境影响登记表,向当地的环境行政部门来进行报备。此举并不是一个审批行为,因为在这方面《畜禽规模养殖污染防治条例》没有就审批权作出相应的细则性规定。

第三,就是要建设相应的设施。根据《畜禽规模养殖污染防治条例》第12条和第13条的规定,应该有三个方面的设施,来处理畜牧养殖所造成的环境的危害,分别是粪便、污水和畜牧养殖的尸体。主要针对这三个方面进行环保机械化的处理。按照法条的规定,首先要建立畜禽粪便、污水与雨水分流设施;其次是畜禽粪便、污水的贮存设施;再加上粪污厌氧消化和堆沤、污水处理、畜禽尸体处理等综合利用和无害化处理设施。也就是对应畜禽所造成的粪便、污水、畜禽的尸体进行综合利用和无害化处理,在这方面要有足够的设备设施,而且还要确保其设备设施正常运行。未建设污染防治配套设施、自行建设的配套设施不合格,或者未委托他人对畜禽养殖废弃物进行综合利用和无害化处理的,畜禽养殖场、养殖小区不得投入生产或者使用。

纵观《污染管理条例》,主要就从这三个方面对新建、改建、扩建养殖场和养殖小区作出了必须满足的环保要求,尽最大可能达到既规划养殖,又治理环境,这才是法律的最终目的。

35

违建、关停、禁养对企业拆迁的影响

近期，我们在实务中了解到，大批中小企业主都遇到了环保关停、禁养区禁养、拆除违章建筑等相关干扰企业经营甚至对企业造成毁灭性打击的事情。现在笔者就从维权实务当中向广大中小企业主解读一下上述几种形式，对企业拆迁的影响，以及上述几个事件在现在的来龙去脉。

一、现状分析

1. **拆违现状**。拆违本身就是一个确认违章建筑的过程。以往，我们碰到的拆违情形，通常都是在企业拆迁当中作为一个手段，也就是我们常说的以拆违促拆迁，这种拆违的目的最终还是要进行拆迁，只不过以认定被拆迁方的厂房、地面附着物是违章建筑来给当事人形成巨大的心理压力，想尽一些办法来压低补偿，迫使双方达成和解、签订补偿协议。因此说此种情况下的拆违建通常就是以手段来促目的。

然而从2013年开始，我们发现从全国出现的情况来看，各地都在轰轰烈烈持续的单纯拆违建，而并非仅以具体的征收拆迁项目落地实施为目的来进行拆违。由此，我所根据多年代理企业拆迁案件的经验总结出，此种情况属于政策性运用式拆违，且范围巨大，通常是在某一个省、某一个直辖市开展大范围的直接性的且有针对性的拆违建。实务中我所也接到了大量这类案件，据我们观察，从2013年浙江省开始搞的"三改一拆"开始，全国范围内就开始了大范围的拆违运动，在此之后浙江又实施了"五水共治"的项目，同样也是一个拆违建的方式、手段、或者说名目。又如，上海市从2015年倡导的"五违四必"，也称"五违共治"。其中涉及违法经营、违法排污、违章建筑、违法用地、违法居住等。再比如，2016年济南市实施了一项五年的"拆违拆临"的拆违运动等。纵观全国局面，像天津、长沙、厦门、福州等也轰轰烈烈地展开了本地范围内的拆违运动。

综上诉述，我们分析得出，上文提到的各地拆违运动，所针对的就是那些没有房产证或者说是自 2008 年《城乡规划法》实施之后，没有取得建设工程规划许可证的相关企业厂房或者居民用房。但从中我们也发现一个特点，那就是在实际拆除时，地方政府拆迁方不区分 2008 年之前和 2008 年之后的问题。甚至造成有的地方将 2008 年之前的建筑也认定为违建。显然这种判定与法律的适用是相违背的。

2. 禁养现状。举例来讲，2012 年实施的《畜牧业养殖污染防治条例》中有关于禁养区、限养区划定的规定。由此，从 2012 年之后，就开始了关于养殖行业禁养关停的工作，只是前几年还是小范围的禁养关停，但从 2016 年至 2017 年间，几乎在全国范围内都在进行一次性、政策性、全面的养殖行业的禁养关停，范围之大，力度之强，作为我们专业拆迁律师都是始料未及的。甚至出现一些颇具规模的养殖场，环评手续非常齐全的养殖场，也遭遇了禁养关停的事实。诚然，这种情况在实务中非常常见，我们通过实际的代理案件也发现一些并非靠近自然风景区、居民生活区、科研区，或者水源保护地等的养殖企业同样关停，这些与环境影响没有直接关联关系的相关养殖行业也面临关停困境。此种政策性、运动式关停，拆迁方往往不讲任何条件，只是进行实际关停，甚至往往不谈补偿，或者补偿相对较低，更有甚者只关停不拆迁，最终导致被拆迁企业得不到补偿。

3. 环保关停现状。众所周知，所谓环保关停，是指在国家新的环保法颁布之后，特别是随着近两年大气污染，雾霾天气的增多，促使相关部门加大实施环保监察力度。直接导致各地的涉及环保污染的行业，也遭遇大范围的关停。例如，化工厂、家具装修装饰厂、煤炭相关行业，由于会对大气污染产生重大影响，因此都被纳入环保关停的范畴。特别是京津冀地区，更是一个重点敏感的区域，关停力度更是非常之大。近几年来，对中小企业不动产影响最大的往往就是以下几个方面：一个是养殖场的禁养关停，在实践中拆迁方对这种养殖场，往往不区分养殖的行业。我们在实务中遇到的，一开始都是家禽类的养殖，例如养鹅、养鸭、养鸡、养猪、养牛、养羊等。但通过接触到的类似案件越来越多。我们发现，往往在实务当中，存在"一边赶"

"一刀切"的现象。我们甚至看到一些养水貂的、养孔雀的等类似养殖企业，也被纳入了关停序列当中。总而言之，不论养什么，都要被关停。结合上述提到的几方面因素，恰恰就导致了一些以往经营非常好的中小企业无辜被纳入一种可能濒临倒闭，甚至无法持续经营的状态。

二、专业评析

综合分析养殖场的禁养问题，环保关停问题、违建拆除问题，结合我所多年代理类似案件，总结实务经验，得出以下几项共同特点。笔者在此提出，希望能与广大中小企业主共同分享。

第一，政策性。所谓政策性，就是不区分用地范围，或者经营行业，甚至不区分企业对所处地块的区域环境以及对当地正常的土地利用，是否构成了危害影响，以致危害到了何种程度。拆迁方都以大的政策背景为由，进行"一刀切"的拆违、禁养、关停。

第二，运动式。所谓运动式，往往体现的就是关停行为非常紧迫、关停程度非常激烈。例如，拆迁方在时间紧，任务重的压力之下。通常都是上级给下级只规定时间，任务都是有具体时间要求的。诸如上级政府要求下级相关部门到了哪个时间点必须完成90%，到了最后的时间点必须完成100%。现实中我们从各种的新闻中也能看到，例如，最近沈阳的一则新闻，就报道称300多家养殖场必须在8月25号之前全部关停。

第三，手段重。由于相关部门在执行拆违、禁养、关停时承受着"时间紧任务重"的压力，因此执行手段非常重。通常情况下如果企业到期不关停，相关部门轻则断水断电断路，重则强拆、强制关停。拆迁方因具有一个有恃无恐的身份，往往执行手段比较重。

整体评价这种政策性运动式的拆违、禁养、关停行为，与之对应的通常是举报式行为。对于此类情形，相关职能部门，往往是"睁一只眼闭一只眼"，通常只要企业主能把相关举报人稳定住，对方也许就不再查相关环保、违建问题了。否则，职能部门才会持续运用法律手段对企业主进行施压，迫使关停。举报式行为通常都有缓冲的空间，但相对于当前的这种政策性运动式的关停、禁养、拆违，缓冲空间就非常之小了。但是在此，笔者提醒广大企业主，在遭遇政府拆违、禁养、关停，必须要清楚一点，不管对方采取哪种手段，都要在法律的框架之内行为，否则将构成行政行为违法。我们在维权实务中遇到许多养殖企业，都被归结到"小散乱污"行列，通常其都带有一定的家庭式或者作坊式的特点。在当时情况之下某个地域范围内可能还会进行鼓励，对企业的环评、土地性质以及合法性，都没有要求。甚至依据相关鼓励式政策，企业还拿到了养殖补贴等。同样的，我们也遇到过很多企业发展成了当地的纳税大户，成为当地的标杆性企业，甚至得到了政府某方面的奖励。但一旦面临政策性关停，可能最终的结果往往必然是禁养、关停或者拆违。

由此可见，企业一旦遭遇这种政策性的运动式的关停，最终的结果往往不尽如人意。对此，笔者除了对此类事件进行评判之外，更多的是要进行关注分析，找出政府职能部门会从哪些角度给企业主施加压力，进而来达到关停、禁养、拆违的目的。北京吴少博律师事务所根据多年维权实务经验总结得出以下几点：

第一，企业不动产的合法性。（1）土地的角度。首先，从被拆迁土地的使用、土地的性质、土地的权属等方面，判断土地是不是合法的状态。例如，企业的性质不能做养殖，因为是工业用地。或者，企业明明划在养殖区范围之内，是养殖用地，却用做了工业生产，这就是违背了土地的使用用途。其次，土地性质，企业明明是集体土地、耕地，但却用于了工业生产，况且又是租赁性质，这样就改变了土地性质。最后，则是土地权属问题，一般情况下养殖企业的占地只具备租赁权，但这种租赁权在我们国家是不被认可的。因为现行法律不认可租赁权成为一种物权，既然不是物权，那么当企业遇到这种不动产转移的情况，就很难获得相应的补偿。（2）房屋的角度。企业房屋的用途，使用年限，是否取得了相关的建设工程许可或者房产手续，房屋是否存在质量安全问题等。以上因素都足以撼动企业主所依赖的土地和房屋作为不动产可进行持续生产经营的想法。

再进一步分析，我们会发现从民事角度讲，企业主和土地出租方形成的租赁关系上，拆迁方可以要求出租方解除与企业主之间的租赁合同。换言之从行政法律关系角度讲，假如企业主没有取得相关的土地或房产手续，相关政府部门还可以对企业主实施行政处罚行为。甚至，对方也可能将其引导到刑事法律关系上，例如涉及违法占地，违法用地等问题，以及变更土地性质的问题，最终都有可能被引导到刑事法律关系的范畴。以上种种，都是对方打压企业主心理压力以期达到拆违、禁养、关停目的的部分手段。

第二，企业环保的不达标。拆迁方可以直接从环保作为切入点。例如，企业没有环评备案，抑或环保设施和实地排污不合格。结合这些角度，对方可以直接关停企业，造成企业无法持续经营的后果。

第三，企业的相应合法手续的取得漏洞。例如，工商许可未进行延期注册，税务存在偷税漏税现象，消防设施预案不达标等等。以上这些也足以对企业主形成巨大的心理冲击。

综合上述特点总结，北京吴少博律师事务所从维权实务角度向广大中小企业主指导分析了如何密地围绕拆迁方的手段来维护自己的合法权益。

36

环保关停禁养，你的胜算在哪里

环保关停禁养，你的胜算在哪里？本次主要从环保禁养关停目前存在的问题的共性来分析总结出四个方面。并在问题的基础上给养殖业主提供建议，告知养殖业主在环保关停中如何做到维护自身的合法权益。

一、目前我们环保禁养关停中所存在的问题

结合环境大年的大背景大政方针的政策措施，包括中央环境督察组已经是第四批进驻各省区监察环境改善进度。在这样的国策背景下，环保禁养、关停，似乎成了政府的一种号召，更是政府的一种强制实施的任务。同时环保禁养关停，养殖业主尤其关心的问题是补偿如何到位。因此总结环保禁养关停中在当前存在的问题如下：

1. 补偿资金上存在的问题。目前补偿资金主要是财政拨付。但是

因为种种原因财政拨付几乎为零。因此环保禁养关停的补偿成为了难题。为什么会出现这样的不正常的现象呢？因为财政拨付在这块是零拨付或少拨付。导致很多地方人民政府自行解决还处于摸索阶段。甚至补偿与禁养关停同步实施，这样的政策力度过大，甚至是一种行政命令来完成。整体来说这块的财政资金不到位是问题形成的关键点。举例来说，如整个北京市延庆区必须限期关闭 XXX 数量的养殖企业，在划定的禁养关停区域内必须关停，这就是以一种行政命令的方式来完成一种任务。但财政资金用于补偿的几乎为零，如何补偿给养殖业主？

2. 环保关停并不能带来经济利益。跟征地拆迁补偿比较起来，拆迁联系着征地，土地就是财富。同时征地也关联着某项工程项目的具体实施，因此，这样的征收补偿就比较好办。跟政府财政基金是否充裕毫无关系。并且，政府因此促成项目工程还能产生收益。如在土地使用权的流转过程中，政府作为主导也是收益的一方。

禁养关停落实到实践当中，往往他就没有相应的土地收益。禁养措施也好，关停也好，都是为了环保。可是在禁养区尤其是居民生活区、水源保护地的，为了杜绝后患，怎么办呢？相关政府部门甚至等不及给你禁养整治的期限，而只能关停。关停后就是拆除地上建筑物。土地的使用权并没有纳入流转程序中，政府没有相应的收益。后续的补偿如何加快实施？也可以说收益驱动动力吧，因此建议地方有关行政机关可以进行土地指标的置换、复耕，搬迁。并可以参考工业用地、商业用地的指标的互相的置换的问题。

3. 环保禁养关停后的解决模式过于"一刀切"。环境污染几乎是2015 年以来，中国乃至世界范围内的大事件。别的不说，雾霾几乎覆盖了中国的很多城市，人民深受其害。政府加大环境保护政策及实施力度改善环境为民生。这无可厚非。但是对于环保禁养关停的问题，政府机构解决的模式过于"一刀切"！举例说明，就是说行政机关只负责"禁""关"，且不论该养殖场所是否符合排污标准，是否已经通过了现有的环评，包括该养殖场建设用地是否合理来源，这些统统不计，统一的态度就是不补偿！为什么出现这样的现象？就是执行行政命令。如要求 2017 年 6 月底完成养殖业的禁养区内的禁养关停。这样的强制也是行政机关只为完成关闭关停的任务。行政命令的实施完全没有考虑养殖业主机政府补偿的效果的因素。因此后续问题越来越多。

4. 行政处罚、行政强制成为了保障行政机关完成任务。行政机关为了完成上级命令，如何限期内圆满完成？利用行政处罚，随意的给有合法营业执照的养殖业主扣一项不具有土地使用权证、不具有环评、排污不达标或者畜牧养殖不规范等，甚至为了让养殖业主们"不规范"而主动找有关土地出租的村民委员会、相关行政机关去具体实施这项"扣帽子"的行政处罚行为来处罚养殖业主。并限期搬迁关闭关停。限期内不搬，甚至养殖业主有申诉救济的权利，就已经实施了其行政强制执行的措施。

二、给养殖业主提供的建议，如何做到胜算

通过上述总结的现存的问题，那么养殖业主如何才能维护自身合法权益并做到胜算？通过以下的方式：

1. 养殖业主首先保障自身的合法经营。也就是说养殖业主有营业执照、土地使用权、环境评价、排污许可、消防验收等经营需要的相关行政许可及要求。如果不具备，那么给予养殖业主行政处罚在所难免。

2. "承诺"的效力。此处的承诺，如当初招商引资的承诺，政策扶持对养殖业主的承诺等。并且当初以为一些政策扶持而建华的程序等。这个也得看该承诺的实施机关是否有实质的行政权力。原则上认为乡镇以上的人民政府才是作出该承诺的行政机关。

3. 解决问题方法手段。这部分告知广大养殖业主如何维权及保障胜算。实前面所提出的问题最后都要落到该部分来解决。

不管曾经的政策如何有利于养殖业主，当下是出现了环保禁养关停的问题，如何维权来保障胜算？

（1）提起诉讼的方式。如何着手采取诉讼的方式？则是行政机关利用职权给予养殖业主行政处罚时即可。上面列举了国土资源局、水利局或水务局、环境保护局等相关行政机关依法利用职权实施行政处罚，则行政相对人有权对行政机关提起行政诉讼来维权。根据《行政诉讼法》的有关规定，在诉讼时效内，向有管辖的人民法院依法提起行政诉讼。由司法机关来审核行政机关在程序、实体上作出的行政行为是否合法，帮助养殖业主维权。

（2）向有关机关控告的方式。介于控告只能针对自然人，而不能针对法人，所以控告的对象主体只能是行政机关、行政机关职能部门的负责人或利用职权实施行为的工作人员。若有关行政机关工作人员涉嫌违纪的情况向纪委，涉嫌违法犯罪的向检察机关提出书面控告。

（3）双方协商的方式。行政机关与行政相对人协商，需要有个相对"平等"的平台保匿。毕竟双方是处于"不平等"的地位的基础上。如何才是"平等"？行政机关应当提供这个"平台"给行政相对人，毕竟协商的基础就是"平等"。所谓的"平等"就是行政机关保障给予行政相对方起码的平等地位，谈判筹码平等，谈判的条件平等，谈判的程序趋于保障行政相对方处于"有利"地位。当然了，行政相对方也不能为此像"钉子户"一样强词夺理。双方是在自愿、平等、友好协商的基础上来谈判，才能增加胜算的筹码，达到双赢。

（4）信访的方式。信访是我国特有的维权方式。也是我国历史传统的传承。信访条例保障了养殖业主们信访的程序及实体上的保障。涉法涉诉中心也能很好的起到监督有关行政机关的作用。也是给行政机关与行政相对人提供了一种解决方式的途径。

通过上述的分析，从禁养关停的面临的难题以及一些简单的手段上给广大的养殖业主一些有用的建议。提醒广大养殖业主补齐自身的短板，做好自身胜算的充分准备。结合养殖业主自身的情况选择适合的维权方式，做好胜算的预测、预期。

37

企业违章建筑一事不再罚原则与责令限期拆除的性质

一事不再罚原则与责令限期拆除，是企业拆迁和违章建筑强拆中会经常遇到的两个问题。

1. 一事不再罚原则

很多企业主都面临这样一种状况，早期土地或土地上的厂房经历过罚款、没收等处罚，现在再有违章建筑拆除、强拆、限期拆除的决定，到底属不属于一事不再罚的原则？我们谈一谈实践中的主流观点，按照《行政处罚法》的规定，同一种违反《行政处罚法》的行为，在进行行政处罚的时候，不准给予两次以上罚款的行政处罚。行政处罚的方式只能选择罚款，但不允许两次以上，也仅仅限定为同一行政机关。比如在交通运输中一辆货车由甲地开往乙地，在甲地由于超载被罚款，开往乙地后又被第二次行政罚款，这是可以的。在具体的机关中进行了具体的核定，是同一机关不准两次采取罚款的行政处罚。

实践中，一旦面临违章建筑这种情况，如果说早期已经做出罚款的决定，现在不能第二次罚款，但如果行政处罚的方式变成没收或认定违章建筑责令限期拆除，这是可行的。违章建筑出现一事不再罚的可能性微乎其微。除非是早期作出了限期拆除决定但是没有拆，又超越了现在进行非行政诉讼司法强拆的期限，那么这个时候会引用到一事不再罚的原则，但是实践中碰到的可能性几乎为零。

总结：一事不再罚的原则在违章建筑中适用的可能性是非常低的。

2. 责令限期拆除决定到底是什么性质？

这个问题讲起来非常复杂，行政机关和行政相对人各有各的道理。

行政机关往往不认为责令限期拆除是一种行政处罚行为，但是到了司法实践和司法判例中，有的法院认定是行政处罚行为，有的法院则认定其是行政强制行为，甚至有的法院认定其是一般行政决定。不过不管是处罚、强制还是决定都是可以进行复议诉讼的。

行政机关否认其是一种行政处罚行为主要是由于两个方面。首先是国务院法制办对四川省法制办进行的复函答复，称责令限期拆除不应认定为一种行政处罚行为。另一个理由是《行政处罚法》所列的行政处罚种类只列了罚款、拘留、没收等，对责令限期拆除这种行政处罚措施没有进行实际列举。基于此两点，行政机关认为不应该适用《行政处罚法》。有些司法判例当中认定是行政强制行为，责令限期拆除所传达的行政机关的意思，应该是强制履行一种行政决定，带有行政强制的色彩，所以在进行法定归类的时候比较适合归结到行政强制中。

总结：在司法实践中我们也主张，责令限期拆除通知书、责令限期决定书是在做出最后强拆行为之前的一种强制性决定，所以倾向其是一种行政强制行为。

38

违章建筑拆除中法不溯及既往的问题

最近有很多涉嫌违章建筑的企业拆迁维权案件，比如上海实施的"五违四必"，浙江实行的"三改一拆""五水共治"，还有各地正在实施的养殖类的禁养问题等，都涉及拆迁方利用行政职权来确定行政相对人的建筑是否存在违法的情况，在实践中碰到的情况千差万别，但是很多都出现一种情况，这直接涉及 2008 年《城乡规划法》是否遵循法不溯及既往的原则。

上海很多企业都是这种情况，2002 年或 2008 年之前签订了土地买卖协议，取得了土地使用权。在 2008 年之前又在土地上按照当时法律法规的要求建设了厂房，满足了当时 2002 年的法律法规要求。也就是取得了《建设用地规划许可证》《集体建设用地使用权证》，有的地方取得了项目选址意见书，规划条件等。那时也能办《建设工程规划许可证》，但是法律并没有要求一定要办，也就是说不以是否取得《建设工程规划许可证》来认定房屋是合法还是违法。

2008年之后，《城乡规划法》实施，此法律实施后就要求，不管是在城市规划区内还是乡村规划区内，都必须要取得《建设工程规划许可证》，所以此时判断是否是合法建筑，或判断违法建筑的标准就看是否取得《建设工程规划许可证》。《城乡规划法》第64条规定，未取得建设工程规划许可证或者未按照建设工程规划许可证的规定进行建设的，由县级以上城乡规划主管部门责令停止建设；尚可采取改正措施消除对规划实施的影响的，限期改正，处建设工程造价5%以上10%以下的罚款；无法采取改正措施消除影响的，限期拆除，不能拆除的，没收实物或者违法收入，可以并处建设工程造价10%以下的罚款。第65条规定，在乡、村庄规划区内未依法取得乡村建设规划许可证或者未按照乡村建设规划许可证的规定进行建设的，由乡、镇相关部门责令停止建设、限期改正；逾期不改正的，可以拆除。

实践中有很多企业提出："建筑在2002年、2003年建设的时候并没有要求取得《建设工程规划许可证》，2008年之后的法律才有了具体要求。确定2002年建设的房屋是违法建设或违章建筑是否适用《城乡规划法》？"这就涉及法不溯及既往的问题，2002年建设的房屋，那个时候只规定了取得《建设用地规划许可证》，并且是经过乡镇区域级相关部门招商引资进来的，对建筑都进行了合法性认定。不是说完全依据基本法的认定，而是相关部门对于招商引资的行为给予允许建筑存在的容忍性，并且也符合2008年前地方性法律法规要求。为什么说是地方性的，因为那个时候我国只有《城市规划法》，没有《城乡规划法》，所以对乡村的规划没有基本法律的约束，很多地方对乡村的规划是以乡镇人民相关部门为执法单位并有相应的规定。这样就满足了当时建设乡村集体土地上的房屋的要求和办理证照的需求。

按照2008年的规定来追溯2002年的建房行为，这是不是涉及法不溯及既往的问题呢？我们的观点是，2008年的《城乡规划法》不能追诉2008年之前的行为，并且符合2008年之前的地方性法律法规的，就是合法建筑行为的存续，不涉及违章建筑。

还有一个让很多人都比较纠结的问题，2002年的建造行为持续到

2008 年，是不是属于违法状态的持续，这就是《行政处罚法》或《行政强制法》当中的违法行为一直在持续的状态，其实这与违法行为持续状态是没有任何关系的。违法行为的持续状态是从建筑开始建设的时候就违反了相关法律，并且违法行为一直在持续，这就是违法现象状态的持续行为。比如你是 2008 年建造的，建造时就不符合《城乡规划法》的要求，行为一直在持续，哪怕到了 2020 年，只要违法状态一直在持续，也就是建设的房屋一直存在，就属于违法行为一直存续，这就要按照《城乡规划法》的法律法规追诉违章建筑的责任。违法状态的持续行为必须是建设行为一开始就不满足当时法律法规的要求，只有这样才是违法建筑的存续行为。

在此给大家总结两点：

第一，如果建筑是在 2008 年《城乡规划法》实施之前建造，并且满足了当时地方性法律法规的要求，或者说有充足的事实理由能够证明当时的地方相关部门，特别是有职权进行建造行为审批的地方相关部门允诺、许可、鼓励，这样就是取得了当时建造行为的合法性，用 2008 年的《城乡规划法》来认定违章建筑的话完全不正确，《城乡规划法》对前置行为完全不能适用。

第二，建设的时候已经违反了当时的法律法规，这才叫违法行为的持续。如果建造的时候没有违反当时的法律法规，就不是违法行为的延续、持续，因为满足了当时的法律法规要求，当时是合法的。2008 年后又出现了《城乡规划法》，《城乡规划法》不能约束 2002 年的建造行为，哪怕当时建筑没有《建设工程规划许可证》也是合法的。

希望这两点问题在大家涉嫌违章建筑维权中能有所帮助，这是我们每一次因违章建筑跟地方相关部门上法庭时都要辩论的问题，所以在此向广大企业主解释清楚。

39

如果是这样的违章建筑，不要放弃诉讼的权利

标题中所讲的违章建筑是指涉嫌违章的建筑，并不是最后司法裁

判确定的违章建筑。这种"违章建筑",可以拿起法律的武器提起复议和诉讼。从实践的维权情况来看,复议和诉讼往往都会使最终的认定产生很大的变动。我所根据十年的办案经验将"涉嫌违章的情形"总结为八种情形,您如果是因为这八种情形涉嫌违章建筑,一定要理清思路,认真对待,梳理一下自己到底属不属于违章建筑?

1. 房屋属于 2008 年以前建造的

2008 年以前建造、翻建、扩建的房屋有完整的土地使用权。首先有完整的土地使用权及完整的土地使用权证书,或者相应的职能职权部门为您确定的房屋使用权,或乡镇企业一次性买断的集体建设用地使用权,或者通过招拍挂取得的国有工业用地使用权,并且建筑是在 2008 年之前首次建造或改扩建。

原因在于我国的《城乡规划法》是 2008 年 1 月 1 日起实施的,对于城市和乡村土地上的建筑最终是否确定为违章建筑,也是《城乡规划法》所规定的。2008 年之前的《城市规划法》也是有所规定的,但是现在《城市规划法》已经废止掉了,所有情形都依据《城乡规划法》,这样就出现了法律溯及力和法律适用的问题。实践中提醒各位,如果您的建筑属于 2008 年之前建造的,并且是拥有完整的土地使用权,要提醒自己的房屋是否适用《城乡规划法》,是否满足了当时土地利用总体规划,是否是违章建筑。根据上述情况,违章建筑是不可以随意认定的。

2. 招商引资,经具有建筑合法性审批权的职能部门同意兴建

早期很多地方都进行了招商引资,但是招商引资要分不同的部门机关。比如,有的是村委会招商引资,但是村委会并不具备招商引资审批权,村委会的审批权只局限于宅基地。乡镇招商引资的权利范围是农村集体土地,市县区则是城市国有土地。他们当时进行招商引资,并且同意在土地上建设房屋、厂房,这种情况在司法实践中,特别在江苏、浙江一带已经有相关的司法判例——不应该随便确认是违章建筑。原因在于地方建筑合法性的审批权就在区相关部门下面的规划国土部门,招商引资的行为是区相关部门作出的明文规定或红头文件,对认定建筑合法性有法定职权。既然通过招商引资的行为同意兴建,就不能随便认定为违章建筑。

3. 1986 年《土地管理法》实施之前建造农村土地房屋的情况也不能认定为违章建筑

我国《土地管理法》是在 1986 年 6 月 25 日实施的，1982 年的《村镇建房用地管理条例》在《土地管理法》实施后废止。如果是本村集体土地组织成员在农村土地上建设房屋，则有申请宅基地、获得宅基地的权利，房屋是在 1986 年之前建造的，但是对建房的行为首次进行规定是在 1986 年实施的《土地管理法》中，所以这种行为在法律上并不能确定为违章建筑，甚至不能确定是违法用地或违法占地。

4. 土地总体规划调整前，房屋符合当时的用地规划，并且取得了符合当时法律规定的相关证照

这个概念如何确定？某个地方的规划是 2016~2020 年，房屋是在 2016 年之前建造的，并且符合五年土地利用总体规划，这就不能随便认定为违章建筑。主要是在调整农村集体土地的时候，根据的是《土地管理法》第 73 条、第 76 条、第 77 条。符合土地规划如何处理？不符合土地规划如何处理？符合当时的条件但不符合现在条件的农村土地，也不能随便认定为违章建筑，《土地管理法》第 73 条规定，只能采取没收而不能采取限期拆除的处理方式。

5. 按照《城乡规划法》取得了一定手续的，可以通过补办手续来解决

按照我国《城乡规划法》第 65、68 条相关规定，取得了《建筑用地规划许可证》《选址意见书》以及前期土地相关的手续，并且可以通过改正或者补办一定的手续来获得最后的《房屋建设许可证》或者不动产权证书的，完全可以补办手续，不能随便拟定为违章建筑，应该给其改正或者限期改正的机会。这种情况在实践当中比比皆是。

6. 从相关部门手中直接买断了土地使用权及地上建筑

有些相关部门通过招投标、拍卖等方式一次性出售以前乡镇企业（包括一些老旧改的小区）所剩下的土地使用权，但可能出手的时候地上建筑没有相应的手续，这种情况也不能随便类推为违章建筑。这种情况和无证的情况都是涉及拆迁方的信赖利益问题。国务院《产权保护意见》当中对这个问题也有明确的表述。因为拆迁当时是令人信赖的拆迁方，所以买断土地使用权以及地上建筑，即便没有相关的

土地证照和房产证照，也不能随便认定为违章建筑。

7. 有些地方有房产证或者土地证，即有一定的手续，只是证照不
完备，这也不能认定为违章建筑

取得了土地使用权证，但是没有房产证，或者没有建筑工程的相关规划手续，这也不宜认定为违章建筑。这里和前面第一条是有所区别的。第一条是在2008年之前建造并且有完整的相关手续，这里讲的是有一定的房产和土地手续。在早期（指1997年~1998年），有些地方对这些土地、房产在进行规划和土地利用的时候，可能只办了一个手续就没有再办别的手续了，这种取得了一定手续、但是证照并不完备的情况，是可以补办延续的。

8. 用于农业生产的农村土地承包地，或者利用荒山荒地自由复垦
或用于基本农田生产建设的土地

农村土地承包地是指本村集体土地建设成员，具有完备的土地承包经营权，或者经过完备的流转手续获得土地生产经营权后，承包集体土地用于农业生产经营，或者进行荒山荒地复垦，然后又用于基本农田建设或用房建设的情况，这也不能随便认定为违章建筑。

如果在现实生活中遇到上述八种情况，请一定不要放弃诉讼权。你将会在诉讼中发现，法律适用、客观事实认定、历史渊源、拆迁方的信赖利益以及拆迁方一定的违法行为等因素，都可能对确定违法建筑产生法律上重新认定的结果，甚至一些具体行为会对行政机关的认定产生一定的动摇。

40

违章建筑与行政法信赖保护原则的关系

我们都知道行政法有一条基本的原则——对行政相对人施加行政行为的时候，一定要遵守信赖保护的基本原则。也就是说行政相对人因为一个合理信赖基础所产生的行为，拆迁方应该进行行政管理或者行政许可的行为，要对产生的利益进行合法性和合理性保护。

我国存在非常多的违章建筑，包括小产权房、租赁集体土地上建

的厂房或企业，以及有土地使用权的土地上没有建筑工程审批手续的建筑，还包括超出临时建筑期限的建筑，严格意义上都可能在违章建筑认定的范围之内。

在进行大范围的拆违以及有项目组入驻的拆迁时，对于这方面到底应该怎么确定？我们认为应该遵循行政法的信赖保护原则。

如果当时你的建筑行为是因一种正当的信赖而产生的，也就是前边多次提到的，拆迁方的默许、口头的认可，招商引资的文件，发改委、住建部门的一种同意认可和建筑规划等，这都是在合理信赖的基础上所进行的一种建筑行为，用途也是合法的，用于居住和企业经营。

海南三亚地区房屋被强拆事件，最早是由当时三亚的某个市长带领房屋销售的，但是现在又以违章建筑的名义拆掉这些小产权房，对于行政相对人和小产权房的购买人的合法利益如何保证？

基于合理的信赖，市长带领卖房表明相关部门对建筑合法性是给予认可的，企业主可以基于这种信赖而购买房屋，现在按照违章建筑来拆是不是没有遵循合法的信赖基础？这种对相对人的行政处罚行为，我们认为这是不公平的。

违章建筑一定要注意信赖保护原则的运用，虽然想达到一种全方位的认可可能无法现实，但是只要我们合理运用信赖保护原则，不管是拆违还是拆迁，都会得到合理的保护。

41

企业违章建筑拆迁重点问题探讨

近来有很多中小企业咨询厂房涉嫌违章建筑的问题，有的可能要被强制执行，并且不予补偿，或者补偿额度非常低，甚至二三百元一平方米。他们在这方面就希望得到法律层面一定的支持。鉴于此，我们就进行了企业违章建筑拆迁重点问题探讨，从违章建筑相关、客观事实、法律依据以及执法过程等方面进行总结。

一、执法来源

从执法来源上来讲，现在基本上分为三类，一是政策性拆违，二是举报性拆违，三是发现性拆违。

1. 政策性拆违。众所周知，像"三改一拆""五违必治"等都是政策性拆违，即当地拆迁方确定了一个拆违的基本概念，在全省范围内进行具体拆违的整体性工作研究和执行，这就是政策性拆违。政策性拆违也必须有充分的法律依据，并经过合理的法律程序，一般在一个大范围内进行轰轰烈烈的违章建筑拆除，涉及的都是不特定主体。

2. 举报性拆违。举报性拆违更多发生在非工业厂房的用地上。比如别墅区，又比如一楼是商铺、二楼进行了扩建等情况。如在宅基地上本身邻里之间有矛盾时，可能会涉及相关的拆违，这就叫举报性拆违，有利害相关人认为你的违章建筑侵犯了其合法权益。那么他举报你拆违，也不排除有客观发现之后向相关职能部门举报的行为，这种往往在客观现实当中都是由利害相关人、利害关系人实际举报的。

3. 发现性拆违。比如，每年或者每隔两三年国土资源局搞的大航拍，发现你 2005 年的时候还没有房子，怎么 2008 年上面就有了？这就属于发现性拆违。这个发现的主动权在执法机关，而举报时的执法机关是被动的处罚。

二、执法过程

执法的来源基本上就分为三个方面：政策性拆违、举报性拆违、发现性拆违。那么从执法过程来讲，我认为最起码涉及四个方面。如果有一天把这个问题纳入司法审查的途径当中，也无非就是审查这四个方面：第一个是执法机关的选择，第二个是执法权限，第三个是执法程序，第四个是执法依据。我认为这四个方面是执法机关能否确定成违章建筑、进行限期拆除的法律程序根据。

第一个是执法机关。所占用的土地性质不一样，则执法机关也不一样。违章建筑的执法机关前面已经谈过，如果是集体土地，根据《城乡规划法》的法律依据，执法机关就是乡镇相关部门；如果是国有土地，则可能就是城管或者相关的规划、认定部门，由规划部门认定，由城管执行。集体土地和国有土地的不同造成了执法机关的区别对待，现实中也出现了很多脱节的现象——都是由城管来做的。

第二个是执法权限。乡镇设的城管部门有权利认定建筑是否属于违章建筑吗？并没有，因为它代表不了乡镇拆迁部门，乡镇拆迁部门是不可能有授权机关或派出机构的。那么区里的城管也是没权力执行集体土地上的涉嫌违章建筑的，必须由乡镇拆迁部门来进行认定跟执行，这就属于执法权限、权责统一的问题。

第三个是执法程序。不管是政策性的、举报性的还是发现性的，都得是违章建筑的所有权人进行陈述申辩，然后结合客观事实和证据，来确定它到底属不属于违章建筑，涉嫌违章建筑的所有权人根据结果有权利进行复议和诉讼。按照《行政强制法》的规定，复议和诉讼结束之后才能进行违章建筑的强拆。这一点大家在现实当中往往都混淆了，一定要注意。

第四个是执法依据。在上海有这样一个案子，上海松江区的建委和土地局责令限期改正，但《责令限期改正通知书》中却没有上位法依据，只说依据的是上海市的一些部门规章或者是行政法规。没有上位法依据怎么可能有下位法呢？这就是执法依据的问题。前面所说的违法用地是由国土资源局来进行认定，违章建筑是由相关的规划或者乡镇拆迁部门来认定，这就是执法依据，由执法机关导致的执法依据。

总结这么四个方面，要扩展起来非常复杂。

三、执法结果

执法结果无非就是三个方面：

第一，按法律程序处理。

第二，没走法律程序，直接强制性拆除。因为征收方认为你没有证照，不属于合法建筑。所以说不走法律程序，即便官司打败了，也证明不了你是合法主体，所以根本不走，直接强拆。当然这是一种违法的执法行为。

第三，协商处理。我们在东北佳木斯曾经处理过一个违章建筑的案件，最后是协商处理，每年交50万的保证金，可以持续存在3年。它是大型演艺场所，经济效益很不错，到现在已经四五年了依然持续存在，这就是协商处理的方式。协商处理必须遵循一个基本前提——没有公共安全的隐患。

这三个方面是根据你的能力以及相关法律程序的不同，导致出现三种不同的处理结果。

四、其他主要问题

违章建筑拆迁当中涉及五个主要问题。

第一，执法的合法性，包括执法程序以及执法主体、执法实体。

第二，处罚的多样性，按照《城乡规划法》以及《土地管理法》的相关规定，首先能够责令改正的应要求责令改正，能够采取罚款的就罚款，能以房代认的就以房代认。

第三，重新补办相关证照也是可以的。拆迁方的原因造成证照不齐的情况在上海比较多见。上海某开发区和一镇拆迁部门签订了土地厂房一次性买断协议，并且在其中约定了由镇拆迁部门给其补办相关证照。但是由于镇拆迁部门的问题至今未补办，我们认为这不能被轻易认定为违章建筑。

第四，历史遗留问题。比如，建筑的时间很长，当时是为了解决某客观需求，产生一些历史遗留问题。特别是在城市规划区范围之内，那时家庭人员比较多，用房面积比较小，就扩建了一部分，这就是历史原因。

第五，招商引资。招商引资是基于对拆迁方的合理信赖，所以不能轻易认定成违章建筑。

42

涉嫌违章建筑庭审经验谈

我们专注中小企业拆迁维权达十年之久，在违章建筑相关的行政诉讼过程当中积累了不少经验。庭审是诉讼的重要环节，在庭审过程中应该注意哪些问题？我们总结了八个方面的要点：

第一，紧抓执法程序不放松；

第二，不要小瞧职权依据的法律规定；

第三，执法目的有时也是重点；

第四，多找建筑客观存在的理由；

第五，建筑建设过程当中拆迁方允诺要重视；

第六，建设过程当中取得的任何文件都是证据；

第七，法律适用问题要摆清楚；

第八，补救措施也是可以提的。

下面结合我们做过的许多违章建筑的行政诉讼案件，详细地阐述一下这八个方面代表了什么。

第一，紧抓执法程序不放松。这一点在以往的视频中已经讲过很多次。比如要进行前置勘察调查程序，要给被处罚人（涉嫌违章建筑建造人）陈述申辩的权利。收到限期拆除通知书或者决定书之后，被处罚人有复议跟诉讼的权利。按照《行政强制法》第44条，这种建筑物在复议和起诉期间是不允许强制执行的，这是一套完整的法律程序。在庭审过程中，这套执法程序很重要，被处罚人（即原告）一定要重视起来，不能放松。因为很多确认具体行政行为违法或者撤销具体行政行为的依据就在于对方的执法程序产生了错误。比如，没注意当事人陈述申辩的权利、应该依法举行听证而没有举行听证、应该送达相关的法律文书却没有送达，法律程序出现了重大瑕疵，就有可能确认具体行政行为违法或者撤销具体行政行为。

第二，不能小瞧职权依据的法律规定。在很多庭审当中，被处罚人往往忽视职权依据，但这应该作为一个重点。比如，集体土地上认定违章建筑的法定机关是乡镇拆迁部门，国有土地是规划部门，有的地方是规划国土，再一级是规划国土部门。比如，北京，现在规划、国土就合二为一。实践当中很多地方是城管在做这件事，但其实很多地方的城管并没有权力来认定建筑是否违章，他只有执行的权力。也就是说应当先由规划部门或者乡镇拆迁部门进行认定，然后再由他来执行，城管并不具有认定的权力。在实践当中城管向规划部门发函，要求规划部门复函说明涉嫌违章建筑建造人是否有相关的建筑手续，先执行后认定的做法也是错误的。认定的机关永远是法定机关，不能随意变更。但是法律也有列外性规定，比如安徽把这种违章建筑的认定权全部集中到城管，进行了法律集中处罚权的统一，由安徽省人大常委会具体认定，这是合法的。但是很多地方并没有做到合法，所以职权依据不能小瞧。

第三，执法目的有时也是重点。征收方的执法目的是什么，有的说是"以拆违促拆迁"，有的说是为了所谓的环境整治等。执法目的直接和征收方的执法程序、职权依据、执法的关联度相一致，这就说明真正的执法目的，有时也是法庭辩论和法庭认识的一个重点，不能轻视。

第四，多找建筑客观存在的理由。比如，当事人的建筑客观存在于2008年之前，即《城乡规划法》之前，或者是跟乡村租赁的土地，后经过村委会的认定批准，进行了房屋建设，包括前述的招商引资等。一定要多找建筑之所以存在的客观事实理由，用充足的理由说服人，才能支持建筑存在的合理性。在庭审中，除了合法性也要考虑到合理性的问题，这就要多找建筑存在的客观事实理由。

第五，建筑建设过程当中拆迁方允诺要重视。比如招商引资，乡镇拆迁部门对你的建筑给予了非房产证、土地证、建筑工程规划许可证等文件的认可，或对投资行为认可，或乡镇拆迁部门对建筑的存续曾经有过口头或者书面的表态，这都说明拆迁方职能的允诺和承诺一定要重视。

第六，建筑过程当中取得的任何文件都是证据。证据证明力的大小，就是证明的效果问题，即便证明力不够大，也不能去除它本身作为证据的客观存在。任何文件都是证据，比如租赁合同、集体建设土地使用权证等。经过招标、拍卖或者从拆迁方手里直接拿到的，包括土地来源、获得土地的时间等，有乡镇拆迁部门或者村委会的同意等相关证据，只要能够形成足够的证据链，就能在法庭上说明合理性的问题。这些证据尽管不是《城乡规划法》第64、65条所规定的建设工程规划许可证，但也是证明建筑合法存在的一个基础，一定不要丢失。

第七，法律适用问题要摆清楚。法律溯及力的问题前面已经讲过了，2008年之前建的，只需要符合2008年之前的地方性法律法规即可，2008年之后的则要符合《城乡规划法》。这是法律溯及力的问题。另外，集体土地适用哪个法律，国有土地又适用哪个法律？后法优于先法，是法律适用的问题。《城乡规划法》第64、65条并没有规定立刻进行实际拆除，而是能够补办相关证照的可以先补办，实在补办不了的或影响城市规划等情况的，再实施强制拆除。这是法律处罚的递进问题。

第八，补救措施可以提。如果有土地证，或者有一部分建筑有房产证，或者是那个部门临时建筑的，使用期到期没有续期或者拆迁方不续等问题，也能把法律和客观相结合采取一定的补救措施，可以和拆迁方承诺再使用三五年后自行拆除等。补救措施在法庭上是可以提的。

这八个方面，对原告非常有利，是在涉嫌违章建筑行政诉讼的庭审过程当中需要关注的要点。

43

实践维权中涉嫌违章建筑的行政诉讼陷阱有哪些

实践维权中涉嫌违章建筑的行政诉讼有很多陷阱，这个陷阱主要来自于对方的欺骗或者故意挖坑设套，我们总结了七个常见的陷阱，希望当事人在涉及违章建筑的行政诉讼中多加注意。

首先要确定一点，涉嫌违章建筑的法律依据到底有哪些。实践当中主要是《城乡规划法》以及各个地方关于违章建筑的配套性法律规定。上海、浙江等地都有关于违章建筑的行政法规、地方性法规或行政规章。其次就是《行政处罚法》，因为对被征收方来说这就是一个行政处罚行为，不履行行政处罚行为适用的是《行政强制法》。而被处罚人的行政相对人，适用的就是《行政复议法》和《行政诉讼法》。

接下来从七个方面分析违章建筑行政诉讼可能存在的陷阱。

第一，就是所谓的立案不符合立案条件。不予立案也不出具相关的法律文书，而是直接告诉你不予立案，因为你不符合法律的条件。有一次成都武侯区法院不受理我们的起诉，我们诉的是当地的城管所采取的行政强制行为，对方的理由是城管局在去年12月份已经被撤销了，起诉对象可以重新改为当地拆迁方，但这样时间就拖下去了。在实践当中往往给被处罚人也就是行政相对人造成客观不利。

第二，起诉后，乡镇拆迁部门或者城管、规划部门诱骗原告撤诉。给出的理由是：虽然我们下了单子，但不可能拿着这个单子去执行，尽管放心地撤诉。大部分行政相对人在实践当中都遇到过这种诱骗方式，这是第二个陷阱。

第三，被告自行撤销了具体行政行为，即撤销了对违章建筑的认定单，原告误以为这个事情已经结束，于是自行撤诉，没想到没过几天被告又重新做出了具体行政行为。当然，原告还有权利对后一个具体行政行为另诉。有些原告就认为反正前一个具体行政行为已经撤了，后面的一个再诉就行了，但是这样对原告权利的实际保护是非常不利的。

第四，所谓的双方达成了一致意见，要求原告进行撤诉。我们曾在济南长清区进行违章建筑行政诉讼，原被告达成了"暂时不执行"的一致意见，并且表明如果以后遇到道路拓宽的征收拆迁行为再进行无偿拆除，原告同意撤诉。但没想到几天后又重新进行了强制执行。按照《最高人民法院关于适用〈行政诉讼法〉若干问题的解释》第36条的规定：法院准许原告撤诉以后，原告又以同一事实同一理由重新起诉的，法院可以不予受理。这样原告就陷到一个很大的陷阱之中。

第五，多机关处罚同一事物同一事实，即多个行政机关就同一个客观事实进行了多次处罚。比如，当事人本身属于林地，就同一事实同一行为，林业局进行了处罚，城管进行了处罚，乡镇拆迁部门又进行了处罚。面临这种情况，法院有时就误导说诉一个就可以了，但其实这三个都有具体行政行为执行的效力，应该把三个都诉了，尽管它们针对的是同一个事件同一行为，也应该全诉。

第六，同一机关多次处罚，法院诱导你只诉一个行为。这个多次处罚往往是程序性行为。比如，按照《行政处罚法》认定是违章建筑，后面又按照《行政强制法》拆除了违章建筑，这是两个行为，一个是处罚行为，一个是强制行为，都可以纳入诉讼范围内。但法院却推脱这个没有可诉性，那个没有执行力，只诉行政强制就可以了，行政处罚没必要诉。这是错误的，两个行为必须同时纳入到诉讼过程当中。

第七，如果当事人起诉，征收方就要对违章建筑进行强制执行。这也是一种误导，因为按我国《行政强制法》第44条的规定，起诉或者复议期间是不允许强制执行建筑物和构筑物的。这也是一种欺骗，一种陷阱。

我们总结这七个方面：该立案的不予立案；立案之后又诱骗撤诉；被告自行撤销一个具体行政行为后诱导你撤诉，后重新做出一个具体行政行为；双方达成一致意见后原告撤诉，被告又对该具体行政行为重复进行；多机关处罚同一事实同一行为；同一机关多次程序性处罚或者强制同一行为；恐吓如果起诉就进行强制执行等。这些都是涉嫌违章建筑行政诉讼在实践当中经常埋的雷、挖的陷阱，希望各位在进行违章建筑维权时一定要多加注意。

44

违章建筑的三个争议问题

1. 现在城乡建设依据的法律是《城乡规划法》，《城乡规划法》是2008年1月1日起实施的。《城乡规划法》之前是《城市规划法》，《城市规划法》只调整城市规划范围内的建筑和土地利用规划。《城乡规划法》中的"乡"是把乡村加进去了，特别是集体土地。所谓"在2008年之前的违章建筑"到底是不是《城乡规划法》规定的问题呢？这是法的溯及力问题。

2008年之前乡村规划建设的依据是《土地管理法》，《土地管理法》当中列明了农业用地和非农业用地以及建设用地相关的用地规划，其中包括农村的宅基地、乡镇企业用地和乡镇事业单位用地等这些基本的土地利用规划，但是没有基本的规划的法律要素，仅仅是土地利用的现状或是土地利用的一种方式。

所以2008年实行的《城乡规划法》能不能调整2006年、2007年甚至2000年所建的房屋呢？我们认为法的溯及力必须从2008年开始的，也就是说2008年的《城乡规划法》无法调整2008年之前的集体土地、乡村用地和乡村建设用地的土地利用规划，这是法律的适用问题。

2. 违法行为持续存在两年之上，需不需要追究行政违法行为的效力问题呢？现在普遍观点是违章建筑存在状态是持续存在的状态，如果是认定持续存在状态的话，原则上就不存在两年不两年的问题，因为违章建筑只要建在那里就是一直持续存在的，不可能适用行政违法追溯时效两年的问题，这是一个主流的观点。

当然现在对这个问题也有争议，是违章建筑建设之日还是从违章建筑建成之日起来算两年的持续状态？主流观点认为两年没有意义，因为不管从建成之日起还是从开建之日起，都是持续状态。行政处罚之时违章建筑实际还是持续存在的，这个时候就可以处罚你，这是主流的观点。

3. 一事不再罚原则，也就是说一事只能一罚。现在《城乡规划法》也规定了，可以先责令改正然后再进行罚款，采取补救措施后无法改正的才进行强制拆除。

如果已经对这个建筑进行罚款或是责令改正，即已经进行一次性处罚了，那么罚完后能不能采取以罚代认呢？能不能再就违章建筑进行第二次处罚？

这里我们介绍一个主流观点，如果说罚完后你没有就处罚进行有效的改正，比如没有缴纳罚款、没有进行违章建筑的改建等，没有采取前边的前置程序，后边可以再进行追加处罚。那么如果在处罚完后你交纳罚款了，以后再出现第二次惩罚，还应不应该？主流观点是不应该，一旦已经做了一个处罚措施，不应该在处罚措施执行完成之后再进行第二次处罚。这就是一事不再罚的原则。

这是违章建筑拆除中可能涉及比较关键的问题。

45

违章建筑拆除理论探讨

现在全国各地都在进行违章建筑拆除，每个地方都存在违章建筑，特别是在南方部分城市在进行大范围拆违建。拆除违章建筑是符合基本政策的，但是我们认为拆除违建不能"一刀切"，现在已经演变成随随便便就拆，只要没有"证"就是违建，没有实际分析历史原因、建筑原因，也没有区别对待土地来源和企业经营现状。拆除违章可以，但是不能滥用行政职权。现在不论中小企业什么状况都是大范围拆除，也不论土地有没有土地使用权证，也不论建筑是不是取得前置性手续。客观现实不具有合法性、合理性，更不符合行政合理性原则。合理性是行政法要求行政机关存续和行政机关的具体行政行为必须具备的。换言之，我们必须对行政行为有合理性信任的可能，比如企业是经过正规招商引资来的，相关部门下发了批文，而且还要求企业必须达到多少年产值、多少税收，解决多少员工的安置。这些约定，企业基本都已做到，但是由于当时无法审批土地、房产手续，企业厂房持续存在十几年了，这个时候又来说厂房是违章建筑，这合情合理合法吗？这是不是违背了行政法的基本原则？是不是违背了招商引资具体的行政措施？是不是违背了职能部门执法的正当性？这些年地方土地财政紧缺，在这些方面都比较吃力，是不是为此把一些应该正规拆迁的项目变成了拆违呢？

我们在前期做了很多调研，和许多专家学者讨论这个问题。为什么以前没有大范围的拆除违建，而近几年兴起了？拆违的一个显著问题就是成本，有的是不予补偿，有的是少量补偿，比拆迁的成本低很多，而且还可能引入具体强制行政行为。这些对于中小企业主来说都是无形的压力，到底如何选择，如何考虑，如何把以前经过正规拆迁的法律程序演变成拆违章的程序，甚至有些企业是一部分有证照一部分没有的，但不区分有无证照，或者先把无证的部分认定为违建拆除，给企业主造成一定的心理压力，然后被迫接受对有证房屋以比较低的补偿价格，这对中小企业来说是很无奈的事情，无奈来自于"当时说的事情现在都不算了"。现在进行环境治理也好，拆除违建也好，企业主都是支持的，前提是要有合理的安置。企业下一步还要生产经营，是否能安置到有更大的工业园区？现在采取"一拆了事"的做法，企业主心里能舒服吗？

其实这也让我们有了很多思考，到底应该如何进行以环境整治为目的拆违建，或者以土地收储为目的拆违建，或者以商业开发为目的拆违章。不管出于公共利益还是商业目的，拆违建首先要考虑的是平等、和谐，我们认为这才比较符合国家现在进行的城市建设、城市人口迁移的基本国策。但是如果没有法律依据的乱拆除，如果持着"反正是违章建筑，不用遵守任何法律程序也能拆除"的想法，如果认为拆完就没有后续麻烦了，那么我们认为这种想法大错特错。我们是要解决违章建筑的纠纷，而不是"一拆了事"，这就是在现实中要思考的问题。

通过在江浙沪进行大范围的调研后，我们也有几个感触，向国家有关部门提出几个观点意见。

1. 要制定行政强制拆除违章的严格法律程序。如果不履行这个法律程序，最后就要承担相应的行政责任甚至刑事责任，个人要承担技术责任，责任和后果要明确出来，不能只关注"违章建筑"实体而不关注程序。现在我国《国家赔偿法》和《行政赔偿法》规定保护合法财产，对于所谓实体上的违章建筑不予保护，"一刀切"的方式是有悖立法宗旨的。现在我们发现在一些司法判决中，已经开始慢慢出现，只要地方的职能部门对你采取鼓励、默许、认可行为，现在又按照违章建筑进行拆除的话，也要进行实际赔偿。相关部门不一定要用证照、文件的方式来明确建筑合法性，但是用鼓励、默许、认可行为方式变相承认的，最后造成违章建筑实际侵权一样要进行赔偿。

但是现在各地拆迁方不履行相关的法律程序，《城乡规划法》明确规定一步一步进行违章认定，首先要有陈述申辩的权利，其次辅以诉讼的权利，在行政执法的时候还有催告等程序，但现在多数是直接下单要求3日内拆除，否则就强制拆除，中小企业主的无奈之处多是征收方不遵循严格的法律程序。有很多中小企业主都问道："按照《行政强制法》规定，复议诉讼期间不能强制执行拆除，那是不是我们的房子在复议诉讼期间就不会被强拆呢？"我们只能告诉你，法律上确实是这么规定的，但实际中到底怎么样那就不一定了。实践中大多是按照法律程序进行的，但也不能排除有一些极端的执法行为。

2. 拆迁方当初有一定的行为或者文件认可其经营主体存续的，不能采取"一刀切"的模式随便认定为违章建筑。这对于我国发展中小企业很不利。这种方式往往是把中小企业拆关闭了，对下一步生产经营不利，对整个国家的经济发展也很不利，对国家的税收收入更不利。

3. 严格要求按照法律程序，地方相关部门和主流媒体都在关注一个问题，就是实际拆除中的补偿额度问题，不能压得过低，应该按照正规的征收拆迁补偿标准进行补偿。

希望中小企业主在遇到上述几个观点所说的问题时，能够心里坦然，面对违章建筑拆迁的时候要用法律维护权益。

46

违章建筑拆迁维权漫谈

在客观现实当中，违章建筑所呈现出来的形式各种各样，主要有以下几种：

（1）企业厂房或住宅的方式；

（2）在住宅扩建之后没有报批的方式；

（3）集体土地上建的小产权房（当然这个在实践中是有争议）；

（4）取得了国有工业用地、国有土地的使用权，但是建设工程报批的时候没有相应的报批程序和报批手续；

（5）临时建筑期限超期，没有继续申请延期或是申请延期对方不批准。

以上几种形式都可能导致最后企业建筑被认定属于违章建筑，但在全国大范围拆除违章建筑的背景下，我们也要对违章建筑进行区分，到底哪些属于违章建筑？

1. 违章建筑的区分

《城乡规划法》第40条、《土地管理法》以及《物权法》等相关法律适用当中，对违章建筑的确认和处罚措施作了阶梯型的程序规定，比如能补办相关手续的应该补办手续，能够通过罚款之后补办相关手续的就应该通过罚款后补办，如果对国防安全公共安全、城市的市容市貌等没有实质影响的，原则上也不应该认定为违章建筑。拆迁方早期招商引资和一些有认定职权的部门所做的默许、认可、鼓励的建筑，到底属不属于违章建筑？在客观现实中应该进行区别对待。

以前的违章建筑拆除中，只有危害到国家安全、公共安全、市容市貌才涉嫌违章建筑。在集体土地，特别是宅基地上，住宅人由于不满足居住面积，在自己合法的宅基地上进行改扩建，现在在浙江台州、杭州、宁波、温州等地，进行大范围拆违的时候几乎没有区别对待。我们认为，要进行区别对对待，不管具体什么表现形式，都一定要看来源，看它属于违章建筑法律鉴定程序的哪个阶段，我们到底应该采取哪些法律措施，是否能够补救？是否能够采取其他法律手段予以确认自己的合法权利呢？我们应该在这方面进行实际的探讨。

2. 集体土地上的小产权房

集体土地上能不能盖房子？能不能盖楼房？集体建设用地、非耕地上是可以的。但是为什么叫小产权房？因为你在集体土地上建设的房屋进行了公开出售，公开出售就表明不是给集体土地成员建设的，而是卖给集体土地成员之外的人。由于你没有进行土地征用变成国有土地，没有交土地出让金，侵犯了国家的土地管理秩序，侵犯了商品房预售买卖的法律规定，所以这是一种不合法的程序。但是小产权房到底属不属于违章建筑呢？我们认为必须是买卖之后，买的人非本集体组织成员的，房屋权属才是小产权房，如果建设完后并没有买卖，或者都是给集体组织成员住的，就不能算小产权房。

3. 违章建筑的执法程序

违章建筑也有完整的执法程序。首先要给当事人陈述申辩的权利，陈述房屋怎么来的，为什么这么建设，经过哪些相关部门的认可。陈述申辩后即便认定是违建，也要给复议诉讼的权利。现在必须按照《行政强制法》的相关规定，法院判完之后属于违章建筑的，才能行使行政职权。行政职权有行使的次序和程序问题，但是现在很多地方都忽视这个问题，只要企业主拿不出建设工程规划许可证，就认定房屋是违章建筑，要被拆除。不管法律程序怎样规定，我们认为这是一个非常明显的具体行政行为违法，是不可以鼓励和蔓延的，这是对不动产权利或私权的无情践踏，是不应该被鼓励的。

4. 多种方式化解违章建筑

现在很多地方在试行让交过土地出让金的违章建筑上市进行市场交易，特别是小产权房，补交了土地出让金，补办了土地征用程序，建筑也是合格的，能够进行竣工验收，那么这些房屋能否进行实际市场交流？这是需要探讨的问题。而且我们发现，工业园区中的企业厂房，特别是自发的工业园区中，企业厂房建筑的安全质量、建筑风格以及建筑跟市容市貌是完全搭配的，在认定这种建设违章的时候是不是应该有一些人性化的考虑？大部分都符合城市规划要求，只不过没有申办相关证照，是不是可以采取限定一定使用期限的方式，比如可以让企业主使用十年，十年之后进行罚没。换句话说，就是把使用权先给他，或者说罚没之后再进行反租赁。我们发现在北京市大兴区就有这种方式，先罚没，如果罚没之后企业想在这正常生产经营，可以再反租给企业。违章建筑不应该采取一律强制拆除的方式，而应该采取多种方式来化解违章建筑，可以通过罚没、罚款、综合整治或工程质量鉴定来看符不符合工程质量各方面的要求，如果都符合了那就应该采取多种方式来解决这个问题。

47

谈违章建筑区别对待

违章建筑有很多原因和形式，比如建筑年代久远的，在20世纪80年代我国有处理违章建筑的红头文件以及一些现行条例，都说明了要对违章建筑区别对待。有历史原因的和没有历史原因要怎样区别对待？对城市规划产生重大影响的和无重大影响的怎样区别对待？对公共安全和市容市貌产生重大影响的和没有影响的怎样区别对待？

法庭上有很多当地拆迁方、城管、规划部门在进行答辩和举证的时候，都没有对是否对城乡规划或城市规划有重大影响，或者对重大安全、市容有重大影响进行举证，而是"一刀切"，只要没有建设工程规划许可证或者没有房产证的、临时建筑超过临时建筑使用期限的都认定为违章建筑。我们认为"一刀切"认定违建是不对的。

我们认为在违章建筑的认定、处置和最后的结果上，必须区别对待，在区别对待中有以下几个理由要给予充分重视。

一个就是违章建筑建成原因。我们发现有些台资企业，包括招商引资的企业，是拆迁方允诺许可建设的。这就是历史原因，建成的理由就在于此。从建成的时间来看，有的建成时间比较久远，比如北京二三环以内的房屋建筑，本身建成的历史比较久远，建成原因是为了解决当时居住人口面积困难问题。20世纪80、90年代为了解决自身生活的要求建了一个厨房或卫生间。这个是不是要认定是违章建筑？我们认为这应该区别对待，这些建筑对市容市貌产生了什么影响？对城市的重大规划又产生了什么影响？如果没有实质影响为什么要认定为违章建筑呢？这里有一个考量的标准，看建筑对公共或者第三方是否产生了利益影响，如果对公共安全、公共卫生、城乡规划产生了影响，可以认定为违章建筑。

对第三人处于一种侵权或者障碍的状态，比如，一些别墅区自建的棚子、地下室或露天阳台上搭的建筑物，这对第三人产生了一种非法的影响，可以确定为违章建筑。但是长久存在的北京大杂院和由此形成的卫生间或厨房能认为是违章建筑吗？这符合立法的宗旨和目的吗？我们认为这是不切实际的。

建成原因和时间都要进行考量，而最重要的是考量我们前边谈到的，征收方要拿出城市、城乡规划来，我们要看建筑到底对城市城乡规划产生了哪些重大影响。因为现在认定违章建筑的法律依据散见于很多法律法规中，包括《物权法》《城乡规划法》和各地的城乡规划条例，还有以前关于市容市貌的条例当中，都有对违章的认定。其次还要看法律认定的层级问题。

所以我们认为认定违章建筑要区别对待，另外一个问题在《城乡规划法》中有明确规定，如果出现了违建，首先要责令其改正，责令不改正后才能进行罚款，才能责令自行拆除，不执行自行拆除才能进行强制拆除，这是一个法律的递进关系。除非产生了重大影响，否则不能随便强制拆除。

行政权是有边界的，不能进行无限制的延伸和夸大，特别是江浙沪地区，现在大都是"一刀切""一边赶"，只要没有建设工程规划许可证就全部认定为违章建筑，这种就是违反行政权力限制、行政合理性信赖和行政法比例原则等相关行政法基础性原则的行为。

48

违章建筑拆迁为什么绕不开历史原因

这个题目其实很大，但是确实是在违章建筑拆迁当中遇到比较多的，特别是江苏、浙江、上海这一带，现在正在进行如火如荼的强拆违章建筑活动。

浙江比较有名的就是"三改一拆"，旧社区、旧厂房之类的进行一定期限内的强制拆除，并且拆除行为比较野蛮暴力，甚至太过于直接，更甚者拆迁不通知企业的当事人也不通知家属。有些地方房屋是租赁的，拆迁的时候根本不通知房东和承租户，直接在某个时间点去强拆。或者通知了拆迁但不是以法定方式通知的，而是以口头形式告知"某日要过来强拆房屋"。

这样就让很多企业的经营者，包括企业房屋的所有权人都感到很诧异，为什么忽然间就说我的建筑是违章建筑呢？为什么以前没有呢？为什么在建设的时候没有呢？为什么这个时候忽然间提起存在违章建筑问题呢？

在拆违章建筑的时候，现在的主流观点绕不开建筑的历史形成原因——建筑到底是怎么形成的。

北京也有很多这样的房屋，三四十平米住了七八口人，住不开的时候怎么办呢？就在旁边搭建一个厨房或卫生间，这类到底算不算违章建筑？而且这类房屋搭建的时间都很早，大都在20世纪80、90年代。有很多厂房也是这样，都建设在《城乡规划法》实施之前的，也就是在2008年之前搭建的。还有些企业是村里、乡里通过招商引资的方式进来的。拆迁方或者村里为了解决当地的就业、税收问题，在进行租赁的时候约定必须从事工业化生产。但是当时并没有批建房许可和建设工程建设许可，这样的厂房到底属不属于违章建筑呢？

为什么说违章建筑要看历史原因呢？我们认为这里有几个因素：

1. 厂房的形成是不是有正规的合法的历史渊源，要看厂房经过招商引资、相关的税收安排或者是当时镇里、村里、区里给予某些口头或者现实当中的承诺，包括税收和拆迁方签订的合同，包括租赁合同或者经营纳税的合同等一些行为来表明允许建设，我们认为这类就不能轻易被划定为违章建筑。

2. 土地来源是合法的，有土地证。土地是允许建设的，但是建设完以后并没有取得建设工程规划许可，也就是说现在依据《城乡规划法》第44条规定，在城市、镇规划区内进行临时建设的，应当经拆迁方城乡规划主管部门批准。临时建设影响近期建设规划或者控制性详细规划的实施以及交通、市容、安全等的，不得批准。临时建设应当在批准的使用期限内自行拆除。临时建设和临时用地规划管理的具体办法，由省、自治区、直辖市人民政府相关部门制定。第65条规定，在乡、村庄规划区内未依法取得乡村建设规划许可证或者未按照乡村建设规划许可证的规定进行建设的，由乡、镇人民政府相关部门责令停止建设、限期改正；逾期不改正的，可以拆除。

建设时间是在2008年以前，有土地但是没有取得建设工程规划许可证的，是不是也能认定为违章建筑？《城市规划法》和《城乡规划法》有什么区别呢？

《城市规划法》针对的是城市规划范围之内的土地以及地上附着物、建筑物，《城乡规划法》才包括了乡村。那个时候不存在建立在集体土地上的情况，这样就形成了一定的历史渊源，也就是说土地来源合法，进行了实际建设，这样到底属不属于违章建筑呢？这样是不是也是有充足的历史原因呢？

3. 房屋批的是临时建筑，比如临时建筑最长时间是3年，批建了3年以后没有续批，结果超期了。但是即便超期了，原则上土地来源是合法的，并且这个地方没有重大规划的变更和调整，那么这个建筑是不是适用《城乡规划法》所谓的进行补正、进行补充或者进行相关的手续补办以后就能成为正规的合法建筑的情形呢？

《城乡规划法》所规定的违章建筑不是一律要进行实际拆除，而是能改正的改正，能补办手续的补办手续，能进行规划审批的进行规划审批，只有出现影响重大的城乡规划并且存在房屋安全质量等各方面的问题时才能予以强制拆除。这是一种递进关系，不是一开始马上就进入实际拆除程序，必须是前面几个程序达不到，完成不了违章建筑合法性的补充之后，才能进行相关认定。

4. 以罚代认。比如虽然罚你 50 万，但是建筑短时间内可以实际存在。以罚代认就是拆迁方以罚款的方式认可你建筑存在的合法性，这种经过罚款的建筑是不是也不应该被认定为违章建筑？这在客观现实情况中是非常多的。

另外这种情况必须是影响到了城乡规划，并且存在重大安全隐患的，我们认为才能进行实际拆除，如果不存在，则不应该进行一次性的实际拆除，我们认为这是错误的。

49

违章建筑维权的目的

违章建筑必然是客观和主观都出现不合法存在的一种建筑形式。从法律和实践中来讲，一般情况下是这样的：

1. 违章建筑要针对自己建筑的不同状况进行项目的审核，在拆迁方进行项目或者进行拆违的时候，要针对性地制定不同的维权方案，才能达到维权所追求的效果。

比如，建设年代久远并且来源合理的建筑，拆迁方用某种行为给予认可，对于这种建筑一定要追求跟合法建筑一样的结果。也就是说，建筑的存在有充足的历史原因，并且拆迁方点头认可，企业可从事实际经营或者在集体土地上建设住宅。合理的前提条件完全充足，对于这种情况，就要以对合法建筑一样的方式来维护自己的合法权益。

2. 如果说是以拆违章的方式来促拆迁，也就是说即便没有建设工程规划许可证属于违章建筑，进行拆违的目的也不是单纯的拆违，而是要进行拆迁，是以拆违章触动拆迁。

特别是一些企业在遇到拆迁的时候往往都会遇到这种情况，要不就按照非常低的价格走，要不就按照违章拆除一分钱补偿都没有。如果拿起法律武器进行积极的追求，对对方的一些拆迁合法性的质疑，包括拆违的合法性、法律诉讼的途径拖延顺延、程序违法等，即便建筑有些瑕疵,你在拆迁过程中照样能获得相关补偿。

3. 临时突击建设。找一块地突击建设,结果不符合城乡规划,这种实际被强制拆违的可能性非常大。建筑的历史原因、合法性基础和建筑本身的主观目的都不纯。这种情况被无偿拆除的可能性极大,而且确确实实在实践当中被实际拆除的也很多,基本上都不予补偿或很少补偿。

4. 借助某项政策或某项项目。特别在上海、浙江进行的"三改一拆",比如一个县要拆除 20 万平方米,就会选择没有建设工程规划许可证的进行拆除。不管什么年代建设的,有没有历史原因,有没有营业上的相关行为,反正就要拆除。目的就是完成拆迁方或是上级交代下来的"今年必须完成拆除多少平米"的任务。这么做就应该及时拿出法律程序,采取拖延、质疑或者引入主流媒体实施监督等方法。我们认为这些方式对被拆迁人十分有利,能达到良好的维权效果。

要根据企业不同的主客观状况和对方进行拆违、拆迁的目的,来制定维权方案、设计预期达到的维权效果。

拆迁方对你施加的是哪方面压力?他要达到的是什么目的?必须结合在一起来制定维权方案。如果本身主体状况非常合适,只是缺少了法律上的一点相关的许可性认定,你所追求的效果就可以高一点。但是如果你的建筑在历史原因、主客观方面都不太合理,与拆迁方想达到的目的也不合,那你就只能在原来极低的补偿上争取一下,当然还是能争取多高算多高,这就是你的目的,一定要主客观方面综合来看才能达到自己的维权效果。

50

小产权房拆迁与违章建筑的关系

小产权房和违章建筑是一回事儿吗?小产权房等于违章建筑吗?在通俗当中应该怎么理解?

首先小产权房的概念是什么?"小产权房"不是法律概念,是人们在社会实践中形成的一种约定俗成的称谓。所谓"小产权房",是指在农民集体土地上建设的房屋，未缴纳土地出让金等费用，其产权证不是由国家房管部门颁发，而是由乡相关部门或村委会颁发，所以叫作"乡产权房"，又叫"小产权房"。那么在集体土地上所兴建的"商品房"，为什么叫商品房呢？因为他卖给了集体组织成员之外的人，销售模式和销售对象跟商品房的销售对象是一致的，卖给谁都是没有限制的，这是小产权房的买卖过程。小产权房没有取得五证（国有土地使用证、建设用地规划许可证、建设工程规划许可证、建筑工程施工许可证、商品房预售许可证），但是最主要的是没有进行集体土地征用改变为国有土地，然后进行招拍挂的程序来进行商品房土地的取得和预售等程序。

在实践中，我国小产权房太多了，据统计小产权房的数量是真正的五证齐全的商品房的数倍。2014 年、2015 年国土资源部也掀起了清理全国小产权房的行动，但是很快就偃旗息鼓了，因为小产权房数量太庞大了，而且都经过了交易性行为并且付出了相应的对价，都进行了成交的买卖行为，要清理小产权房非常困难。那么我们不禁要问，小产权房等不等于违章建筑？

我们认为一定要清楚一点，最主要的一点在于你所利用的集体土地兴建的房屋，利用的是怎样的集体土地，利用的是耕地还是集体建设用地，如果利用的是集体建设用地兴建的房屋，则本身并不是违法建筑，集体建设用地即便没有取得乡村建设工程许可证，但是在相应的建设用地上建设的房屋，原则上不能随便认定为违章建筑。但是后边的行为把房屋进行销售跟买卖，并且卖给了非本集体组织成员，这个时候就可能由单纯的集体建设房屋行为转变成市场销售的房屋，这就转变成一个在实践中的小产权房问题。

小产权房如果进行了交易行为等不等于违章建筑？我们认为如果严格按照《城乡规划法》，没有取得建设工程规划许可证的、乡村没有取得乡村的建设工程规划许可证的原则上就是违章建筑。但是利用集体土地，特别是集体建设用地所兴建了房屋并且进行了实际出售，那么是不是严格按照《城乡规划法》的规定呢？我们认为要结合实践中各方面的具体措施来确定。

第一，如果是长时间存在，特别是 20 世纪 80、90 年代所建的房屋，还有大部分的回迁房也属于这个情况，能属于违章建筑吗？第二，经过拆迁方号召鼓励的行为所买卖的小产权房，可以认定为违章建筑吗？三亚的金色阳光小区当时的市长带领进行实际房屋销售，这是不是拆迁方潜在的认可行为呢？这是不是小产权房有待商榷。第三，这种小产权房如果认定为违章建筑怎么处理？现在全国各地，特别是海南三亚，都是一次性无偿拆除，给业主造成了巨大的经济损失，包括装饰装修以及物品的损失。是不是只能采取这一种行为呢？现在我们探讨的补交相关的土地出让金，或者把房屋进行没收，没收完后再看看采取哪种方式，可以卖给以前的买售人，或者说拿到市场去进行实际成交买卖，这本身也是按照违章建筑的规定所采取的行政处罚措施。或者可不可以罚款处理，罚款额度跟缴纳的土地出让金保持一致呢？这也是可以的。当然前提是房屋的质量是合格的，占用的土地不影响城市城乡规划。我们认为所采取的这种处罚措施是多样的，而不该单一地直接进行无偿拆除，这样对引起的社会效应和买售人基本的合法利益都不是一个合法的保障。

51

违章建筑拆迁中对待的问题

一、违章建筑在拆迁中会有哪些法律风险？

我们从网络或媒体上都能看到，现在很多地区在进行大范围的征收拆迁的时候，相关部门走在前边。从 2011 年国务院 590 号令实施之后，现在跟被拆迁人进行具体谈判的时候，都不是由开发商委托的拆迁公司来谈，大部分都是由拆迁方的房屋征收主管部门或住建部门设置的房屋征收办公室来跟被征收拆迁人谈。

在实践当中有很多没有建设工程规划许可证、房产证的房屋会被征收方以违章建筑为名要求无偿拆除，其目的就是给被征收拆迁人施加足够的压力，使其接受比较低的补偿价格。

二、被认定为违章建筑的企业都有什么共同点？

1. 没有证照；

2. 租赁的土地；

3. 一部分有证照一部分没有；

4. 在自己有建设用地使用权或者工业用地上进行房屋建造，也就是说有土地使用权但是房屋建造并没有合法手续；

这往往就成为征收方抓住被征收拆迁人的弱点，进行施加压力的一个方面。特别在这个时候，被征收拆迁人心里特别苦，因为按照法律规定也好，按照征收方的一贯说法也好，违章建筑都是不予补偿的。

三、如果最后真的不予补偿怎么办？或者补偿很低怎么办？

从法律的缺陷来讲，被拆迁方的心里特别恐慌，确实是一块短板。这就考验我们在实践维权过程当中如何来掌握这个事情。我们在实践当中一般情况下会视具体情况的不同来区别对待。

第一，如果有完全的土地使用权，或者没有房产的建造手续但是建造的年限和时间都是在 2008 年之前，我们可以明确告诉你不用恐慌。那个时候国家调整违章建筑的基本法律《城乡规划法》还没有实施，现在拿着《城乡规划法》以及地方性的城乡规划条例来约束当时的行为是没有法律溯及力的，没有任何法律依据。而且拆迁方最终要的是土地，土地使用权完全在你手里，就算建筑真的被认定为违章建筑，对于你来讲也没有任何意义，因为对于对方来讲达不到腾退和索要土地的目的。所以说如果拥有完整的土地使用权，并且房屋建造在 2008 年之前，我们认为即便没有相关的房产证和建设工程规划许可证，也不用过于担心，在实践中基本没有太大的风险。

第二，土地是租赁的，但是房产的相关手续建造时间不长。从法律的严格层面来讲，这种情况往往就有被确定为违章建筑的可能性。全国各地在进行违章建筑认定的时候，往往都是根据以前国土资源部在 2008 年和 2012 年搞过的两次土地督查和大航拍。如果那个时候你的建筑不存在，拆迁方就会画杠，如果发现 2008 年你的建筑不存在，就直接认定为违章建筑。或者 2012 年之后建的，有些拆迁方也会随便划时间节点。这里有一定的风险，要找出自己合理合法的依据。就像有些企业是招商引资来的，拆迁方在某个方面立项、规划，发改委在项目引进上出具相关的手续，这就是对你建造行为的认可和默许，如果拆迁方用语言或者文字、文件给了你一定的认可，就说明他是知晓这件事的，并且鼓励你进行企业经营。这方面也大可放心，从法律的实体方面应该没有问题，只不过从法律程序上可能会存在瑕疵，但是不足以导致最后真正被认定为违章建筑，也不用太担心。

第三，在集体土地上进行建筑的厂房。集体土地我们都清楚，分集体建设用地和非集体建设用地，或者有的地方分为耕地和非耕地。如果你用的是耕地，那么这里要区分是租赁耕地还是自己的承包经营地。如果你本身就是本村村民，利用自己的承包经营地进行实际经营的，就有完全的土地经营权。而租赁就没有土地承包经营权，仅仅有租赁权，我国在物权上不承认租赁权，租赁权介于债权之中。这种情况可能会产生一定法律风险，特别是建筑时间靠后的，2008年以后建造的，就可能会产生法律风险。如果在自己土地承包经营权上进行实际建造和实际经营的，特别是用于农牧畜业的，就是一种合法用途，即便没有房产证和建设工程规划手续，我们认为也不会产生特别大的风险。

第四，批的临时用地。临时建设规划许可证超期了，我们认为在实践当中可能使用于两年的法律追溯时效，你的临时建设规划许可证满两年了，满了就属于违法状态存在了，是否有持续的存在状态？我们认为在司法界和法律实践中是有争议的。也就是说有临时建设规划许可证，没有影响到城市以及国家重大的安全工程、军事工程，并且是满足了续期要求，也是可以合理合法存在的。

在实践中，完全具有房产手续以及土地手续的企业很少，这时候就要根据企业的不同状况和法律风险进行区别对待，这里既有量的问题也有质的问题，希望各位企业主在实践中具体对待。

52

江浙沪违章建筑案件共同点

现在江浙沪地区拆违章拆的很疯狂，侵犯了很多人的具体利益，特别是给一些具有历史渊源的企业造成了重创。江浙沪地区违章建筑有什么共同点呢？

杭州萧山区因为"三改一拆"确定了很多建筑是违章，拆了很多已经经营数十年的企业；江苏南通的通州、如皋、如东都在大范围的拆除所谓的违章建筑企业。但拆迁部门往往都是以政治任务性的方式进行拆除，必须在哪个点进行拆除，没有严格履行《城乡规划法》所规定的法定程序。在上海青浦、浦东也发生了很多起这类案件，包括新华社委托我所全程代理的上海青浦区朱家角镇的违章建筑综合维权案。

我们认为江浙沪地区拆违章有四个共同点。

（1）不依法不合法。完全没有履行拆违章所需要的法律程序，而是靠一些恐吓、吓唬来达到目的，在恐吓和吓唬不奏效的时候直接进行强制拆除，导致企业在经济上产生重大损失，企业主对拆迁方的依法行政行为也产生了怀疑。这完全是一种暴力野蛮的执法方式，造成很多消极的社会影响。程序认定不依法，整个执行行为和具体行为履行不合法。

（2）运用综合手段给企业施加压力。利用环评、环保、税务等方式，特别是环评和税务在拆迁过程中运用得非常明显。如果不按照拆迁方的要求进行拆除或者关闭企业，那么就利用环保或税务来查你，查出了环境问题就直接关停，查出税务问题就直接抓企业主。拿这些手段变相要挟压迫企业主，达到快速拆除所谓违章的任务。

（3）违章建筑的区分。不进行合法性具体情况的区分，比如，有的企业建了数十年，也经营了很多年，都正常纳税了；有些企业经过招商引资或者相关部门许可性行为在此生产经营，这跟临时租赁集体土地是不一样的。

还有些养殖场就在自己土地承包经营权的土地上进行了养殖种植的行业，完全符合土地的基本用途，而且当时是在相关部门的极力鼓励下经营的。

比如江苏镇江环太湖流域进行环境整治的项目，那个时候大力发展养殖业，而现在因为环太湖流域的整治，要把企业关闭、关停、搬迁、拆迁。并没有实际区分到底哪些该关哪些不该关，哪些应该引导性转移，哪些应该强制性关停。没有进行具体行为具体分析，拆迁方在这方面鲁莽地处理一些社会问题，我们觉得这不利于法律的执行和实施。

（4）拆迁方在执行这种行为的过程中，法律意识过于单薄。根本就没有想依据法律程序来解决这些问题，甚至不跟被拆迁人谈法律，只问有没有什么证，没有证就是违章建筑。难道没有建设工程规划许可证的都是违章建筑吗？都能进行强制拆除吗？

拆迁方还存在一些选择性执法行为，有的拆，有的不拆，在江苏常州，明明企业都在河流周边，都属于所谓的环境治理的污染行业，但是有的拆，有的不拆，选择性执法使中小企业觉得不公平。

江浙沪地区拆违章呈现出很多共同点，主要体现在有些部门不依法、不合法、不走程序、野蛮执法，只是野蛮的完成任务或作出所谓的政绩，这不利于整个社会效果的体现。

53

"违法用地" 和 "违章建筑" 解析

违法建设、违章建筑、违法占地、违法用地，这几个词从法律概念上讲主要就是两个词的区别，一个是违章建筑，一个是违法用地。在实践中有很多客户接到不同的单子，有的是国土资源局违法用地的问题，有的是城管、规划局或者乡镇相关部门所辖的违章建筑的问题。这两个是不同的概念和主体，一个是从用地的角度来说，一个是从建筑的角度来说的。

第一，国土资源局所下发的违法占地的单子大多都发生在集体土地上。改变集体土地用途，比如，本身是耕地却建了厂房，或者是租赁的土地但是用土地使用权的方式进行开发建设，这可能也是违法占地的问题。有很多在集体土地上建设的客户接到了违法占地的通知，违法占地的主体是落在土地上的，所依据的法律是《土地管理法》，也就是说土地没有按照土地建设、土地属性进行相关的利用，这是违法占地的问题。

地上的附着物可能涉及违法建筑，上位法是2008年实施的《城乡规划法》，所依据的是建筑必须取得建筑工程规划许可证的规定。有些明明有土地使用权证、集体建设使用权证，包括工业属性、工矿仓储属性，但还说你是违法用地，不说你违法占地说你违法用地，也就是说土地使用的用途错了。本身是养殖用地却建设工业，我们在哈尔滨阿城代理过这样一个案子，此企业集体建设用地上边写着工业，但是却建了养殖场，结果拆迁方部门说是违法用地问题。

违章建筑是硬性认定，没有取得建设工程规划许可证的都是违章建筑，不管你是否有土地使用权，不管土地是租赁的还是自己的。所以在实践中要提醒各位的是，违章建筑和违法用地是两个不同的概念，执法机关也是不同的，违法用地是国土资源局来执法的，不管在集体土地还是国有土地上都是由国土资源局来执法的。但是违章建筑执法的主体就多了，国有土地是规划部门认定，城管局进行实际拆除，如果是集体土地就是由乡镇相关部门来进行认定和执行。

第二，产生的法律依据不一样，一个是依据《土地管理法》，一个是依据《城乡规划法》，包括《土地管理法》实施条例，《城乡规划法》各个地方的实施条例。

第三，法律后果也不一样。违法用地产生的法律后果是没收，当然了违章建筑也可以没收，但是违章建筑最多是先罚款，责令改正然后实施强制拆除，产生的法律后果是不一样的。如果我们遇到这些问题，在采取法律措施的时候一定要有针对性。

54

拆违章建筑如何提起行政复议

　　面对不太了解法律知识的村民，如何帮他们解决纠纷？律师一套专业的术语下来，往往听得一头雾水。很多网友反映自己在网上查找违章建筑拆除的相关资料，内容挺丰富的，就是看不太明白，希望能够找到一套通俗易懂的关于违章建筑的认定、处置以及后果执行法律依据、法律程序。

　　我们就用通俗易懂的话来讲一讲，对于拆违章建筑提起行政复议、行政诉讼以及陈述申辩时，我们应该掌握的重点是什么，我们应该怎样进行法律程序的权利救济。

　　这是一个非常重要的问题，也是在实践维权中经常遇到的问题。首先违章建筑进行认定之前教给行政相对人，怎么来行使陈述申辩的权利，就是来辩驳你的建筑并不是行政机关所认为的违章建筑。提供的证据包括一直谈到的历史原因、建设时间、法律适用、乡镇认定、法律溯及力的问题等，来说明建筑确实不属于违章建筑，这是陈述申辩的问题。

　　陈述申辩以及举证做完以后，城管部门不会太在意这个申辩，因为做完后他同样可以下达限期拆除书，认定为违章建筑。这个时候必须赋予你复议和诉讼的权利。

　　新的《行政诉讼法》当中也修改了：复议是 60 日，诉讼是 6 个月，也就是说你在 60 日内可以进行复议，6 个月内可以进行诉讼。在实践中我们发现，有些时候认定违章建筑，相关部门不告知你相关的权利义务。如果没有告知你诉权，那么下达认定违章的凭单后，两年之内都可以起诉。这个诉讼时效的确定就是变相对行政机关怠于履行告知义务的一种惩罚。在 60 日之内可以先提起复议。复议就是给认定机关的上级部门进行受议。比如乡镇认定的话可以到县区相关部门，如果是城管或者规划部门来认定的话，可以到上级的城管规划部门或者同级领导拆迁方的相关部门，区县城管部门的话可以到区县相关部门。复议的目的就是要求撤销其错误认定或者确认违法。

这里主要掌握两点：一个是程序性的，一个是实体性的。程序性就是你可以掌握对方在进行违章建筑的认定、处罚等执法行为中错误的程序，也可以进行程序性的主要复议。实体性是明明是"有证"或者有充足历史原因，实体上不应该认定为违章建筑；法律适用上，应该适用《土地管理法》，却使用《城乡规划法》。比如你是在集体承包的耕地上，耕地上大多适用《土地管理法》，如果你建在建设用地上，有可能更多的是由城管进行认定。这就要充分找出对方的错误点，包括执法程序、执法职权、执法的法律依据、执法的事实认定等，这些都可以作为复议的要点。

如果复议机关下达了撤销决定，这样你整个建筑的违章认定就撤销掉了；如果驳回你的复议请求，那就意味着复议机关认定你属于违章建筑，这个时候你就可以向法院提出起诉。也就是说复议完后，你就把认定机关和复议机关作为共同被告进行起诉。如果复议机关就当中的一些事实和法律程序没有支持你的复议请求，但在实体上进行了变化，那应该以复议机关为被告进行诉讼。

诉讼分一审二审。诉讼当中主要围绕认定机关和复议机关在整个过程中所产生的违法程序等各个方面的实体内容来进行，我们一定要注意执法程序和执法依据。

我们认为会产生一些行政机关工作不到位的问题。这些都可以抓住然后进行行政诉讼。如果行政诉讼一审没有支持你的诉讼请求，你还可以进行二审。按照我国《行政强制法》第44条规定，这种违章建筑必须是经过全部的复议和诉讼程序之后才能进入强制执行程序，也就是强拆程序。如果说提起复议、诉讼就让有职权依据的机关没有权利来拆违章建筑，必须等到诉讼结束法院认定确实是违章建筑后才能拆除，这就是通俗来讲的一套完整的违章建筑的认定、处置以及后果执行的法律依据、法律程序。

55

土地来源方式与违章建筑拆迁的关系

建筑必然是在土地之上的，在客观实际当中土地的来源方式多种多样。有很多朋友会有这样的疑问——土地来源的不同与是不是违章建筑是否有关联？遇到征收拆迁是否会被区别对待？是否有不一样的法律依据？是否有不一样的法律程序？下面我们简单谈一下不同的土地来源和违章建筑之间有怎样的关系。实践当中比较多的土地来源方式有以下八种方式：

第一种，租赁村里、乡里或者街道的集体所有制企业的土地；或者租赁的是村办企业，可能租的是耕地或者非耕地；或者说该土地来源方式是租赁集体所有制土地，这种大部分可能都是耕地。

第二种，一次性买断集体土地使用权和该土地上面的建筑。这种形式在实践当中已经不多见了，往往是在 20 世纪 80、90 年代到 2000 年左右有这种形式。企业与乡相关部门、某个工业园区或者村乡的村办企业签订了一次性买断土地使用权的合同，那时买断集体建设用地使用权原则上是合理合法的。

第三种，承包地，即企业主本身是该村村民，在这个村里承包了耕地，然后在上面进行了房屋、厂房或者种植养殖业的经营建设。这是土地承包经营权的问题，也在《物权法》上有明确的规定。

第四种，自家宅基地进行扩建。本身利用的就是自己的宅基地，可能是村里分配的、批单给批的或者有集体建设土地使用权证的宅基地。后来由于宅基地的面积不够，于是进行施工扩建，而当时村集体、村委会也没有管这个事情。

第五种，对荒地、废弃地进行平整。这种情况在实践当中比较多见。有些乡村的荒山、荒地长期无人管理，企业主就跟村里表示要对其进行平整、开荒，希望租赁这块土地，于是双方产生租赁关系。

第六种，真正有集体土地使用权证。早期的一些企业主办有集体土地使用权证，特别是那时从乡镇集体企业一次性买断土地之后真正拥有了集体土地使用权证。有的是在租赁乡镇集体土地上进行建设，但是也办出了集体建设用地使用权证。

第七种，租赁的国有企业用地。租赁了原来国有企业的国有工业用地进行厂房建设，或者是直接租赁的场地和厂房。

第八种，真正按照出让和划拨方式取得了国有土地使用权，包括工业商业住宅。

实践当中比较常见的土地来源就是以上八种，这八种土地的来源方式与违章建筑拆迁是不是有一定的关联性呢？我们认为答案是肯定的。因为在进行两违确定的时候，即违法用地和违章用地确定的时候，要具体结合土地使用权的性质、来源、土地的用途等各方面情况。违章建筑按照《城乡规划法》第65条的规定："在乡、村庄规划区内未依法取得乡村建设规划许可证或者未按照乡村建设规划许可证的规定进行建设的，由乡、镇相关部门责令停止建设、限期改正；逾期不改正的，可以拆除。"虽然未取得建设工程规划许可证，但是一定要清楚，取得建设工程规划许可证原则上就得取得土地证，不取得土地证哪来的建设工程规划许可证？不取得建设用地文件和建设用地规划许可证，哪来的建设工程规划许可证？这是一条有顺序有规律的线，是可以从法律程序上理解清楚的。违法用地也是这样的一个道理。

短短的篇幅叙述了土地来源的八种方式及其和违章建筑拆迁之间的关联性，希望能给予大家一定的引导。当中更深的问题扩展起来讲就比较复杂了，以后有机会再结合实践继续探讨。

56

论江浙沪违章建筑的那点事儿

最近几年的实务中，特别是从2002年之后，我们接触到违章建筑案件非常之多。尤其是江浙沪和安徽一带，出现"以拆违促拆迁"等手段和方式来实现拿地和土地储备的目的，这种拆迁模式很多。

违章建筑拆迁要追溯到20世纪80年代中后期。我们国家最早进行违章建筑是基于国务院早期的城镇房屋的行政规章和行政规定，那么延续违章建筑的基本性的法律是什么呢？是我国的《城市规划法》，一直到 2008 年。2008 年以后出台了《城乡规划法》。《城乡规划法》对我国的违章建筑作了法律界定，即未取得建筑工程规划许可证的房屋均属于违章建筑。在客观现实当中没有取得建筑工程规划许可证的房屋比比皆是，所体现出的形态和形式具有多样性。比如，在我们实务当中接触到的，有的是有土地使用权证，包括有集体土地使用权或者国有土地使用权，但是建筑却没有相关的证照。从建设年代来讲，有的建设年代确实偏早，20 世纪 80、90 年代或者 2000 年左右所建设的，有的则是近几年所建设的。有些地方在确定违章建筑的时候，也根据建筑年代来进行区分。比如以 2008 年、2012 年来进行实际区分，具体区分的技术性依据是什么？是大航拍。如果 2008 年进行航拍，拍到了你的建设房屋，那么就认定该房屋是合法有效的。如果到了 2012 年的航拍，房屋不存在，是后来才有的，就认定是违章建筑。还有，申请的临时建设用地使用权证或者临时建设工程规划许可证，有效期的最长时效往往是三年。有的在时效结束后也去补办过，但是由于各种程序繁琐复杂，导致最后没有补办下来；有的是具有临时的建筑工程规划许可证，拆迁方既没有查处，也没有要求续期或者办理正式的建设工程规划许可，房屋自然而然存续下来，这种情况到底应该如何区分呢？再比如讲，有些企业的违章建筑是经过正规的招商引资而来的，有发改委各项的批准文件，有立项、规划、营业执照和纳税许可证明，这种情况在现实当中为什么会被认定成是违章建筑呢？特别是现在浙江的"三改一拆"和上海的"五违必治"之中，违法用地、违章建筑、违法排污、违法居住等，都是以一种具体的行政行为来确认违章建筑用地。客观现实更是五花八门，在具体执法中各种形式、各种名目、各种方式无所不用其极，根本不区分建筑处于怎样的现实状况。基层拆迁方招商引资的时候是怎么答复这些企业的？进行发改委立项的时候，领导都来剪彩鼓励，但到底应该怎么认可违章建筑？海南三亚的有些客户说："当时去三亚买房子，是三亚市的某个市长带队买这个房子，所以我们才买了，拆迁的时候又说我们是小产权房、违章建筑，到底来怎么认定？违章建筑在认定的时候怎么就没有一条具体的法律规定？"在客观现实中好像基层拆迁方怎么说怎么对，怎么说都有道理，想怎么区别就怎么区别。结合具体的现实，违章建筑到底应该怎么区分？

我们在上海市承办了松江、奉贤、青浦区的几个群体案件，其实这几个群体案件都应了上海现在所进行的几个政策，一个是"五违必治"，一个是"工业用地减量化"。这些都是当时拆迁方定的一些基本政策，我们不能否定政策，政策肯定都有合法性。但是到了基层就具体区别、具体对待，出现了众多的具体行政行为违法的情况，这样让人感觉很遗憾也很无奈。

比如，在上海松江的工业园区内，有上千家企业，其中不乏大型企业。什么是大型企业？第一占地面积大，第二建筑大，第三投资额度大。纳税额度大和盈利非常高不一定是企业大小的衡量标准。有的企业即便现在遭遇了一些经营上的困境，但为早期地方经济作出了很大的贡献。如今拆迁方在拆除违章建筑的时候给出补偿的政策令这些企业主非常惊讶。因为不论企业的土地使用权有没有取得，建筑是什么时候建的，建筑是钢构的还是砖木的，也不论建筑建成的年代和所用的时间，统一按照800块钱一平方米补偿，并在此基础上划分了签字的时间段——如果在某某月之前签字的，就按800元；如果在这个日期不签字的，往后就是700元，再超过一段时间可能就是500元、400元，用一种强制性的具体行政手段压制企业，进行低价拆违补偿。

我们认为，首先要认定建筑到底属不属于违章。企业取得了建设用地规划许可证，并且当时拆迁方进行招商引资划定工业园区的时候也授予了发改委文件。这么多年的生产经营、纳税都处于正常的循环状态。这种是不是应该一刀切，按照所谓的违章建筑进行拆除呢？从法律的角度来讲，万万不能这么做。按照《城乡规划法》的规定，没有取得建设工程规划许可证可能的确涉嫌违章建筑。但如果严格按照法律来说的话，即便属于违章建筑，也应有个梯度性的处理原则：第一步，能补办相关证件的补办相关证件；第二步，能采取罚款、限期责令整改等措施的，要采取这些措施；第三步，可不可以采取没收的措施，没收后再反租给当事人使用，缴纳使用费用；还有，是不是有碍公共安全、有碍国防建设等。这些在《城乡规划法》中有具体的区别规定，并不能完全采取一刀切的方式，好像确定违章建筑后就只能进行违章拆除，没有别的路可走，这是万万不对的。

我们现在要讲的是，你是违章建筑不要紧，但是对于拆违也有完整的处罚流程，并不是采取一刀切的方式处罚的。不仅如此，我还认为这样的房屋也不能随便被认定为违章建筑。为什么？因为从行政法的角度来讲，如果企业是招商引资来的，并有招商引资的批文，拆迁方是早就知道企业要在此进行实际投资建设，并且鼓励企业投资建厂的。拆迁方的鼓励形式不管是书面文件还是口头表述，只要代表着当地职能部门的态度，就可以认为拆迁方对该建筑的合法性是表达了认可。一般情况，可能是由规划部门来办理建筑工程规划许可证。但是规划部门的上级相关部门如果就是招商引资的主体，它对于企业建筑是知情、认可甚至是鼓励的，这是不是说明拆迁方的行为和文件已经认可了企业建筑的合法性？按照行政法合理信赖的基本原则，企业是因为信赖拆迁方的招商引资、划拨土地承诺才投资办厂的，现在却要被认定为违章建筑，这是不是丧失了当时基层拆迁方的信赖原则？能不能拿合理信赖原则要求拆迁方认定建筑是存在合法性的？所以并不是说《城乡规划法》中未取得建设工程规划许可证的建筑完全就等同于违章建筑，这有悖立法宗旨和原则。现在拆迁方把确认违章当作一种任务、目标、政绩，所以导致现在在确认的时候不分三七二十一统统归结在一起。

遭受到基层拆迁方强烈的侵权时应该怎么来维权，这使一些中小企业面临很大的困境。我们希望中小企业尽量拿起法律的武器，合理合法地维护自己的权利，否则对社会不利，对家庭不利，对个人更不利。说起违章建筑的缘由、历史等各种方面都很复杂。

浙江宁波东钱湖街道的某企业被认定为违章建筑后，来找我们维权。该企业早期和村里签订了一个土地租赁协议，租赁的是村里的荒地，平整之后在上面盖了一个厂房投资生产经营。经营了七八年时间，给企业确实提供了生存环境，也缓解了村里剩余劳动力安置的问题，双方合作非常愉快。没想到 2012 年底至 2013 年初被确定为违章建筑，要求限期拆除。企业主不能理解，自己跟村委会租赁的是非耕地，并在上面建了厂房，取得了营业手续，乡镇经常将其作为标杆性企业视察，现在又认定是违章建筑。老百姓虽然不懂法律，但明白道理，所以到北京聘请我们进行维权。

在实践当中会遇到很多这种情况，特别是江浙沪一带。从维权的角度应该怎么做呢？我们上一期主要讲了法律适用的问题，这次讲一讲维权思路和维权方式。

首先要求拆迁方出示认定违章建筑的法律文件。现在的城管只口头下达相关决定，不敢给文件，或者不便给法律文件。为什么说不便给文件呢？因为按照《行政处罚法》的规定，下达文件后可以在2个月内复议，6个月内诉讼。按照我国2012年《行政强制法》规定，诉讼和复议期间不能执行不动产，所以征收方就想利用基层的政治手段和办事方式吓唬、恐吓、威胁来达到目的。

我们当事人维权的决心比较强烈。首先，我们要求城管局出具相关的认定，其次，提复议和诉讼的程序。现在地方性城管局认定违章建筑的时候，不是严格地根据相关的法律规定。而城管局迟迟不出示文件，也不找当事人谈话。我们在当地滞留了几天，城管局避而不见。城管局又不着急了吗？不是要强制拆除吗？为什么不出示文件呢？城管根本不搭理我们，领导也回避、不接待。这些经历使企业主心里有底了，只要征收方没有按照正规的法律程序，那我就不认可。

上述是制约对方的一种措施，同时也要有满足自己的措施。

第一，要求村委会来配合解释当时是怎么承租土地和建设厂房的。村委会和企业签了租赁合同，要对占用的是不是荒地进行合理性说明。

第二，向镇相关部门申请信息公开。要求公开这块土地到底是不是荒地，占用这块土地到底有没有合法性基础。如果存在合法性基础的话，占用土地就没有问题。另外，要求申请公开当时镇相关部门下达的政策文件或者会议纪要——"某某锻造厂来我市投资，解决剩余劳动力安置问题"等都有具体文件的，要证明镇相关部门知情和认可企业建厂房的事情。

第三，联系媒体。要求电视台报道反馈企业当时的情况。当时镇里或者区里的负责人还为企业这剪过彩、捧过场，现在说是违法性的企业，那当初为什么要给"违法企业"捧场剪彩？这时职能部门都哑口无言，后来就不管不顾、不了了之了。

　　对当事人来说维权效果还不错。因为拆违章的主要目的，主要是能按照正规的合法建筑补偿或者使企业继续存续，一般实践当中达到其中任何一个都是令人满意的效果。这种情况在杭州比比皆是，杭州萧山有一个企业进行拆迁，镇相关部门大张旗鼓，做足形式，横幅天天挂，给工业园的企业主形成了很大的心理压力。创业之初都是经过相关部门认可的，虽然那时相关法律规定存在缺陷，但当地拆迁方的相关工作人员当时很负责任，所以企业主是基于对他的信任才来的。谁知道现在这个也不认那个也不认，这个也违章那个也违章，对企业投资建设和回报率而言简直灭顶之灾。后来杭州的几个案件也引起主流媒体的关注。现在缺乏拆迁方合理信赖的基础，又不认可当时建立的信赖，按照违章建筑每平方米二三百块钱拆除，怎么能满足一个企业正常的损失呢？我们到现场考察企业建筑，每平方米建设质量都很高，成本都在 1000 块钱以上。而且当时的建筑都有一定的合理存在性，为什么建设的时候没人来管，这个时候却来管？怎么能拿着后生效的法律来要求前面的行为呢？法律上有明确的规定，法律不能溯及既往，明明是 2005 年所建的房屋，现在却用 2008 年才适用的《城乡规划法》来约束，难道合理吗？这不符合法律的基本原则，完全不合理不合法。所以企业主感觉到很无奈。当然这个案件最后也得到了比较妥善的处理。用当地镇相关部门的话讲，他也"放下身段"进行谈判，包括企业的下一步安置问题，当地镇相关部门确实付出了很大的心力来申请安置。

　　违章建筑到底怎么认定？违章建筑本身就是一个纷繁复杂的法律适用问题，既不能按照哪一年的航拍决定是否是违章建筑，更不能按照所谓的无建筑工程规划许可证来认定违章建筑，也不能因为所谓的建在了集体土地上就随便认定违章建筑。这都缺乏一定的合理信任原则，都是对现在拆迁方具体行政行为的一种无限扩权，这些都是在实践当中应该解决问题。

57

在拆迁中企业主可能遭受的损失和
获得补偿项目有哪些?

遇到拆迁时,企业主可能遭受的损失有多大和能获得补偿项目有哪些,相信这是众多中小企业主都比较关注的但又不是很清楚的问题。到底如何跟拆迁方要补偿? 从哪些方面要补偿? 包括补偿项目有哪些? 企业主可能遭受的损失又有哪些?

首先要讲一个总体原则,拆迁补偿是实物及一部分可预期的利益损失,跟企业正常的交易和买卖是不一样的,补偿比较狭窄,最后的补偿价格偏低,这是一个学术界互相争论的问题。

在企业拆迁中,对中小企业来讲一般能获得六部分补偿项目。

1. 土地使用权的区域补偿价

所占用的土地要按照占用的性质和使用年限等来算出区域补偿价,通俗来说就是土地使用权补偿。那么土地使用权应该怎么补偿呢? 有这么几种情况:

(1) 土地承包经营权。本村村民在本村的土地上承包相关的土地所衍生出来的土地承包经营权。

(2) 集体建设用地使用权。也就是取得集体建设用地使用权证,这可能是通过拍卖、一次性买断等方式取得的。

(3) 出让划拨的方式得到的国有土地使用权。经过国有土地出让或者划拨取得工业用地资质的,这都应纳入土地使用权赔偿范围。但是租赁权现在还划定在债权的范围内,没有划归物权的形式,所以租赁权是没有土地使用权补偿的。

2. 厂房重置成新价

厂房重置成新价就是厂房重置后再建起来需要多少钱，房屋拆迁时几成新也是重置成新的问题。实践中出现的客观状态有建筑物、构筑物、设施物，只要满足正规厂房的固定形态都应该按照房屋来计算。实践中由于房屋的结构、宽度、高度都不一样，补偿价格也不一样。有一些厂房是使用砖木结构临时搭建的，可能并不满足四面都有墙的要求，但是用于了正常的生产经营，原则上也应该按照建筑物的房屋重置成新价标准来计算。基本上有一种厂房外在固体属性的，就可以按照厂房重置成新价来补偿。

3. 停产停业损失费

因为拆迁造成企业的停产停业损失的费用。一般情况下要满足有营业执照、纳税登记、纳税记录、实际经营的行为等才能满足一个正常的企业厂房进行生产经营的条件，这样才能获得一次性停产停业损失费。还有一个问题需要提醒大家，就是在实践中有很多企业注册地址和实际经营地址不一致，这是不行的，注册地址和实际经营地址是一致的才能满足合法的经营主体的要求。

停产停业损失应该满足哪些补偿呢？

（1）预期利益损失，一年可产生的预期利润是 100 万，拆迁造成经营中断，造成 3 年的停产停业损失，这样有可能要赔偿 3 年的损失。

（2）违约的损失，企业和客户签订了 100 万的合同，由于拆迁不能按时供货，100 万的违约成本是 5 万块，要补偿企业的违约损失。

（3）财务成本，向银行贷款 100 万，每年付财务成本利息，现在由于经营断了，财务成本是累计增加的，所以财务成本也要纳入停产停业损失中。

这些是可能遭受的损失。还有很多人会问到的人员安置遣散费，我们要纠正一下，人员安置遣散费只出现在国营企业和集体所有制企业当中，一般中小企业和私营企业都没有，而是含在停产停业损失之列了。

4. 装修附属物

对现有建筑的添附是不可能挪动的，这要按照重置费来算。实践中一个水泵、变压器、机器设备都纳入装修附属物范围内。

5. 机器设备

机器设备分为可移动和不可移动的，不可移动的机器设备跟房屋一样要有重置成新价，而可移动的机器设备补偿的是搬迁费。

6. 搬迁费用

就是可移动的所有附属设施设备等要给予的搬迁费用。

58

企业拆迁厂房重置价格的计算方法

企业主在拆迁遇到的补偿项目当中，厂房重置价到底应该怎么计算，我们将从评估的角度进行简单的分析。

一般情况要看四个方面来确定厂房"重置价"。

第一，材质。在实践当中所用的建筑材料和建筑技术等方面，各企业建筑体现的是不一样的。例如，一些工业园区内的厂房和自建厂房与养殖产业的简单用房是不一样的。

一般存在五种材质的厂房：①钢筋混凝土；②砖混结构；③砖木结构；④简易用房；㈤钢构（实践当中有很多用钢构方式搭建厂房，不具备四面封闭性，也满足一定的生产经营用房的标准）。

因材质不同，价格也表现为相应的递进关系。一般情况下钢筋混凝土的价格相对高，结合实际每平方米 1000 元左右；砖混结构价格结合实际来看，每平方米 600~800 元左右；砖木结构价格结合实际每平方米 400~500 元左右；简易结构结合实际每平方米 200~300 元左右；还有些造价较高的钢构结构每平方米造价高达 1800 元左右，但在大多数实践当中钢构每平方米只有 800 元左右。

第二，结构。在实践过程中有些是平房、平层结构；还有些虽然没有特定划分楼层，但高度已经达到划分楼层的标准，属于双层结构；还有带顶棚和不带顶棚的区别，突起与平行的区别等。这些结构的变化，直接影响最后补偿厂房价值的估算。

第三，高度。实践当中，律师实际遇到过高度近 14.8 米的厂房，相当于三四层楼的高度。因厂房是机械重加工，上面需要架航道走航车，所以厂房非常高。基本的标准工业厂房在三米到三米五之间为一层的标准，当遇到数倍楼层的高度时，尽管中间没有隔板，但也要算作两层或更多。高度影响了厂房的价值。

第四，面积。面积需要注意，是室外还是室内的面积，室内套室的面积和室外的建筑面积有所区别。在一般的重置重建计算面积的行为中存在一定的争议，我们主张以实际面积，也就是建筑面积来计算整体厂房面积。

综上，这四个因素能够直接影响厂房的重置价格。

59

两停损失如何计算

怎么计算停产停业损失？一般计算企业的停产停业损失有三种方式：

（1）按照国有土地征收补偿条例的规定协商；

（2）协商不成的，按照纳税情况进行推算；

（3）实践当中按照企业经营面积一次性额度确定。

两停损失基本都是按照这三种方式来确定，这三种方式都需要有一定依据。

第一，以前实践当中运用简单的评估方式——计算周期的损失来确定额度。例如，有半年来做回迁，计算这半年的回迁时间可能会造成的停产停业的损失，半年中的纳税额度，根据市场公布出来的利润率来推算这半年的利润大约是多少。

第二，如进行协商，涉及的依据和一些根据方式就是多种多样的。①现有造成的损失。例如早已签订的供货合同，正在履行的协议等不能进行履行义务所造成的一定损失，其中包括违约形式的协议承担的负债，以及合同当中包含的利润，保持现有状态的停产停业的损失等。②预期的损失。在这个过程当中企业是不断发展、不断进行经营的，应按照以前经营期间的数据来确定。例如，半年内企业大约可能损失的合同利润是多少。

前期要承担的是违约责任和利润的损失，后期主要计算的是没有形成合同的预期利润，不承担违约等责任，这就是协商的基本标准。

第三，经营面积的确定在实践当中也会有多种状况——是否以建筑面积来确定企业的面积标准。例如，在实践当中建筑面积是一万平米，经营面积也应为一万平米，但实际经营的场地是两万平米，除了厂区内建筑面积一万平米之外，还有厂区中院落的一万平米场地。例如，长沙浏阳烟花爆竹类的行业，很多企业一千亩的地，建一万平方米的厂房，厂房要求安全生产的距离非常远，所以厂房与厂房之间的距离非常远。出于安全考虑建筑面积小，占地面积大的一种特殊生产经营企业的现状，确定的标准是什么？

实际厂房的面积不能等同于建筑面积，不能算在建筑面积之内，例如，宿舍、食堂等建筑。这些问题都会引起一些争议。实践当中都是按照建筑面积来确定。不同状况需要不同对待。例如劳动性密集行业，持有专利的行业等。不同状况下所确定的停产停业的损失是有明显区别的，建筑和占地面积都是企业所用，这个问题如何确定在实践当中是存在争议的。

60

如何设计企业拆迁补偿方案

如何来设计拆迁补偿谈判方案是一个大问题，直接影响到获得补偿的价值。设计补偿方案的根本出发点是利益最大化，结合现实状况来确认利益的最大化是非常重要的，这也是我们律师和委托人一致的目的需求。

我们曾经做过一个无锡惠山区的案例。惠山区开始动工修建无锡地铁3号线，地铁线要在我们委托人经营企业的一侧进行打桩，这将给该企业造成很大的影响。而且这个企业有几个特殊点：一是该企业性质特殊，是一个小型军工企业，主要生产雷达，对生产条件特别是信号的接收有一定的环境要求。该企业当初选址在此，就是因为无锡的山上跟这里信号对接比较合适，有利于实验雷达时信号对接，在距离和范围上都比较适合生产经营。再一个，征收方所需要的是从该企业厂房的一个角切过去，打桩所占用的位置也很小，也就是说现在整体征收和局部征收均可。还有一个特殊点在于，由于该企业长期紧邻道路，前排的位置都用于门面房的经营，这就会出现很多状况，达到实际经营的门市房所反映出来的客观价值变得不同。所以在面临各种情况的时候，当事人委托我们从企业利益最大化的角度来设计征收补偿的方案，这本身也是我们的服务目标。我们进行了征收补偿方案的设计，为了利益最大化，设计内容主要是跟拆迁方交流哪块土地厂房要补偿，哪块要安置，哪块要重新规划，哪块可以争取拆迁方前期的规划批准意见进行自有开发等。这往往适用于比较特殊的企业，比如，具有临街性的、局部征收就能完成工程项目的等，有一定的谈判空间的特殊类型的企业。

我们经过综合的测算，最后发现根据地铁线路的选址、轨道的走向以及所要求的附近范围内的建筑安全距离，于是给他提出设计意见：把一侧拆掉，拆完后留取整个土地的四分之三左右，不要切断前排的建筑，然后在自有土地上重新规划商业价值的楼房。也就是说我们可以放弃一定的补偿要求，但是需要留取自有开发的权利。在为具有地段性优势的企业设计征收补偿方案时，建议大家一定要注意如何跟拆迁方谈，当然要根据拆迁方的具体状况来谈。如果拆迁方本身没有充裕的资金，但是又必须局部征收来完成相关的项目，那就要么进行异地安置，要么进行货币一次性补偿，这就是争取安置的权利或货币补偿的问题。所以说在进行拆迁补偿方案设计的时候，要根据具体情况具体设计。我们从实践中总结了几个简单规律，供大家在设计、谈判、提补偿意见的时候作参考。

第一，看厂房的地段。只有满足了地段的优势性，才能开发出真正的最大商业利益。如果本身在一个地段很偏的位置，这个地段进行二次开发也好，进行置换也好，局部征收也好，都满足不了商业利益最大化。所以地段是首先需要考虑的现实条件。

第二，土地程序的完整性。拆迁方进行实施拆迁的时候，你只要有完整的土地使用权，不需要拆迁方再进行二次办证，那么拆迁方的合同义务降到了最低。这时他可能在某个范围之内改变用地规划，按照你的要求重新进行规划的变更。换句话说，主体资格不能有过多的瑕疵，要具有一定完整的土地使用权。

第三，如何设计要求。提出的要求必然要在拆迁方可接受的范畴之内。我们在河北任丘接过一个大型玻璃展厅和灯具展厅公司的案子，也是要拓宽道路。拆迁方希望能整体征收，那么道路两边的价值就要按照商业用地往外批建。我们当事人提出可以给你让出一部分，但是要求在后面补上 20 米，然后企业在这个位置大体不动。这个当事人就比较聪明，因为路一旦拓宽，他的商业价值自然就增加了。所以说我们不想接受一次性征收全面征收的要求，希望能够在原地进行用地范围的调整，可以不要任何补偿，但是要求必须把现在工业用地改成商业用地，甚至可以给征收方适当的出地出让金。变为商业用地之后，企业可以自己进行实体开发，然后可以出卖，也可以自持。

要把这个问题想得要宽泛一些，不要把拆迁补偿方案设计得太狭窄，一定要结合具体状况，满足自己的实体利益。在现实当中我们也遇到了很多类似的情况。比如，在哈尔滨道里区一个企业占地面积非常大，但是房屋分布零零散散不规则，不管切到哪一块，只要面积不大，对企业的生产经营都不会产生很大的影响。那企业就提出，能不能不选择货币补偿，而是在这个地方进行商业开发的房屋安置呢？这个地方本身要建商业房。现在希望按照你的商业房屋的价值，这时要谈的是用你的成本价置换多少平米商业用房。这种情况在北京也比比皆是。我们曾经在承办丰台区丽泽桥企业园的一个案例时，拆迁方感觉补偿资金的压力非常大，这个地方本身也是搞商业开发，所以可以形成一个初步的合作性协议或者置换商业用房、住宅用房。我们在哈尔滨阿城区也是这么做的，到最后直接把一层大约 1800 多平方米的商业面积按照成本价进行置换。一旦投入正常经营，这块建筑的价值马上就成倍增加，这样对有些企业比较有利。

抛砖引玉和大家讨论了地段特殊、有完整土地使用权、经营性质特殊或者面积非常大、局部征收不影响正常生产经营的具有一定特殊性的企业，在征收时一定要在有限的范围之内进行征收补偿方案的设计，以期达到整体利益最大化。

61

中小企业关停关闭补偿是什么

　　北京通州、大兴两个区要进行数千家中小企业的外迁腾退，数量非常之大，引起了很大反响，对于这种企业外迁和腾退关闭，针对的主要还是非首都功能产业调整的项目，像化工行业、家具家饰、石材、建筑类等行业，带有一定的污染性质，跟首都功能产业定位不相符合的。大约有数千家企业要进行外迁，外迁之后如何来进行补偿和安置？安置几乎是不可能的，因为既然是往外疏解腾退，可能不像大红门服装市场、动物园批发市场、万家灯火装饰城那样，在外边进行公司化的安置。这些企业是随着整个公司、整个市场安置到廊坊、保定整体的外迁，小租户只要跟着过去就可以了，一个整体项目的外迁，对于这些行业企业，产生的外迁往往不产生安置效益，不会有安置。但我们发现对这些行业企业还是有一定奖励的，最高的奖励是300万，奖励企业主从北京迁到外边生产经营。但是只有奖励吗，就没有对实物进行实际补偿吗？这种腾退关闭跟拆迁征收达到同样的效果，企业在这建立的厂房，现在不能实际经营了需要搬走，对于企业来说，厂房的使用价值就不存在了，就应该对企业的厂房和土地使用权，以及一段时间内的停产停业损失给予补偿。这就是说政策性的产业退出跟征收拆迁所达到的目的不一样，征收拆迁最后的目的是要土地，是搬迁腾退完剩余的土地价值，开发也好，进行公共利益的建设也好，主要是土地的价值。现在往往是关停后对土地进行实际的利用规划，这块土地拆了要干什么，他们的目的是这个产业不在一线城市存在就可以，这块应该参考征收拆迁进行实际补偿，而现在如果是单纯的一个项目外迁，只赔偿基础性的损失，或者一些周期性停产停业和周转费用。但是拆迁方现在达到的目的与造成的损失和后果是一致的，是否应该按照征收拆迁来补偿。

　　我们国家国务院和发改委也有不成文的规定，确实应该对这种情况予以引导、鼓励、奖励，并且应该给予一些补贴等，也确确实实应也该按照征收拆迁的标准来进行项目补偿。

62

租赁厂房遭遇拆迁如何争取补偿

江浙沪地区很多租赁厂房企业在面临拆迁的时候，由于厂房为租赁的，因此能够争取到的拆迁补偿额度极其有限，往往还会遭受房东或拆迁方的暴力拆迁。对于租赁厂房的企业主来讲，在争取权益的时候也显得底气不足。

面对这种情况，我们首先要明确一点：租赁厂房的承租方并不是房主。单纯的租赁厂房和租赁土地后进行自由建设是截然不同的。厂房如果完全是租赁取得，这个时候拆迁方不会将承租方视为被拆迁人，在谈判拆迁补偿款的时候也不会面向你，而是直接跟房主即出租方签定拆迁补偿协议并会要求你搬迁，同时告诉你获取不到任何企业搬迁补偿。这是承租厂房者不能接受的，因为拆迁的确导致了企业的损失。

按照《国有土地上房屋征收与补偿条例》（国务院令第 590 号）的规定和以往拆迁法律、法规、规章的精神，租赁厂房的企业只要有营业执照并且一直正常经营、合法纳税，那么，它就有权利获得一次性停产停业损失补偿，包括添附物、机器设备、装修附属物等这些项目，都是可以获得相应补偿的。

不可否认的是，现实中比较尴尬的一点就是承租企业的主体资格问题。作为拆迁律师，我们一直主张租赁厂房的企业主一定要积极参与到房东和拆迁方的谈判中，特别是要跟拆迁方阐明我们的立场，让拆迁方明确一点：只和房主谈判并不能解决问题。因为现在拆迁房屋并不在房东的占有之下，而是由租赁方占有并进行实际经营，而且拆迁发生在租赁期间内。如果把所有的补偿都给了房东，拒绝承租方作为一个独立主体参与到拆迁谈判中，将会滋生很多后续问题，导致诉讼纠纷几乎不可避免。在法定权利被剥夺的情况下，承租企业主也只能通过法律武器进行维权。更进一步，如果拆迁方或出租方对承租方采取停水停电等逼迫搬迁的措施，承租企业完全可以提前采取相应的法律手段，如诉讼保全等，以维护自身的合法权益。

要给拆迁方和出租方施加足够的压力，就必须要参与到拆迁谈判的进程当中，争取自己的话语权。如果承租企业一直保持沉默不发声，即使起初拆迁方或房主愿意给予补偿，到后期也会不了了之。权益很多时候是靠争取得来的。对于正在遭遇上述困境的承租企业，我们再一次呼吁，一定要积极、主动，掌握好分寸，据理力争，为企业东山再起积累足够的资本。

63

企业在征收过程中承租人的补偿问题研究

承租厂房、门面房、商铺与市场摊位等经营户遇到拆迁如何补偿？结合我们多年的办案经验，一般的承租户在遇到拆迁的时候无非主要涉及四个问题。

第一，主体资格问题。在我国的《拆迁管理条例》和 2011 年之后的案例中确实表明，只有房屋的所有权人才是被征收人，承租人只能以利害相关人论定。也就是说从主体资格上，承租人没有被拆迁人的主体资格，只是与拆迁有利害关系的民事主体。在主体资格方面，承租人与房屋的所有权人相比具有一定瑕疵，而且在实践当中，征收方也不针对房屋的承租主体。但可以经过一些法律程序，努力让征收方把你认定为拆迁过程中具有一定主体地位资格的人，然后单独谈补偿，这是一种最佳的状态。

第二，拆迁法律关系问题。征收公告的时点必须是在承租方合法承租期限之内。比如，承租人的承租期限到 6 月 1 号，拆迁公告的发布日期是 5 月 29 号，哪怕是 5 月 30 号，也是在承租关系期内发生的，这样就可以以利害相关人的身份确认承租人是因拆迁所导致损失的主体。如果发生在 6 月 1 号之后，双方合同关系已经终止，承租关系不复存在，那么合同关系之外的拆迁就与承租人没有实际关系了。

第三，补偿项目问题。承租人是实际经营者，是除了土地和厂房之外的实际添附者，甚至有些承租户在原租赁的厂房基础上自行扩建，那他就是扩建部分的所有权人，因此能够获得扩建部分的补偿。这种情况的前提是承租方没有放弃承租关系中的利益。有些出租方在进行出租时会和承租方就此问题进行商谈——如果遇到拆迁，那么扩建部分属于出租方——如果承租方放弃了自己的利益，那么这部分就不属于他了。另外，承租方所添附附属物的补偿应归于承租方，一次性停产停业损失也应该属于实际经营的承租方。在此着重强调，在要求一次性停产停业损失的时候，承租方的营业注册地必须在这个地方，因为从合法角度来讲，如果不能证明在这个地方存在营业行为，那怎么会因拆迁导致停产停业损失呢？这样逻辑关系就讲不通了，所以说承租方的营业注册地必须在此。此外搬迁费（搬可移动的附属物、机器设备、生产的附属设施等都属于搬迁费）、一次性不可搬迁的机器设备附属物、重置费和其他可能在拆迁中可以获得的奖励，承租人都有权获得，只是最后不一定百分之百全获得。实践当中有个概念，出租的行为是房东，即出租方的一种经营行为，前提必须取得出租许可，有些时期乡镇、街道办都办理这种出租许可证。出租方有完整的出租许可证，就可以被作为一种经营行为，所以在停产停业损失这方面，也应该给出租方适当的补偿，这就可能会出现出租方和承租方之间的补偿分割问题。

第四，法律程序问题。基本上涉及两个民事诉讼程序。一个是起诉承租方，要求腾房。由于房屋土地遇到拆迁，所以起诉要求腾出现有租赁房屋，这是解除租赁合同或者租赁合同到期腾房之诉。还有一个是分割。如果征收方和房东已经把你的利益，包括停产停业损失、附属物、机器设备等，已经被签进合同里了，就可以起诉房东要求分割补偿利益。实践当中还有一种不常见情形，如果拆迁方和房东签订了补偿协议，拆迁方可能会共同起诉承租方和房东要求腾房。因为承租方是实际占有人，房东是房屋所有权人。前两种法律程序，即租赁合同之诉和分割之诉在实践中比较常见。

64

企业拆迁中一地拥有两个或多个
营业执照能多获得停产停业补偿吗?

很多企业会有这样的疑问:"我在这地方不只有一个营业执照,也存在多个经营行为,是不是应该获得更多的停产停业损失的补偿?"这个问题的结根在于,和拆迁方在商量的时候到底以哪种方式来确定停产停业损失。

如果根据纳税额度推算,该地方实际经营者越多,营业执照越多,对被拆迁人来说越有利。如果按照经营面积来计算,即便有多个营业执照,但是经营面积是重合的,就算经营面积10 000平米有20个营业执照,也还是这10 000平米,所以有多个营业执照也没有任何意义。

企业拆迁在计算停产停业损失的时候,应该对多个营业执照多种混业经营的情况重视起来,要有所准备,并且把损失的具体清单和报告有所列入。

两个或者两个以上营业执照在企业拆迁中到底会产生什么影响,这还与拆迁方具体确定的补偿企业停产停业损失的方式有关,不同的停产停业损失的补偿方式会产生不同的影响。

企业拆迁中,厂房多次转租,最后权利义务关系如何确定。在一线城市会出现互相转租的形式,比如某村村民从村里租来一块土地,建设厂房后对外出租,租户又在场地上建设了新的厂房后进行了转租,这种承租关系非常复杂。或者是租赁土地建设了厂房后,由于经营面积狭窄,在原经营面积上进行扩建来满足生产经营需求。这种情况在实践中比比皆是,其在拆迁中权利义务如何确定?首先拆迁的相对方必然是房屋的所有权人和房屋的实际建造者,不管房屋是合法还是违法的,不管转租了多少次,首先认定的都是第一个建房的人。承租人也建设了房屋,为什么不针对承租人?因为那是在租赁后又扩建的。

如果在租赁合同中没有放弃自建或者扩建的部分,原则上就可以获得自建或者扩建房屋的重置成新价。

承租部分的房屋所获得的企业利润应该补偿给实际经营者，即便是承租来的厂房也应该有权利得到补偿。拆迁发生在承租合同期限内，租赁企业就有权利获得合法承租关系中所造成的损失的补偿，并不是合同快到期了，损失不多就不予补偿。法律界定权利义务关系只能这么界定。

65

商铺拆迁时获得的停产停业补偿为什么高于厂房

近些年来，随着经济的不断发展，房屋土地征收也越来越普遍，商铺以及企业厂房的征收也占有重要比例。在商铺和厂房征收过程中，商铺获得的停产停业损失补偿往往远远高于厂房，不少人会对上述问题产生疑惑，接下来我们将对广大群众的疑惑从法律的角度进行专业的分析解答。

北京在进行国有土地、集体土地征收或腾退的过程中，针对厂房和商铺一次性停产停业损失补偿标准进行了不同区间的划分。2003 年颁布的《北京市集体土地房屋拆迁管理办法》中有一条简单的规定：以建筑面积为准，停产停业损失补偿费用为每平方米 500 元~1500 元。2011 年《国有土地上房屋征收与补偿条例》出台后，北京市也出台了《北京市国有土地上房屋征收停产停业损失补偿暂行办法》，其中规定停产停业损失补偿标准是 800 元~3000 元/平米。但是在实践维权中，我们发现商铺、门面房这种经营场所拆迁所获得的停产停业损失补偿要高于厂房。这就让很多企业主感到疑惑，到底是什么原因造成商铺的停产停业损失补偿高于厂房呢？

我们认为其原因要从经济学的角度来分析。划分停产停业损失区间价值无非是根据经济学上一些基本的概念划分的。总结起来有六个字：投入、产出、收益，这也是经济学领域中的三大模块。这三个模块所占比例上的差异直接导致了商铺、企业与厂房之间收益率的不同。这里谈到的"收益率"指的是拆迁上的收益率，也就是每平方米所产生的收益，商铺要大大高于厂房，这是一个浅显的道理。

1. 投入

一个商铺在进行正常生产经营的时候要有固定资产，商铺可能是购买或者租赁的，这里详细讲一下购买商铺的情况。购买商铺投入的资金是巨额的，门面房的价格往往比住宅、厂房都要高，它们之间土地使用权价值的排列顺序是：商铺>住宅>厂房。商铺的投入在实际成交购买的时候基本没有低于 10 000 元/平米，但是厂房占用的是工业用地，本身价值就偏低。此外，商铺的面积较小，凸显性较高，在实际装修的时候比厂房的投入要大，厂房可能不需要装修附属物等配套设施，但是商铺由于面积比较小，要体现出其经营价值，其装修附属物的投入自然要比较大。

2. 产出

一个企业一年的营业额与一个饭店、商铺所产出的营业额度基本没有很大的区别，计算营业额时不能单纯考虑厂房及商铺的面积大小，举例来讲厂房可能占地一万平方米，商铺只占地几百个平方米，但是产出收益方面其实没有很大区别。实践中也不难理解，由于投入比例的大小，往往导致最后商铺所达到的产出的比例要大大高于厂房。

3. 收益

实践中，商铺每平方米所产出的收益率会大大高于厂房。举例来讲，假如一个 200 平方米的商铺每年盈利 200 万，平均一平方米收益达到 10 000 元，200 平方米商铺中的 1 平方米占商铺总体面积的比例与 2000 平方米厂房中 10 平方米占厂房总体面积的比例是一致的。因为产出一致，产生了 1:10 的收益率。由于上述几个原因的存在，导致了现实中商铺在拆迁中每平方米所获得的预期收益价值会高于厂房。

实践中商铺 1 平方米的面积能等于厂房 3 平方米的面积，真正落实到实际经营状况可能达到 1:10 甚至更高。但在实践补偿时候，双方并没有拉开巨大的差距，最高比例也就达到 1:3。我们前面谈到北京市的补偿达到 3000 元，指的是商铺能位于北京市内的繁华地段，停产停业损失的确是能达到每平方米 3000 元的。

66

企业拆迁中停产、停业损失这个事到底有多大？

随着城市化进程的加快，不管是城市企业还是乡镇企业，都面临着越来越多的征收拆迁问题。经营作为企业保持活力的重要因素，在面临拆迁问题时不可避免的要被中断，如何对停产停业损失进行补偿就成了很多企业遭遇拆迁时极其关注的问题。

停产停业损失，是指因房屋征收而造成被征收人生产经营活动暂停或者终止而产生的损失。停产停业损失发生予非住宅型的房屋被征收时，对于住宅房屋。因为其不存在生产经营活动的用途，因而也就不存在停产停业损失的问题。从事合法的生产经营活动赚取利润属公民行为自由的范畴，由生产经营而获得收入、利润等属于公民的合法财产权，依法不受侵犯。但房屋征收却造成了被征收人于原址上无法继续从事生产经营活动，此种生产经营活动的中断或终止当然会造成被征收人的生产经营损失，致使其通过生产经营活动能够获取的可得财产利益丧失，因而征收人应当对停产停业损失依法给予补偿。当然，停产停业损失是指合运损失。亦即从事合法生产经营活动而可能获取的合法财产利益的损失；违法生产经营活动本为法律所不许，属依法应予取缔的范畴，因而不存在停产停业损失补偿的问题。

停产停业损失关系到企业的切身利益，这事到底有多大，一般来说要从四个方面来分析。

第一，我们要看拆迁项目是一个什么样的项目。一般而言，拆迁项目有征收、腾退、拆违等几种，不同的项目，所体现出来的价值也是不同的，比如，征收的重点在于土地，而拆违的重点在于建筑。另一方面，落实到具体攻策中，其价值也是不同的，比如现在的非首都功能疏解或者上海的"五违共治"、浙江的"三改一拆""五水共治"当中，停产停业损失所体现的又是另一种价值。

第二，企业产权种类的不同，受停产停业损失的影响程度也是不同的。从主体上来看，如果企业具有完整的产权，也就是说既有土地使用权，又有房屋所有权，又有企业的经营权，那么这样停产停业的补偿占整体份额是有限的，因为这个整体还包含了土地和房屋等其他方面的补偿，对企业来说，停产停业损失这事儿就不是最大的。反过来说，如果企业土地房屋都是租赁的，一旦涉及征收拆迁，企业只是一个经营的主体，停产停业损失将成为整个补偿的着重部分，就是拆迁企业的头等大事。这些是拆迁和征收方面，在拆违的情况中，给予企业的补偿可能就只有房屋重置成本价格，而且价格被压得极低，造价十万的房屋，打着拆除违章建筑的名义给压到两万三万。至于停产停业损失更是无从谈起，因为企业生产房屋是违章建筑，生产活动是不合法行为，就不应该开工生产产生利润。

第三，企业因停产停业造成的利润损失，应当如何来补偿呢？补偿数额又如何确定呢？这就涉及补偿方式的问题。根据企业的规模、纳税的额度来推算企业的利润，在一个周期内以此进行补偿，这是最正规的一种补偿方式。第二种方法是根据企业房屋的造价进行补偿，比如，企业房屋重置成本估价 1000 万，政府按 1000 万的 10% 即 100 万，作为企业停产停业损失补偿的费用，当然这样是没有充足的科学和法律依据的。第三种是目前实践中使用最多的方法，以经营面积来确定企业的停产停业损失，按照企业的经营面积，每平米补偿一定数额。但是前面说过，在完整产权企业中，对停产停业损失这一块依赖没有那么高，因为在有土地使用权的情况下，很多价值或者诉求可以通过土地使用权来实现。如果是租赁企业，停产停业损失补偿这一块是决定不能舍弃而且要争取最大化的补偿。除此之外，政府也采用以奖代补的征收拆迁方法，对配合政府政策、愿意主动搬迁的企业提供奖励。

第四，哪一类企业是要最大化的争取停产停业损失补偿的呢？笔者认为应该是就特定的、特殊行业，或者说每建筑面积所产生出来的利润是很高的企业，再通俗的说，就这个厂一看建筑面积很小，但是每年产生的利润却是非常高的。这类企业，往往对停产损失的要求都是非常高的，也是非常重视的，应该予以特殊争取的主要方面。比如我们在实务当中碰到的，比如，加油站等非常特殊行业，一个加油站，就几个油箱几个房子上面一个棚，很简单，作价几乎很难超过一百万，特别是经营时间长的，但是它所体现出来的附加值可能上千万。这种情况下，如果单纯地按照地上建筑物和附属物标的作价，补偿数额非常小，企业真正的停产停业损失没有正确的被表达。再比如说，宾馆饭店这一类的，宾馆饭店这一类的两头大中间小，一个是装修的头，特别是使用年限比较短的，装修的比重比较大。但是停产损失更是大，愿意就在于他所体现出的附加值高，看上去好像一个宾馆没有几个员工，但它每年所创造的利润却非常高，对比之下，土地和房屋补偿反而占比较小。这类的企业也是要对停产损失补偿予以特别重视的。

停产停业损失这事到底有多大，不光要看拆迁项目、企业类型，还要看产权和补偿方式，所以我们说，停产停业损失这个事到底有多大，还是要根据企业自身情况来决定。

67

你的土地使用权补偿去哪了

笔者近来在接触企业主就企业拆迁问题进行咨询的时候普遍都遇到了这样的困境，企业主持有集体土地建设用地使用权证或与当地村委会曾经签订过集体土地租赁合同，往往在这种情况下，企业主在与拆迁方谈判的时候，通常得不到相应的土地使用权补偿。在这里，笔者依据多年企业拆迁维权经验，为广大企业主深入评析在企业拆迁当中，土地使用权的补偿，有还是无，多还是少的问题。

一、现状介绍

纵观时下，通常很多企业主在遭遇政府拆迁行政行为时，即便拥有证照，也得不到相应的土地使用权补偿。例如，我所在上海介入"198工业用地减量化"的案件时，政府拆迁方也明确表示集体土地使用权是没有补偿的。再比如，我所接办的南京的企业拆迁案件，也同样出现过类似的情形。据此，笔者针对集体土地使用权是否应该获得补偿的问题，总结归纳出以下几点现状，在此与广大企业主进行分享。

第一种情况，一些企业主是持有集体建设用地使用权证的。有的是通过转让得来的，有的是企业当初在进行土地占有的时候就办理了集体建设用地使用权证。

第二种情况，一些企业为了取得办集体建设用地使用权证，当初企业主跟当地的镇政府或者说村委会就签订土地租赁协议。但当企业遭遇征收拆迁时，征收方会以土地租赁关系而非真正的土地使用权关系，提出不予补偿。

第三种情况，一些企业通过一次性买断实现了企业改制，此种形式下，企业可能办理了集体建设用地使用权证，也有可能没有办理。

第四种情况，一些企业通过从某主体转让取得了集体建设用地使用权。众所周知，早期集体建设用地使用权是无法过户的，但是双方签订了土地使用权的转让协议，只要是所买卖土地属于非宅基地，是在法律允许转让的范围之内的。

综上所述，针对以上几个现状，特别是由此体现出的土地使用权的价值的过高，通常就出现了政府拆迁方不给予企业主土地使用权补偿或者变相的压低土地使用权的补偿。

二、专业评析

笔者根据多年企业拆迁维权实务经验，总结分析得出土地使用权补偿的几点现状，在此梳理出土地使用权拆迁补偿的整体法律脉络，给广大企业主答疑解惑，提供维权参考。

1. 土地所有权性质判断。众所周知，我国的土地所有权性质，分为国有土地和集体土地。进而，如果国有土地面临征收补偿，就可直接适用 2011 年 1 月 19 日公布实施的《国有土地上房屋征收补偿条例》（统称 590 号令）。反之，如果是集体土地面临征收的情况，就要进行区别对待了。我所通过多年实务经验总结得出，首先判断土地性质是集体建设用地还是集体非建设用地。所谓集体非建设用地，通常就是指耕地、基本农田若所涉征收拆迁地块是耕地的话，就可适用的我国家《土地管理法》的相关法律要求采用的征地的补偿价格进行补偿。我国《土地管理法》第 47 条明确规定："征收土地的，按照被征收土地的原用途给予补偿。征收耕地的补偿费用包括土地补偿费、安置补助费以及地上附着物和青苗的补偿费。征收耕地的土地补偿费，为该耕地被征收前三年平均年产值的六至十倍。"以上就是针对耕地的补偿规定。由此我们可以得出，假若在现实实务当中，企业主通过承包村里的土地获得集体土地承包经营权，那么你原则上企业主承包的土地性质还属于集体非建设用地中的耕地性质，因而在进行补偿的时候应沿用我国《土地管理法》的相关规定。

2. 集体建设用地补偿数额参照标准。集体建设用地在面临征收补偿的时候，原则上我们国家没有相关基本法律给予约束，但在实务操作中普遍认可"几个同"的原则，就是所谓的"同地段、同性质、同用途、同区域"等，符合上述几项条件，应给予基本相同或相近的补偿价格。但是综合全国范围来看，到现在为止，针对集体建设用地，我们国家也只是确立了20个地方进行交易试点。例如，在北京市大兴区，目前也在积极的进行集体土地入市交易试点工作，这种方式并不是将集体土地征用为国有土地，进而把集体土地性质转变为国有土地性质，而是将集体土地直接入市交易。目前，此项工作，也只是在试点进行中。此种情况下补偿价格究竟应该如何确定，原则上又没有相应的法律规定。那么在实务当中我们可现实参照的就是国有工业用地的征收补偿标准。因为集体建设用地和国有工业用地所体现出来的市场价值基本是相同的，只是交易方式的不同。例如，二者都可以进行工业生产的占有、使用、收益。区别仅仅在于处分上，集体土地入市现在仅仅是试点而国有工业用地是直接可以上市进行转让处分的。由此可见，集体建设用地所体现出的市场价值就应等同于国有工业用地应体现出的市场价值，不对就是你应该获得的补偿，这也回答了实务中很多企业主咨询我们的，为什么征收方表示集体建设用地没有补偿。事实上，经过上述分析，我们发现并非没有补偿，只是尚无基本法律约束或者规定。由此可见，虽然有无补偿与应该怎么补偿，是两个不同的概念。但经过上文中的论述分析，我们知道在争取集体建设用地征收补偿数额的时候可参考国有建设用地征收补偿数额的标准。

3. 集体土地价值核算的误区。针对集体土地市场价值到底如何确定的问题，通过实务代理中所反映出的事实发现，相关当事人就提到，当地方政府所标注的土地市场价值标准通常都非常低。例如，湖南岳阳的一位当事人就曾提到说，地方政府所规定的土地补偿价格只有15万一亩，但如果企业主到市场上再去买"三通一平""五通一平"的可以重新利用的土地，起码价格也要达到70万一亩以上，据此企业主便产生了困惑，不知应该依据哪种价格标准核算涉及征收地块的价值。笔者通过多年实务经验，深入解析上述问题，为企业主提供专业法律解读。

实务当中关于土地的价值通常具备以下三个概念：一个叫作成交价，一个叫作起拍价，另一个叫作出让价。通常来讲，我们国家进行土地出让，需要按照招拍挂的方式进行出让，但也可以进行协议转让、协商转让的方式出让。很多情况下，一些企业主向我们反映，有些时候地方政府在进行出让土地时，价格非常低原因之一就是土地是"一手价"。原因之二就是，土地价格往往是政策所包裹的价格。一般来讲，低廉的土地价格目的是为了招商引资，事实上这种方式是体现不出土地的真正市场价值的，这样的出让价也不应该作为市场价值的核算标准。进而谈到起拍价，例如，起拍价15万一亩，但最后是以50万一亩的价格成交，因此起拍价也不是衡量市场价格的体现。综上，我们分析得出，真正体现的土地市场价值的其实只有成交价，这才是土地市场价值评定的一个合理体现。

以上就是北京吴少博律师事务所综合多年企业拆迁维权实务经验，为大家解读的关于土地使用权补偿的问题，希望能给企业主提供相关维权帮助。

68

有些企业拆迁案件为什么一拖再拖未能解决

我们最近接触的几个企业拆迁案件，均是历时时间长且至今尚未得到妥善解决的，其中所反映出来的问题发人深思。纵观这类企业本身而言，相关手续特别齐全，且与当地政府关系甚密，据此优势也取得了相应的进展。但是企业拆迁补偿事宜却一拖再拖，有的将近十年，甚至十几年的时间都未能得到妥善解决。据此，也让我们专业维权律师产生了很大的疑问，是什么原因导致这类案件一拖再拖，多年得不到解决。笔者今天就以两个案件作为例子，来向各位企业主阐述一下"企业拆迁补偿，为何一拖再拖"的共性到底有哪些？

首先，我们举一个酒店项目的例子，这是在浙江杭州的某酒店项目，通过我所掌握的资料来看，该酒店项目，通过不同方式和政府进行的正式交流有将近50多次。在此，笔者以不透露当事人个人信息的方式向各位解读一下该项目的建设时间顺序。该酒店于2000年取得了某国有土地，性质是商业用地；于2003年3月取得了规划设计要件；于2003年7月取得了当地政府工程优惠政策；2003年的8月当地政府为支持此酒店项目，还给予减免了50%的行政性收费；2004年的2月，政府出具了规划意见，并且要求项目改造，暂缓建设进行；2004年的8月份取得了酒店项目的立项；该项目后续又取得了相应的规划审查意见，取得了相关的人防部门的同意，取得了相关的国土批准，取得了相关的施工同意，取得了相关的费用减免；再向当地政府汇报了上述的实际情况后进而取得了发改委重新的项目核准，使其对外进行了招投标等等。该企业经过上述几十次与政府之间的正面交涉，也经过了很多次与政府间反复的谈判，个中情况相当复杂。但是即便经历了这么长的时间并在取得了诸多的审批手续的情况之下，从2000年酒店建设到现在2017年，大约17年的时间，整个项目仍处于一种停滞的状态，至今整个事件也没有最终得到妥帖的解决。

另一个案例，是发生在吉林的案件，这是一个房地产开发项目，同样也是取得了很多相关的土地批复，取得了陆地勘测地图，取得了投资项目许可，取得了这个农贸市场的营业执照，取得了卫生许可，取得了建设施工许可，甚至最后取得了项目预售许可。同样是经历了将近十年的时间，最后问题也没有得到妥帖解决。

综上所述，最后当事人都希望律师给予一个真正解决问题的方案。我们综合分析上述案件，总结出了以下七点，通过下文给现在还深陷在企业拆迁漩涡当中的企业主一点建议，希望能给企业主们带来一定的维权思路以及经验教训上的某些警示。

第一，当事人过分迷信自己的社会关系。很多当事人企业主认为关系能解决一切，应该以处理关系作为一个重点，因而不肯、不愿、也不敢与政府"撕破脸",把一些实质性的问题真正拿到台面上去与政府谈判,甚至是用法律的武器谈判,这是普遍存在的一个共性。例如上文中杭州酒店的例子,企业主当初曾多次与当地政府以协调这种社会关系的方式,找到了相关领导,领导也做了相关批示,但是最后问题都没有得到合适的解决。

第二,当事人企业主通常自身会存在一定的短处。可能是营业行为的错误;可能存在偷税漏税情形;也可能当地政府承诺给予一定的优惠措施,企业主担心一旦和政府闹僵后,相关的优惠措施被取消;甚至有的企业主今后还要在当地进行发展,担心得不到当地政府优惠政策。由此可见,上述企业自身存在的短处可能会被当地政府无限的放大,导致个人的财产或者人身置于一定危险境的隐患。

第三,一般在谈判过程中企业主可能被假象所迷惑,轻信相关职能部门或者相关负责任人的承诺。通常情况下企业主在与政府的谈判过程中,都会有相关的政府职能部门给我们的当事人有过承诺,比如,承诺问题何时会解决、解决到何种程度、会采取哪些方式,诸如此类都曾有过相应的阶段性或者结果性的承诺。因此,我们的当事人也会被这种虚假的承诺,虚伪的表象所迷惑,天真地认为问题真的会解决,殊不知事情最后还是被一拖再拖。

第四,一些当事人不相信法律,只相信权力。有些企业主在实务中深信一点就是认为所有问题都是因人而异,都可以因个人运用权力去解决,甚至觉得法律也是由人运用权力来解决问题的,所以对法律就产生了不信任感,反而对权力更加迷信。换句话说,也就等于在争取权益的过程中,放弃了法律维权的手段和途径,放弃了利用法律来达到双方共赢共合的目的。

第五,当事人抓不住解决问题的良好时机。通常很多情况下企业主眼睁睁的看着很多机会不复存在。导致这种后果的原因往往是当事人自视心理过高,想要的很高,但手段很滞后,也没有良好的方式,往往抓不住良好的解决问题的时机。在此,笔者建议广大企业主要真正贴着地,以现实为纲来解决问题,莫要把心理预期拔的过高。

第六,当事人自己没有制定出或者谋划好双方解决问题的良好方案。例如,当事人希望政府能拿出几个亿来解决企业的问题,但在现在大环境大形势下应该是不可能的，那么就需要企业给政府台阶下。假如政府还需要该项目在当地的发展，又另行批准一块地让企业重新规划，在原项目上进行扩容，那么这种方式就是一个双方都能够共荣接受的范畴。在此，笔者也建议广大企业主在遭遇类似情形时，及时聘请相关的专业律师，配合自己制定良好的解决问题的方案，让对方就坡下驴，给对方递润滑剂，进而水到渠成地解决问题。

第七，当事人制约对方的手段比较贫瘠。也就是说没有良好的手段制约对方，没有引起对方的足够重视，以致最后企业主在解决问题手段的选择上，存在很多问题。当事人开始既没有去谋划，中间也没有良好的手段，最后又没有合适的解决方案和方式，因而导致问题迟迟未能解决。

综合上述原因，就导致很多类似案子一拖就是十年，甚至是十几年。反过来看上文杭州酒店项目案例就是这样，前期项目进展都比较顺利，但是后期当地市政府调整了规划，要求对现在这个酒店进行重新的立项批复，重新规划。此时企业主轻信了有关部门，把所有已取得的证照都被政府收了回去，结果政府在这个过程当中，迟迟不予批复。最后，到了 2015 年完成这个批复的时候，整个城市的规划又变了，诸如种种，变数频出，此不赘述。总而言之，企业主通常就是没有做到抓大放小，没有抓住核心问题，过分计较细枝末节，反而把大的方向耽搁了，导致问题迟迟不能解决。例如，河北保定的当事人向我们，讲述将近十年的时间，对方的土地没有对他进行安置。由于企业主要求的利益比较高，当时土地安置的性质是工业性质，但企业主希望转变为商业性质，并认同可以同比例缩小面积。然而此时赶上大环境大形势的变化，如今土地安置非常难，再加之整个京津冀范围之内土地指标利用的非常紧张，结果到现在为止将近十年，问题尚不能解决。再例如，我们上面讲到的吉林的案例，过程当中，政府几次有给企业主解决的想法，都因补偿与企业主的心理预期有距离而被迟迟搁置。甚至政府强拆了当事人的在建工程，企业主都没有运用法律程序去追究政府的强拆责任，确认违法事实。到现在就造成整个事情在相互扯皮，导致问题一直在搁置的状态，至今无法得到一个妥善的解决。

在此，笔者意在通过这些我所在实务中接触到的一些当事人维权失败的案例，给各位企业主提出警醒，希望各位企业主在以后一旦遭遇企业拆迁当的时候，也要注意这些方面。

第一，不能放弃法律作为一个渠道和解决问题的一种手段

第二，不要过分的迷信社会关系以及相应的权力

第三，能够伏下身子，抓住合适的解决问题的时机，不要让这个机会从自己眼前溜掉。

第四，要考虑谋划，提出好的方案。包括采取一些好的手段，能够促使这个问题快速解决。改革开放初期提出口号，"效率就是生命"。我们既要追求公平还要追求效率。20 年得到一个真正的公平，倒不如 5 年争取一个相对的公平，又能达到一个合适的效果，如果选择，相信各位企业主都是心中有数的。

69

一场企业拆迁评估之战对企业补偿影响几何

拆迁谈判是一场"拉锯战"，拆迁评估作为这场"拉锯战"的核心，在企业征收拆迁中的重要性不言而喻，它将直接关系到谈判的砝码和最终可以得到补偿的高低。那么具体来说，一场企业拆迁评估之战到底对企业补偿影响几何？下面以我们在吉林代理的一个企业拆迁为案例来具体说明。

2011年1月19日出台的《国有土地房屋征收与补偿条例》（国务院令第590号）以及相关配套的房地产征收评估办法，要求必须以公共利益为前提并完成前置文件，作出征收决定，再在征收范围内予以征收公告，如果没有完整的合法征收前期文件，就属于违法征收。实践中出现的协议征收、协商征收等形式，不是一个法律概念，如果用市场概念去理解，就是者的公平交易的行为。

我们的案例首先涉及的一个关键行为是：对方在没有任何征收文件的情况下，要实施征收。不过最后征收方也认可了其为协议（协商）征收，属于公平买卖的关系。前期双方主要围绕"到底是协议（协商）征收还是正规的征收"来过招，如果是协商征收，按照公平交易的原则，则根据市场价值进行房屋、厂房等的最后评估结果。但是按照正式的《国有土地房屋征收与补偿条例》（国务院令第590号），则可以依据建设部的配套办法，即建设部的房地产评估规范来进行实际操作。双方针对这个问题展开了实际的谈判，谈判过程中引入实际评估，因为已经造成了必须搬迁的客观情况，即两条路已经修通，只等厂房拆迁进行公路合拢，所以必须全面实施征收行为。当事人也了解到这一点，所以他唯一希望的就是在评估过程中不要损害企业利益。

我们对企业的评估意见进行审核。首先，该企业有个特殊的地方——生产的产品是地铁设施的某一部件，而且全国能生成这种产品的只有两个，一个是国营企业，另一个就是我们的当事人，也就是说全国地铁设施的这一部件有将近50%的市场份额是由该企业进行供应的。而拆迁方没有考虑到该企业的特殊性，只是简单地按照成本法计算了厂房、土地、停产停业的补偿数额，给了一个极其简单的评估价格。这个价格一开始是非常低的，在接案之初，我们收到的评估明细表显示的总额是1081.4万，当中对一些机械设备、附属设施厂房的补偿等都是按照自认为的通俗性理解进行的估价——厂房围墙数量是614米，按照每平米280元补偿（根本不知道280元是怎么来的）；下水井按照每平方米1200元钱——完全没有对评估单价进行实际的区分。评估明细表中写明，该企业的有证土地面积是17 500平方米，加上厂房面积4100平方米，初评估价为1018.4万元。后来，双方对协商征收和合法征收进行了激烈的谈判，对方当地的拆迁办答应我方，可以按照我们律师事务所出具的评估意见书来估价，但必须在合理合法的范围内得出评估结果。于是，我们选用了收益法。

建设部出具了五种配套办法：成本法、市场法、收益法、假设开发法、基准地价法。我们按照《国有土地房屋征收与补偿条例》（国务院令第590号）所规定的"经营企业可以参照收益法进行拆迁"，得出的补偿额度是8123万。我们极大地考虑到了企业的特殊性、企业在市场当中占有的份额、当地的固定资产收益以及具体的系数选取，采取了比较大的额度，最后得出8100多万的评估价格。拿到评估价格后，对方感觉特别诧异，双方之间竟然有7000万的差距！同一个企业，同样没有漏评落评的地方，评估的主体、固定资产、企业的机器设备、停产停业损失等从物理角度来看都是一致的，但结果却迥然不同，产生了将近7倍的差距！

我们把评估意见拿到征收办的办公会上，提出了相应的观点，并且作了说明：如果认为我们要的高，不要只看数字，说出不合理的地方，毕竟我方选取的评估方法是你也认可的，按照收益法，计算的土地以及厂房的面积和性贡都是在你认可的初评范围内的。从物理的状态来讲，没有任何的变化，只不过我们在评估方法和评估系数上更加严肃。对方在进行评估的过程中，根本没有采取一种严肃的态度，所以选择的一些评估方法以及基准数完全是单方面的定价，这种评估完全是评估公司按照拆迁方的要求做的。双方最终决定协商征收，依据收益法并结合市场公平交易的最大值，按照我们所提的方法，委托另一家评估公司进行重新评估，再来谈拆迁补偿的问题。最后一家公司以咨询评估报告的形式作出评估（咨询报告与企业的资产评估报告的不同在于咨询评估报告不负任何法律责任），后来交付的咨询评估结果是5113.5万元。由最早评估的是1081.4万，和我们报的8123万，到最终结合双方共同委托的评估公司的估值，达成协商5113.5万。

我们翻看了这份评估报告意见，发现还是以成本法为主，其他方法为辅。为什么不运用收益法呢？在该报告的解释中，只有这么三行话来描述——"估价对象的房地产本身并非租赁经营，其净收益不能通过租赁收入进行测算，而现在市场上同类租赁市场收益又比较低，不能反映房地产真实的市场价值，所以本次咨询评估不适宜收益法评估"。这在我们看来，是完全没有科学依据的，用简简单单三句话否定了建设部房地产评估办法所提出的收益法。但是另一方面，他所评估出来的价值跟我们的评估结果差异并不是特别大，这也是让我们反思的一个地方。

一场企业拆迁评估的依据到底是什么，法律依据是什么，技术规范是什么，完全没有相应的渠道，这就是我们在此次征收评估中感到不合理不合法的地方，可以直观体会到企业拆迁评估之争到底对企业产生了多大的影响。

70

一份不同意委托评估申请书让企业重新获得了应有的谈判地位

在企业拆迁谈判过程中根据不同形式和具体现实状况采取的不同

维权方式。

委托人在1998年租赁了一块11 000多平方米的农场，在上面建造了18 000多平方米的建筑，其中约5000多平方米又转租给另一个人建造，也就是说他的自有建筑是13 000多平方米。

该租赁合同的约定期限是30年，而农场根据自由改制的相关决定，承继了以前国有企业的相关资产，导致主体变更，于是双方在2002年重新签订了一份协议。2013年10月，北京市规划委通过了《北京市自有用地建设自住型商品房规划审批工作》的纪要，北京市范围内的国有企业根据自己土地的利用现状，可以进行自主性商品房建设以增加北京市自住商品房供应，解决市区、县相关部门自主商品房整体的供应量不足的问题。鉴于此，2014年农场多次找到我们的委托人商谈拆迁补偿事宜，但未能达成共识。我们的委托人主张了比较巨额的财产赔偿：①继续相应的承租期限；②由于我方在此投入了大量的固定资产，并且有较好的营业效果，于是主张一亿多的拆迁赔偿。但是对方的拆迁补偿价是从600万开始给起的，于是双方展开了一轮博弈和斗争。

本案的特殊点在于，不是拆迁方直接实施征收拆迁的，而是由国有农场——土地的真正使用权人（土地的出租方）来进行自用商品房建设，把出租方跟拆迁方划在一起了。由原先的出租方、承租方、拆迁方这三方主体，变为拆迁方一方。面对这一个状况的时候，我们给企业结合了自己的区位和具体的现实状况进行了拆迁补偿分析。

2014年4月，我方委托人接到对方农场的起诉状，诉讼请求和事实理由很简单，就是以涉及规划变革，要在此地进行自住型商品房建设、进行土地收储为由，主张要求解除双方的租赁合同，并且腾退相关土地。接到起诉状后，双方当事人又约谈过若干次。

临近开庭时，当事人将此案件委托给我所。在法庭的审理阶段，法庭就原告的提议询问我方当事人，是否同意原告对地上附着物以及机械设备进行评估鉴定，并在支付相关款项后进行土地腾退。也就是说，把我们当时租赁的11 000多平方米土地之上的建筑物和不可移动的附属物机器设备等进行评估，原告再根据评估结果支付相关费用后双方的土地租赁合同解除。我们的委托人面临此种状况感到非常迷茫，于是向我们律师团队寻求帮助。纵观整个案件后我们给出了专业意见和建议，出具了一份不同意评估的情况说明，并在得到委托人同意之后向法庭邮寄。

我们为什么不同意在本次庭审之间委托相关的评估机构予以评估？这主要是因为：

（1）如果现阶段去评估，由于双方本身就是租赁合同关系，这就会变成如何解除双方租赁合同关系的问题。对所有损失的评价，都将纳入到有型的固定资产的实物性评价中。如果法院已经认可了这个前提，合同必须要解除了，那么此时给你认定的损失将是非常有限的，而且这不是拆迁补偿，而是损害赔偿。就固定资产、地上建筑物评估的话，评估价格是寥寥无几的。虽然拆迁当中也是先进行折旧，但是对企业预期的利润损失往往是不予考量的。也就是说，评估的内容就是固定资产的损失。这样一来，评估的结果将会非常低。

（2）一旦走向了评估，本身可以纳入到拆迁与被拆迁的关系，就会直接转化为解除租赁合同、进行地上附着物赔偿的一种法律关系，从一种补偿的法律关系变为介入赔偿的法律关系，整个补偿的价格就会一滑到底。等于对方挖了个坑等你跳进去，不管你要的再高或者最后判的再高，结果都是寥寥无几。如果不往里跳，你的补偿本身就是很高的，因为这里面明显有两种法律关系的存在。单纯从租赁关系讲的话，就是出租方和承租方的关系，解除承租合同关系只需要给予损害赔偿就可以了。但是反过来讲，土地要收储，要进行自主性商品房建设，这种规划调整却没有取得相应的建设用地的规划许可证及相应的拆迁许可征收许可，就还不是一种拆迁补偿的形式。但对于委托人来说，必须要以拆迁补偿的方式来进行补偿，因为只有以拆迁补偿的方式来补偿，补偿才是相对全面的。

把这几个观点跟当事人一一解释清楚，当事人听后恍然大悟——对方给他"设的局"坚决不能跳。对方想把一个大问题化为一个小问题，我们是坚决不能同意的。这也有利于我们委托人在整个拆迁的法律关系当中维护他的整体利益。后来我们也向法庭表示不同意委托评估机构。法庭再三询问当事人，希望委托评估机构一次性对评估进行确认，把问题解决掉。法庭的主观倾向表现得非常明显——合同肯定要解除，并想一并解决补偿。但当事人已经明白，为了维护自己应得的利益不能答应评估。后来判决结果有二：第一，确定解除双方的租赁合同关系；第二，由于我方不同意评估，所以对地上物的损害赔偿无法一并解决，可以在后续主张权益。

这个诉讼结束后我们又提起了相应的上诉，二审法院进行了二审判决，二审判决对这些进行了简单的论述——由于我方不同意评估，所有地上物的相关损害赔偿和对方的违约责任可以另行主张。为什么在一审当中没有提到对方的违约责任，二审当中又提到？其实法院默认了对方解除合同是实际的需要，因为北京市相关部门规定的是进行自住型商品房开发，但是此案被告没有取得相应的证照和拆迁许可，不能确定为一个合法的前提。这样的话，进行解除就必须承担相应的违约责任。由于这个前提无法确定，我们拿到这个判决后，及时用法律程序提起相应的上诉，所以对方的执行委托也没有执行下去。

为什么这个案子当中，不同意评估能够给当事人提供足够高的谈判地位？其实，道理只有一个，就是你没有跳到对方的坑里去，而是绕着这个坑走开了。对方的目的和前提达不到的时候，他只能坐下来妥善地给你解决问题，进行谈判。之前也讲过评估补偿结果对补偿到底影响有多深，那个案例与这个就形成了鲜明的对比。如果一开始双方的谈判地位就平等，此时就要研究如何把这个评估拖得更高一些；而当双方的地位根本不平等时，千万不要掉进对方的坑里，否则你的谈判地位就永远不会平等。你只有绕着走，在经过一段博弈和斗争后，双方地位才能趋于平等。这就是我们讲的，为何一份不同意委托评估申请书能让企业重新获得应有的谈判地位。

71

评估环节在拆迁过程中价值几何？

我们在实践维权中发现有很多被拆迁企业主非常注重评估环节，这是一个正确的看法。评估是双方谈判的基础，必须在评估基础之上谈判双方的补偿价值。但是在实践中不能过分依赖或依靠评估报告，因为评估报告乱象丛生。评估机构原则上只对委托评估的单位负责，请各位企业主记住这个基本原则。如果对方是受拆迁方所委托的评估机构，那就只对拆迁方负责，他必须听拆迁方的，拆迁方让他怎么评就怎么评。如果拆迁方允许你去委托评估机构去评，评出的结果有可能拆迁方不承认。但是大家也清楚，自己评估的结果肯定要比拆迁方的评估结果高得多。

现在很多地方的被拆迁企业如果有意愿委托评估的话，必须是在指定范围内。比如你可以委托拆迁方指定的五家评估公司内的其中一家，或者委托指定区域内的评估机构，为什么这么做呢？我相信企业主都清楚，这是拆迁方在控制范围，说是允许你委托评估，其实就等于是拆迁方委托，这些评估公司反过来还要听拆迁方的。

评估这项程序在拆迁中到底有多大的价值？我们认为应该分为两面来看：

第一，拆迁评估是双方谈判的基础。要是完全没有评估这道程序，在面积都没有量、实物的数量都不知道、附属物的清单都没有、企业的营业纳税都不统计的情况下，下一步的谈判肯定无从谈起。评估要分两方面看，主要是看量不看价，即拆迁方委托的评估公司的评估在量上没有问题就可以了，不要过分注重价格。因为价格是完全没有事实根据的低廉价格，你要是委托了不受他控制的评估公司来评估，你也不能完全依据评估报告结果要求补偿，你的评估也不是实物评估，也不是拆迁评估，很有可能是资产评估，如果也让你做评估了，这时候双方斗争的就是平台和基础问题。这是一个选择以他的评估为起点往上谈，还是以你的评估为起点往下谈判的问题，这是一个平台问题，也是双方的谈判策略问题。所以说在实践中对拆迁评估确实不能过分依赖，但是又不能没有，这就如同鸡肋一样，"鸡肋者，食之无肉，弃之有味"，没有附加值在里边，希望各位企业主能明白评估在拆迁中的价值到底在哪？是在程序上还是价值平台上，这点一定要清楚。

72

企业拆迁评估的方法有哪些?

房地产评估规范、2011 年《国有土地上房屋征收与补偿条例》以及建设部颁发的《国有土地上房屋征收评估办法》当中一共列举了五种评估方法。在实践当中有四种是频繁使用的。评估的方法直接影响了最后所得出来的评估价值以及认定房屋的土地价值。到底选用哪种评估方法来进行实际评估对被拆迁企业来讲是很重要的,因选取不同的评估方法,在实践当中补偿价格相差数十倍之多都是很正常的。

征地拆迁中五种评估方法分别是:重置成本法、收益法、市场比较法、假设开发法、基准地价修正法。

第一、重置成本法。重置成本法最常见的评估方式,也就是对企业的地上建筑物、厂房进行重置。选择一个评估时间点,假如,要求 5 月 1 日起进行实地征收,由这个实际的评估时间点出发得出重置价值。例如,土建的价值+人工的价值+相关税费的价值=所得重置价值,再扣除相应的折损率(70%或80%等)。

成本法在以前就运用相当广泛,土地价值、房屋价值都可以运用成本法进行评估,但现在 590 号令以及建设部的房屋征收评估办法都要求按照市场比较法。

第二、收益法。在国务院 590 号令当中有相关的要求:如果用于生产经营则对于其生产经营的评估要运用收益法。其实就是预估一下未来预期收益,选取适当的资本化率来体现,把资本投入不动产所带来的收益率。资本化率的概念在实践当中不常运用,意思是把不动产房屋、土地投入到相关的收益当中所产生的利润率。

收益法主要评估一些在实践当中进行实际生产经营的商业性质的主体。一些劳动附加值比较大的劳动密集型行业、专利技术性可带来的劳动收益成几何倍增长的行业,原则上对其行业企业应按照收益法进行实际评估。

收益法在实践的过程中运用不是很多，评估公司不涉及收益法部分，评估公司运用较多的是成本法和市场比较法两种。

第三、市场比较法。需要注意的是，参照类似的房地产市场价值，意思就是要根据同区位、同地段、同性质（国有、集体）、同用途（商业、工业、住宅），商品房包括住宅和商业用途。在实践的过程中需要注意属于什么用地，要参考附地范围相同性质的用地价值，主要是参照类似房地产市场的价值。

第四、假设开发法。假设开发法在实践中运用不多。例如，我所律师在贵州云岩区遇到的案例，开发商反过来作为被拆迁人与拆迁方交流，这必然运用到假设开发法来进行实际评估。开发商需要土地利用实际开发，土地开发后目的可能作为商业、住宅，也有可能是厂房，需要运用土地开发满足主体要件。所以要预估出土地开发后的价值，扣除相应的税费、土地利用后相应的损耗等所体现出的市场价值。

很多中小型企业都希望适用假设开发法，特别针对一些未利用的土地，也就是开发商购买后没有实际利用，还在申请审批规划等文件的时候，占用土地的行为就应该运用假设开发法来进行评估。例如，唐山某钢铁企业在进行外迁时，与拆迁方进行协商如何评估剩余土地的价值，必须运用假设开发法来评估土地使用权的价值，实践当中运用相对较少。

第五、基准地价修正法。基准地价修正法主要是评估土地在进行实际区位确定的时候使用的一种评估方法。按照土地的位置确定修正的系数以及修正出来最后的价值，在实践当中应用不是很广泛。

在实践当中我们常见的是重置成本法和市场比较法。但是，我所律师再次提醒中小型企业，如果产生的收益较高，并且是高附加值、劳动密集型以及技术专利行业，前景预期可能成几何倍数增长的企业，一定要进行收益法评估。

例如，北京大兴区某生产机器人配件的企业，专利技术只有意大利某企业可以与其媲美。大兴某企业的生产流程和生产工艺，以及技术专利都是非常丰富的，大部分的产品都远销日本与德国。这种企业在评估停产停业损失的时候必须按照收益法来进行。因为今年可能融资、负债，明年有可能大额收入，起伏不定。如果计算它某个周期的停产停业损失，就必须按照收益法。

提醒各位企业，与评估单位、征收单位进行谈判的时候，对于运用哪种评估方法进行价值价格的确定需要多方面探讨。即便是受征收单位委托的评估公司，由于评估方法的选择不同，评估出的企业价值也是天壤之别。

我所代理吉林长春宽城某私营企业的征收拆迁案件，该企业生产轻轨相关配件，全国之内仅有两家生产轻轨相关配件，该企业是私营企业，另一家为国营企业。与征收单位谈判时，对方对于此企业的性质和前景，以及在此行业的领先性没有引起足够的重视，征收单位希望按照成本法以及市场规律补偿。但我所律师强烈要求必须按照收益法评估，理由是此企业不是一般的生产加工类企业也不是养殖类厂房企业，此企业的预估利益处于一种不确定，甚至处于缓慢递增的状态。五年、十年后很可能没有第二家能够在此行业与其竞争的企业，并且此企业的附加值成几何倍数的增长。

中国的铁路以及地铁事业正在上升，发展前景是非常好的，此企业在此行业有一定的垄断性。这样的企业在进行企业损失评估的过程中应该采取现有市场上的收益法来进行。

以上给各位中小企业主简单讲解在协商过程中需要注意的评估方法，给各位企业主作为参考。

73

企业拆迁评估乱象汇总

随着各城市拆迁力度不断加大，对城市房屋拆迁的评估已成为公众关注的焦点。我们从经手案件中总结了7种企业拆迁评估的乱象，都是企业主在拆迁中会经常碰到的问题。

1. 评估机构如何而来

按照《国有土地上房屋征收与补偿条例》和以前各个地方的集体土地拆迁管理条例规定，评估机构是由被拆迁人通过抽签、摇号、协商选定的。但是企业主在进入拆迁环节的时候往往已经有评估公司介入。企业主不清楚这些评估机构从何而来，其实都是由拆迁方在拆迁前就已经指定了具体的评估机构。这是不符合法律规定的。

2. 评估价格一致性

早期的补偿政策对评估价格进行了具体划一的规定，比如不同高度、结构、材质、建设时间的厂房都是一个价格。这就导致在进行违章建筑拆除的时候，评估机构完全成为虚设。因为是早已规定好的价格根本不用评估，评估机构几乎沦为拆迁方手中填写数字的工具。可是厂房及其附属设施、机器设备、营业利润、停产停业损失都是不同的，怎么能评估出一样的补偿价格？

3. 评估报告不签字、不盖章

被拆迁企业主可能只拿到一张印着××评估公司的评估单，既没有评估师签字，也没有评估公司盖章。这是不正规、不合法的评估报告，不具有法律效力。

4. 一张评估单几乎代表一切补偿

一张评估单上的内容怎么可能代表了一切拆迁补偿？实践中，评估公司会告诉你"丢项、落项随意添加"，为什么早期评估的时候不进行统计？不进行入户丈量？不进行附属物清单的汇总呢？

5. 找不到评估公司

在实际拆迁谈判中，企业主找不到评估公司的工作人员，只有在拆迁谈判进行到某个阶段的时候，比如，被拆迁人对评估不理解时，拆迁方可能会找来一个评估公司的员工，跟被拆迁人谈一谈是如何评估的。总而言之，实践中往往被拆迁人不清楚评估报告如何而来，也见不到评估公司的工作人员，并且也没有人来解释、解读评估报告的由来。

6. 评估走一趟丢掉一箩筐

现在评估公司即便入户丈量也大多是"走过场"，全凭被拆迁人跟评估公司谈，如果被拆迁人没有把装修、附属物等评估项跟评估公司说全面，就有可能丢掉一些补偿。企业主如果没有具体的清单，有可能也记不清楚是否有附属设施。找评估公司就是为了对企业进行具体评估，包括地上、地下附属物，企业厂房的大小、结构、材质，机器设备是否能搬迁等都应该是由评估公司来统计的，可是现实中的评估公司工作意义在哪里呢？

7. 提不起评估的复核鉴定

根据《国有土地上房屋征收评估办法》，被拆迁人对评估报告有异议的，有权提起复核，复核后有权提起专家委员会鉴定，这都是被拆迁人应享有的程序性权利。但是被拆迁人往往见不到评估公司，也拿不到正规的评估报告，所以无法提起复核鉴定，这就变相剥夺了被拆迁人对评估报告不服的程序性权利。

在实践中，评估公司到底是以什么方式来介入进行评估的？正规的征收拆迁、环境整治、"运动式拆违"等方式的不同使评估公司的角色不同，正规的征收拆迁是有签字和盖章的评估报告，环境整治基本就只有一张单子，可能根本不是评估公司出具的，而仅仅是拆迁方列出的一张单子。

以上就是企业拆迁评估乱象的 7 项内容，提醒各位被拆迁人在征收拆迁中注意维护自己的权益。

74

企业拆迁评估事宜

很多被拆迁企业主都向笔者咨询一个问题，也是他们最关心的问题——企业最后能拿到多少拆迁补偿。笔者认为这个问题应该进行区别对待。实践中的补偿办法、法律依据和企业的客观状况可能会不一致，笔者主要谈一谈企业拆迁补偿的总体原则。

一、企业拆迁总体补偿基本原则

按照国务院 2011 年 1 月 19 日的《国有土地上房屋征收与补偿条例》（国务院令第 590 号），整体补偿必须按照市场比较法进行评估，住建部配套的《房地产评估规范》中也出现了类似要求，即以市场比较法为评估的方法和原则。

市场比较法如何确认？通俗讲就是按照所在的区域、地段、用途、性质、年限以及具有市场主体因素的房屋所体现出的市场价格进行实际评估。《房地产评估规范》也讲到了要参考周边类似的房屋价值进行估算。

租赁土地的企业不具有完整的土地使用权，在进行房地产评估的时候，所谓的类似房地产价值往往体现不到承租人身上，承租人只有获得地上附着物补偿的权利，对于土地使用权补偿没有权利获得。但是一旦有了完整的土地使用权，有房产手续，并且用于商业、工业等经营，那么都将按照实际用途进行补偿。

实践当中进行评估的时候，不可能完全参照当地周边的客观状况进行补偿，实际补偿的时候还要分割，土地、厂房、停产停业损失等要分别补偿。土地加厂房是一个完整的不动产状态，在补偿的时候要按照市场价值进行补偿。

在实践中各个企业面临的情况可能都不一样，具体到实际补偿中还会有一些区别。

二、企业拆迁评估的时候，每一块的评估价值如何确定？

（一）土地的补偿

土地所有权的形式有两种——集体所有和国有。国有土地分商业用地、工业用地、住宅用地、工矿仓储用地、教育娱乐用地等，在实际评估的时候可能会有区别。集体土地原则上还不能上市交易，现在只在北京18个县市区有了试点。市场价值如何体现呢？我们就要参考市场评估规范当中的类似原则了。集体建设用地类似于国有工业用地，因为集体建设用地也是建设了厂房，跟国有工业用地是一个道理，这也符合了"类似原则"中的同用途、同种类、同区域的要求。

标有了国有土地住宅用途，即便写着"住宅用途"，但却用于实际经营，这时要区分是符合厂房的实际经营还是商业的实际经营。因为这两项补偿差距非常大，商业的补偿比工厂的补偿可高出7～10倍。现在实际补偿中遵循"就高不就低"的原则，价值排序是：商业用地＞住宅用地＞工业用地，如果是住宅用地却用于工业，实际就应该按照住宅用地的方式来补偿，如果住宅用地用于商业，则应该按照商业用地的方式来补偿。

（二）厂房的补偿

以前的评估规范中划定的一个补偿标准是，要求根据种类、结构、材质以及形态进行不同方式的评估。厂房有砖木的、砖混的、木质的、钢构的等，不同性质的厂房价值——就是现在的建安成本（房屋建筑成本和房屋设施设备安装成本的简称）——怎么衡量呢？实践中有很多厂房的高度、宽度和结构都不一样，我们办案中见过的厂房最宽在15米以上，高度6.5米以上，一层抵两层。根据厂房用途结构不一致，补偿也存在区别，如冷库不是按照平方计算的，而是按照立方计算的，因为冷库四周都进行了设备添置。

（三）厂房跟土地有空余的怎么补偿？

如果有完整的土地使用权，空余的土地也要进行土地市场价值补偿。

在此要纠正一个问题，由于市场价值永远是循环变动的，所以各个地方以前公布的区位补偿价如果不调整，就无法反映市场价值。

（四）停产停业损失

一次性停产停业损失应该是企业最主要的补偿项目。停产停业损失往往不纳入《房地产评估规范》中，而是制定单独的政策。以前根据纳税额进行推算的做法已经淘汰，现在大部分是按每平方米的价值直接补偿。我们认为，在进行一次性停产停业损失的时候要根据企业的具体状况区别对待。其他的装修附属物、可移动和不可移动的机器设备等都是据实评估。

在此给企业主提一点建议，在进行评估的时候不仅要非常谨慎，而且要消息灵通，多参考市场价值。

75

论拆迁评估报告与资产评估报告的区别

拆迁评估报告和资产评估报告是一回事儿吗？

从企业拆迁评估的角度上说，企业拆迁评估主要就是实物评估，即肉眼看得到的物品，唯一不是实物评估的就是企业停产停业损失，但其实停产停业损失现在也是结合经营面积来进行确定的。

拆迁评估是一种实物评估，主要就是有形资产的评估。相对的，出于买卖的目的或者要进行抵押贷款的目的进行评估的时候是资产评估，资产评估包括有形资产评估和无形资产评估。有形资产评估是拆迁评估，有形加无形资产评估是资产评估。众所周知，很多劳动密集型行业、知识产权专利性比较高的行业或者知识密集型的行业，最主要的就是无形资产。

我们在温州、宁波给大量拥有许多专利的企业做过代理，每个企业都有二十几项具有垄断性、独家性的专利，几乎不往外出售转让。在评估的时候是否应该参照无形资产给予一定的评估价值？这在实践中是有争议的。这里其实还要讲一个问题，企业拆迁后有没有条件恢复生产，或者在地域范围之内安置生产的问题，这不是一个法律问题，而是一个逻辑思维问题。在职权范围之内能安排继续在此生产经营的企业，就给周转的停产停业损失费用。即便企业有一些专利和知识产权，也并不需要转让和降低价值，可以继续恢复生产经营。比如，县级相关部门不能满足企业继续生产的目的和要求，对安置束手无策的情况下，被拆迁企业就有选择权利，适合的话可以到别的省市生产经营，但如果情况不允许到别的省市安置，企业就要一次性关闭，这时是否应该对企业的专利进行收购回购？或者给专利一部分补贴？

这个问题在实践中存在争议。希望大家首先有一个概念，征收评估报告和资产评估报告并不是一回事，两者的差距非常大。首先拆迁方的拆迁评估报告给出的评估结果是非常低的，所依据的标准跟补偿价格也是非常低的，更别说仅仅是实物评估了。而自己做的资产报告是企业一次性打包出售的整个资产以及附加值，包括有形资产和无形资产的总和，与拆迁评估报告不能相提并论。要清楚一点，在征收拆迁的时候都是实物评估，但是实物评估并不是不能结合一些无形资产来确定。

76

拆迁中机器设备怎样进行评估估价

一般的加工制造类产业，包括养殖场、种植场、宾馆、饭店等企业的拆迁都会遇到机器设备、附属物和装修装饰评估估价的问题，特别是大型机器设备的搬迁。那么搬迁中的机器设备到底应该怎么评估估价？我们从以下三个方面来着手讨论这个问题：

首先，机器设备区分为可移动的机器设备和不可移动的机器设备，即可以搬走的机器设备和不可以搬走的机器设备。两者之间的区别标准是什么？按照现在设备搬迁的主流观念来讲，主要是看机器设备的使用价值是否因为搬迁而减损。一般情况下如果减损到了50%以上，那么可以直接认定为该机器设备是不可移动的附属物。也就是说如果机器设备因为搬迁产生一定的减损，但是减损度很低，完全可以用货币进行补偿，那么它就属于搬迁过程中可移动的机器设备。反之，则是不可移动的机器设备。

其次，可移动的机器设备和不可移动的机器设备分别怎么补偿。把机器设备进行区分之后，根据它的不同性质又采取不一样的补偿标准，要透过现象看本质。可移动的机器设备其实就是搬迁费的补偿，因为对于可移动的机器设备，就是把该机器设备装卸到车上，从A地运到B地，再进行调试安装。这不就是搬迁费的计算吗？有的地方说搬迁费要一次性划定，我们认为这是不合规定的，按照实际发生的搬迁费来确定补偿才是正确合理的做法。不可移动的机器设备其实就是机器设备的重置成新价。不可移动机器设备的搬迁跟厂房是一个道理，就是按照重置成新的标准。如果这个设备现在再进行买卖交易，买进来以后折算成折损率。比如，该机器设备折损率是七成，那么10 000块钱机器设备就按照70%，补偿价就是7000块钱，这就是不可移动的机器设备补偿价值的计算方法。

最后，再讲一下特殊的机器设备在征收拆迁中的解决办法。在实际当中，特殊机器设备一般都是协商解决的。一些高精度、高精密的机器设备，一旦拆除，就完全把它的使用价值破坏掉了。我们律所曾在河南郑州做的一个高新企业的案件就是这样——该企业所有的机器设备都是从美国运回来的，而且又由该企业自己重新设计组装。一旦拆除，没有任何补偿标准可以参考，最后就是由协商来确定补偿价值。

拆迁中机器设备怎样评估估价主要就是这样三个问题：其一，怎么来区分可移动的机器设备和不可移动的机器设备；其二，可移动的机器设备怎么补偿，不可移动的机器设备怎么补偿；其三，特殊的机器设备如何来协商补偿。大的方面来说就是遵循这样的思路对拆迁企业的机器设备进行补偿，具体问题具体分析，各有各的门道和方法。

77

企业拆迁谈判中的"四不"和"四看"

笔者在《企业拆迁维权攻略》一书中谈到过"四不",分别是不搬家、不签字、不报价、不抵抗。这是企业如遇拆迁应该采取的四种态度。

1. 不搬家

一旦遇到拆迁,拆迁方就会非常急促地希望企业停止经营。企业即使不签字先搬出来也可以,其目的何在? 目的主要是先把企业的经营断掉。如果企业搬走空出土地并且在其他地方恢复生产后再谈补偿,企业就处于弱势地位。因为企业给拆迁方制造出来的不配合态度已经不复存在了,所以对拆迁方进行下一步的谈判非常有利。

2. 不签字

有企业主问道:"哪些文件该签字,哪些不该签字?"实践中没有维权律师在现场指导的时候,一定要慎重签字,甚至不要签字。

拆迁方送来的评估报告上面可能写着一句话——"签字即为对评估报告结果认可"。有些企业主在签订补偿协议的时候根本不知道签的是补偿协议。企业主说:"上面明明写着'草签'两个字,我以为是草签了个协议而已,后面还要实际谈呢,没想到是正规的拆迁补偿协议。"由于被拆迁人不能区分哪些文件该签,哪些不该签,所以笔者在实践维权中会指导被拆迁人不要乱签字。

3. 不报价

企业拆迁的补偿价格具有一定的弹性,可以进行协商。可能一开始企业要求的价格并不是很高,拆迁方想快速套取你的心理底线,直接询问到底想要多少钱。而现在很多企业主都脱口而出要高价，其实这对被拆迁人是不利的。作为拆迁律师，笔者历来主张在企业拆迁补偿谈判中报价要有事实、有根据地去报价，一旦报出价格就不能轻易变化，随便的降低或者调高都不成。一旦报了高额补偿，又没有事实根据，拆迁方的工作人员在向上级汇报的时候，往往就会把你作为钉子户，甚至会把你作为拆迁主要攻克的对象。因为你的"狮子大张口"，有些压力就不得不施加给你了。

4. 不抵抗

有很多企业主感觉自己在当地有实力和一定的社会背景，就经常进行一些无畏的抵抗行为。这种抵抗行为往往会给对方落下口舌和把柄。这些口舌和把柄，有可能会对被拆迁人造成致命一击。本身是一个财产的纠纷问题，很有可能转化为人身安全的问题。

"四看"分别是看法律、看补偿、看形势、看手段。

1. 看法律

看企业是否取得了土地证和房产证，租赁企业是否有合法的租赁期限和租赁主体，是否从事租赁期内排除的或违反法律规定的一些经营行为。

对方进行征收拆迁或者违章建筑拆迁时是不是走了正规的法律程序？是否有征收决定公告？是否进行了社会稳定的风险评估？是否进行了拆迁补偿资金的落实？是否遵循规划和国土等相应的法律要求？还要看法律程序。如果拆违章，应该给予被拆迁人陈述申辩的权利。被拆迁人是否提起了复议或诉讼相关的法律程序？征收方在复议和诉讼期间是否遵循了《行政强制法》所要求的"复议和诉讼期间不允许强制执行"的法律规定？拆迁方应该遵守这些法律规定。

2. 看补偿

在"四不"中讲到了补偿会有一个递进的浮动，拆迁补偿要有一定的科学依据、事实根据或者法律支撑。比如土地补偿叫土地区位价补偿，要参考周边同种类、同性质土地的市场成交价值。明明是商业用地就不能给予工业用地的补偿，两种土地性质补偿价格相差好几十倍。再比如，停产停业损失，对于一个纳税额度很高的企业或高精尖企业，不能按照普通企业的标准补偿。

3. 看形势

我们要看整个的拆迁片区，已经签协议的有多少户？当中采取强制措施的多不多？被强拆的房屋多不多？拆迁方都运用了哪些手段？被拆迁人当中运用法律手段维权的、起诉的多不多？一定要看整个形势的宏观变化。在拆迁双方的博弈过程中，拆迁方运用了哪些手段，会对你产生哪些制约？而你又有哪些短板，需要在哪些方面排除风险？

4. 看手段

拆迁方在整个过程中运用了哪些手段？这些手段是否是法律允许的？水、电、路是不是断了？企业经营是不是受到了影响？拆迁方是不是利用消防、环保、违章建筑等来给被拆迁人施加压力？要看这些手段的综合运用。

只有前期坚持"四不"，过程中坚持"四看"，到最后才能得到一个圆满的补偿结果。

78

解析企业拆迁谈判的五关论

"企业拆迁谈判五关谈"的"五关"就是五个会对拆迁补偿产生重要影响的关口，当然这不是单纯从法律角度去谈的，而主要是从客观实践中来谈的。我们总结了这么五关：人情关、忽悠关、推进关、冷却关、强制关。可以肯定地说五关过，谈判成，五关不过，最后吃亏。我们在代理中小企业拆迁维权过程中几乎都会遇到这五关，接下来给大家分别介绍一下。

1. 人情关

这一关对中小企业非常管用，一般在当地生产经营的中小企业都要处理好当地的人际关系，所以人情关系的覆盖面比较广，交往人的深度和广度都非常到位。在遇到征收拆迁的时候不免会有亲戚朋友、上级领导做说客来说拆迁的事情。还会恐吓或替对方传达观点来压制你。我们在办案过程中也碰到过这样的事情，浙江嘉兴的一位被拆迁企业主以前的老师在当地的权力部门工作，而且当时二人关系不错。一遇到拆迁，老师直接传达了一系列负面消息，对企业主的心理产生了严重打压，企业主都不知道如何要拆迁补偿了。这就是人情关系，利用附近跟你有直接关系的人或信赖的人给你重大心理打压。

2. 忽悠关

拆迁方说出的话不一定执行，但是给被拆迁人一种"打压"或"抬高"的忽悠，说捧你的时候绝不是想捧你，而是探测你的心理价位在哪里，需求点在哪里，后续采取相对应的手段和措施。

3. 推进关

此关在拆迁中比比皆是。比较难啃的骨头或较大的企业都会遇到这样的问题。举个例子，本身是一次性买断的土地，必须先和征收方谈好土地使用权补偿，但是拆迁方会先搁置这个问题，先让被拆迁企业主进行实际评估，丈量厂房、土地，再进行评估确认，拆迁方把评估单给被拆迁人后再进行复核。这就是对方为了达到目的，只要工作在推进，把争议问题搁置，整个事态就在变化，这就是拆迁方工作的门道。拆迁补偿实在谈不拢就先搁置，但是要把工作侧面推进，只要工作推进对拆迁方来说都是百利无一害的。但对被拆迁人来说则大大相反。在前提和平台还没确认的时候怎么能把工作推进呢？如果工作都推进了，争议的问题也不用谈了，对方也不会认了。拆迁方以假意搁置、假意疏导、假意释放来完成他们的工作。

4. 冷却关

拆迁方刚开始的时候积极地找被拆迁人谈，一段时间后忽然不再找被拆迁人了。或者在拆迁方达到某种目的后，就不再理你了。过一两个月后再次出现的拆迁方只会告诉你："工程很紧，就按照之前说的办。"我们在吉林长春代理一个企业拆迁案件，企业正位于两条路的交汇处，由于拆迁补偿没有谈拢，拆迁方决定公路搁置不修了，但是企业的水、电、路等经营条件都不能满足了，这下企业不知所措了。这就叫冷却关。

5. 强制关

经常听到的就是："如果你要不按照我给的补偿进行拆除，就按照违章建筑进行无偿拆除。"这时候有一部分企业产生动摇，很少有企业主会强烈的维护自己的权益。此关对企业主来说是比较难过的一关，也是产生心理压力最大的一关。像前四关，企业主多年从事生产经营都有一定心理承受力，也有客观事实的判断。但是往往在强制关的时候心理防线崩塌了。

在拆迁中，你可能只经历其中一两关，也有可能这五关全部经历。这五关过不去，最后获得的补偿都会大打折扣，只有闯过这五关才能得到合理的补偿，才是最公平的补偿。希望在拆迁谈判中，企业主要有心理承受能力，也要有客观现实分析能力。

79

如何进行企业拆迁维权谈判及报价的禁忌

形形色色的"钉子户"、暴力拆迁和暴力抗拆报道不绝于耳，同样吸引着广大网友眼球的，还有征地拆迁又让多少人成了百万、千万富翁？想要成为"富翁"，企业主在跟拆迁方要补偿时是不是要价越高越好？下面将主要谈一谈企业拆迁维权如何报价，以及企业拆迁谈判的禁忌。

企业拆迁维权主要从以下四个方面考虑。

1. 报价的时机

是应该选择在双方一开始进行交谈的时候就直接报价，还是在双方进行多次交流之后再报价？对于这个问题，我们向来主张不能轻易报价。因为一旦报价就不能随便改动价格。这是价格的稳定性决定的。报价肯定要有充分的时间、充分的依据以及充分的企业损失作为保障和基础的。所以说在报价时机上如何选择，在每个企业拆迁谈判过程当中都不是恒定的，是有一定的区别的。比如双方谈到了某个阶段，作为对方而言，已经迫切地想要知道你的价格，并对你的价格已经有充分的心理预期——这主要是因为你多次反复的纠缠式谈判之后仍然不报价，使对方已经有了这种心理感知，知道你的价格可能不低。这样在下一次进行交流谈判的时候，这种心理侧面的基础比较容易打听，所以说在报价的时机上要进行选择。

2. 报价的范围

报价可能是一个准确的数字，可能是一个范围。我们给很多企业出的评估意见中的报价就是一个评估范围。比如，最后得出的结论是不低于一定的金额，或者说整个补偿额度应该在多少到多少之间，之所以给出的是价格区间，是因为一些系数和平常的计算公式的选择是有一些不同的，选择的高低是实践中的操作问题。所以报价的时候，如果实在不能报出一个准确的点或者准确的价目时，可以选择一个范围，但是范围的选择也要慎重考虑，需要是一个公平合理并且有充足法律依据的范围，不能报太高。

有的拆迁企业主一谈到报价就非常不切实际，这样去报价只会毁了自己。因为这在实践当中很可能会出现一种情况，这种情况我们在处理完北京通州的一个案件时，跟对方拆迁公司以及镇政府相关部门人员讨论过，也印证了这个想法——一开始报价过高，使对方一看就根本不谈实际的价格。多数情况下，当我们了解到企业主报价太不切合实际时，就会建议作出改动，但是这也不是说猛地急转而下，而是慢慢地改。有时候对方也是鉴于报价太虚，迟迟不亮出它的底价，这只是在变相压制你的价格，让你自己慢慢去降价，而不是在给你涨价。当你自己降到了跟对方价格差不多的时候，他再给你报价，这是一个长时间长距离的阻击战。所以说没依据的、不切实际的报价往往对你没有任何好处。所有的企业主都认为报价越高越好，这点我们不反驳，因为这是一个通俗的心理。但是不代表要的高就得到的高，因为这不是一种正常产生市场交易的行为形态。一旦报价，就不能轻易变动，报价绝对是有依据的，客观依据、市场依据、企业自身的资产依据和企业预期利益损失的依据等，应当通过充足的依据来要补偿。

3. 报价的依据

报价的时候一定要附上充足的依据，可以是法律依据、客观依据，也可以是企业本身的损失依据、企业下一期可得的预期利益损失依据。不管是主观依据还是客观依据，一定要充足，不能狮子大张口，不能说不清楚钱是怎么来的。因为在报完价以后，对方肯定要问你这个价格的道理何在，所以要对自己的价格附上充足的事实依据、法律依据、客观依据等。

4. 报价的态度

报价不能随便乱改，不能今天要 1 亿，明天要 8000 万，有些企业主喜欢根据对方的态度来变更企业报价的形态。比如有些企业主本来要的是 1000 万，但我们结合它的市场价、估价区间、当地区段、土地的性质、现在企业的自主经营状况等，以资产评估和收益法的方式测算完了以后，觉得可能达到 2000 万，那企业主可能忽然就决定要变成 2000 万。但是你一定要明白，一旦报了价就很难变化，不要在没有充分依据的情况下随便变价，因为这要体现你一个坚定的态度，这个态度所反映出来的就是你的心理恐慌程度。报价不轻易改变就说明你态度的坚定，这也是谈判当中一个重大的谈判观察点。

所以说一旦要报价，就要权衡这四个方面：时机成不成熟、范围合不合适、依据充不充分和态度坚不坚定。下面我们还要谈一谈报价的禁忌的五个方面。

1. 轻易报价

不能在对方简单地出了一个评估单或者评估报告之后，就马上回答他自己想要什么价格。在没有充分了解客观实际、周边具体拆迁状况以及对方的主观看法就轻易地报价，这是众所周知的错误做法。

2. 情绪报价

根据对方的言语刺激导致情绪报价——"离了多少多少钱我不干!""离了五千万我不签字!"等，也是一种非理性的方式。这也是我们多次提到的不能采取的方式，这对我们是非常不利的。

3. 不断变动报价

对方跟你谈的时候，如果发现你的报价没有定性，就会对你采取一种不尊重的态度。这将是扯皮的开始。一旦对你采取了这种态度，拆迁方的工作人员在上报的时候，把你说成一个不可理喻的人，极有可能对你采取强制性的违法措施。

4. 无依据报价

报价要有依据，不管附上的是客观依据还是法律依据，不管是做了企业的固定资产评估报告，还是对企业的预期利益做了一部分预估，一定要附上充足的依据。要知道拆迁补偿是怎么来的。

5. 不切实际乱报价

前面讲过，一个北京陶然亭 16 平方米的公房要 1 个亿，这是完全不切实际的。还有一个企业主租赁村委会的场地建了 5000 多平方米的建筑，每平方米按照该地段北京商品房报价，得出一个完全不切实际的数值，这也是不合理的。一个正常的价格，要让第三方以及其他的周边的人都感觉此价格是正常的，是符合当前市场价值的，是切实际的。

80

企业拆迁谈判中的道与术

"道与术"是处理每一个社会复杂事物的时候都需要关注的问题，落实在企业拆迁问题上"道"和"术"又是什么？借着中国博大精深的文化渊源及我们近一年企业拆迁维权的经验谈谈"拆迁谈判道与术"的问题。

企业拆迁维权中，当地基层（乡镇、区级）相关部门与当地企业主，本身是管理与被管理的关系，一旦到企业拆迁当中，就变成了拆迁者与被拆迁者的关系。不管是企业还是企业的员工都要受到当地拆迁方的管理、管辖，具有行政管理的色彩。到了拆迁当中，拆迁者和被拆迁者是一个平等主体，但是由于天然带有的管理和管辖的属性，所以两者之间的地位是不可能平等的，不可能是一种简单的市场交易行为，并且永远不会处于一个公平的交易平台。所以企业主在前期进行企业拆迁谈判时要凝聚"三力"，三力分别是攻击力、防御力与平衡力。

道，体现企业拆迁谈判就是两个字——平衡。本身拆迁双方的谈判地位一个高一个低，怎么才能让拆迁谈判像跷跷板一样尽量达到平衡？平衡就能公平地谈交易了，才是一个公平的市场交易行为。这就是我们在《企业拆迁维权攻略》一书中介绍的，律师要帮助企业弱化可能违法的行为。当地拆迁方在进行企业拆迁谈判时，往往利用手中的行政职权以及行政管理的能力，找消防、税务、安监、违章的理由直接给企业施压，甚至用一些违法的手段，如断水、断电、断路。这就是想采取一种俯视、压制的态度，永远不想跟被拆迁人达到一种平衡。所以我们在企业拆迁谈判过程中要把所有力量凝聚在一起，所达到的目的就是将双方的地位平衡。

谈到"术"，就有一个纵切面和横切面的问题。从纵切面的角度讲，有三个问题——法律程序、谈判环节和工作进度。下面分别讲解一下这三个问题。

1. 法律程序

按照法律规定，下达征收决定，贴出征收公告后，再征询各家的意见，选择评估机构，进行入户丈量，出具评估报告，对评估报告有异议者有权提出复核和专家委员会鉴定，再有异议可以提交相关部门，出具征收补偿决定，也就是以前的行政裁决。这是一个完整的法律程序，是一个时间段必然存在的问题。

2. 谈判环节

谈判环节有一个高低起伏的过程，如何报价？谈到哪个位置？后面双方如何介入？第三方评估结构、相关部门上级机关如何介入？什么时机介入？我们要对评判环节和时机到了哪一步和谈判进度有充分的认识。

3. 工作进度

涉及两个问题，实际用地的工期和政治任务的要求。

从纵切面观察的法律程序、谈判环节、工作进度，从横切面看，判断好如何运用手段，就是运用"术"的问题。

从横切面讲，要注意下面四个问题：

1. 怎么判断时机的问题

有好的时机一定要紧紧地抓住。我们在企业拆迁谈判过程中，已经碰到对方接受的底线，此时律师会提醒客户已经差不多了，但有些客户还想再抻一抻，抻一抻有时候往往就会丧失最佳的谈判时机。

2. 自始至终，一贯秉承态度

态度不能不断起伏，不然就不适合企业拆迁谈判。一旦秉承了一个态度，不到双方站到平等的位置时绝不改变。

3. 如何报价的问题

补偿价格是所有企业主都关注的问题，我们前面提到过，报价并不是越高越好，报价太高容易被拆迁方视为眼中钉，把你作为一个典型"开炮"。但即使报价低了，拆迁方也未必能达到你的要求。双方谈判是一个博弈的过程，要根据阶段性的博弈结果来判定。所以报价一定要适合。

补偿价格的判断是根据法律规定结合评估要求，并且还要参考以往周边地区是怎么评估和后续补偿的。

4. 如何运用回避

拆迁双方什么时候该见面？什么时候该回避？什么时候该谈判？什么时候不该谈判？是员工出面谈还是老板出面谈？这也是横切面的问题。

有些实际运用的问题，每个企业主由于社会阅历不同，会有不同的判断。我们在实践办案过程中碰到一个企业主不要一分钱补偿，只要土地置换。土地置换的难度非常大，几乎是不可能的，但他的要求又是合理的。这是不是一个好的谈判策略呢？仅仅这个问题，就给对方设置了足够的障碍。

所以在企业拆迁谈判中，"道"在中间，周边要运用"术"，秉承这些手段和方式不断的运用前进，"术"是综合在一起的，都在围绕着"道"，才能把"道"丰富起来，最后才能真正做到平衡。

81

企业征收拆迁谈判中如何沉住气

拆迁谈判要稳住你的"精气神"。

企业征收拆迁谈判中如何沉住气、稳住神、压住场，这不是谈判的专业术语和谈判的专业用词，但是确确实实在企业拆迁谈判中需要所谓的"人之三宝精气神"。

企业拆迁谈判一定要有立场。比如以合理合法为谈判立场。除了谈判立场之外还要有谈判策略，企业在拆迁谈判中不要慌，不要急，也不要随便乱做，这就是一场十足的"战争"。"战争"的时候一定要注意策略，一定要注意手段运用的问题。

有很多拆迁项目，一进行拆迁就马上利用拆迁方手里的行政职权让一堆部门来找你谈，城管、国土、工商、税务、环保等部门忽然间坐在你谈判桌对面。这时候很多被拆迁企业往往心里发慌——"这么多人要找我谈，该怎么谈？我感觉我企业可能有些不合法的地方"。不合法的地方包括土地的使用权、没有建设工程规划许可证或者在税务上存在的问题，各个方面的问题都可能会让被拆迁人有一种心里发慌的感觉。这就是我们要讲的，不管怎么谈，一定不能让对方看出你心里发慌，一定要稳住神，在谈判的时候一定要有很好的心理素质。

在进行谈判的时候只要我们有理有据，并且有相关的客观事实支撑，心里就不要发慌。第一步是抢建、突击建设，第二，企业来源具有一定合理合法性，例如，土地是跟村里租的，或跟乡镇企业买断的，或是国有工业用地等，各个方面都有合理存在的基础，也有营业执照并且正常纳税，心里还有什么可发慌的！

其实心里发慌的原因往往是怕拆迁方毫无顾忌地用违法手段制约你。我们认为尽量不要因为这些来打断、打扰你正常的谈判思维，也不要因此产生重大的心理压力，这些都是没有必要的事情。

这就是稳得住神、沉得住气，如果对方说了一些过激的话，或者采取了一些打压的手段，不要跟河南郑州"范华培案件"一样，进行所谓的暴力抵抗，我们要沉得住气，不要怕。拆迁方的任何手段总有相应的法律制约程序和制约措施，我们要及时拿起法律武器进行回击。

在依法治国的大背景下，要对法治有信心，包括借助媒体曝光，其实都是一样的手段。只要是"纸老虎"，那它在实施违法手段的时候心里肯定会发虚，也就是说我们面临这种恐吓威胁或者违法手段时要沉住气，不要说一些过激的话、使用一些过激的手段。这是没有必要的，反而有可能掉进对方的陷阱里去，对下一步正常的征收谈判不利。

一定要对自己征收拆迁的谈判有信心，如果信心被对方打击了，那么谈判的心理基础就没有了。在我们办理的案件中，在河南洛阳、郑州就碰到过这种被拆迁企业，忽然间一个打击措施就不敢再继续谈判了，跟拆迁方谈过这一次后，拆迁方说了一些恐吓性的语言后就没有勇气往下推进，接受了拆迁方的安置补偿。在南京的一个案件中，明明有集体建设用地使用权证，拆迁方忽悠他说，即便有证，南京市区也没有土地补偿。他心里也在打鼓，其实他本身并不信拆迁方的话，但是对方一而再再而三"忽悠"，他就签了。主要他心里恐惧发慌，对自己所持有的观点以及法律事实和客观依据没有信心，这就很难在下一步的争取中继续前进了。

所有的征收拆迁谈判都要因人而异，这就是为什么以前的开发商拆迁，在进驻到某个村以后，都要跟村委会人员打成一片，因为开发商的目的很简单，村委会最了解村民的个性和手段。开发商往往要先搞清楚谁好谈谁不好谈，好谈的应该就不用说了，不好谈的村民怎么办？谁比较聪明智慧，谁比较奸猾一些？可能都是开发商在下一步判断要考虑的问题。

我所曾办理过这样一起案件。北京大兴瀛海曾经有两个厂子都是村里建的，建筑的规模、模式、面积几乎是一样的，还是对门，结果在最后谈判的时候一个拿了六百多万，另一个只拿了二十几万，这就是因人而异。因为客观现实出现以后，有的人承受能力不行，谈两轮就走了。而且具体客观想法不一样，坚持的承度不一样，心理素养不一样，以及对自己持有的信心不一样，所以导致拆迁所得的结果有天壤之别。

82

企业拆迁谈判要点

企业拆迁一定要善于抓住主要矛盾。如何在企业拆迁谈判当中制造矛盾、抓住矛盾并且解决矛盾，是一个企业拆迁谈判高手所应该思考和采取措施实际处理的问题。

首先一定要凝聚矛盾。就像法庭审判一样，在双方陈述事实以后，法官都会总结双方的矛盾点和本案争议的焦点是什么，从程序上讲必须要明确双方争议的焦点是什么。作为被征收的企业而言，我们也一定要会凝聚、提炼我们和拆迁方的矛盾是什么。

1. 土地安置和拆迁补偿是主要矛盾

也许有很多企业家会说："矛盾点是能不能给予土地安置让企业继

续生产经营"或"拆迁补偿价格高低"。我们认为，补偿价格是根本矛盾或者说是后置矛盾，不应该在前期就作为一个主要矛盾点。作为一个谈判高手，一定把实体问题，即一些有充分的法律依据或对你特别有利的问题，作为对方的矛盾点。比如我们做的北京大兴区采育镇的一个工厂拆迁，以前用的是集体建设用地，并且经过了集体企业改制之后，买断集体建设用地，建设工厂厂房。然而在2010年这块地已经被征为国有土地了。这种情况在现实中比比皆是，征为国有用地的时候真正的土地使用权人还不知情，在2015年的时候又进行了实际的拆迁。按照最高人民法院的司法解释，如果集体土地被征为国有土地之后，隔了一段时间又进行征收拆迁，就应该按照现有土地性质进行安置，也就是说要按照国有土地进行安置。

但是对方不以为然，只想知道被拆迁的企业到底想要多少钱。那时我们律师给企业的建议就是后期再谈钱，前期要把主要矛盾点放在是否认可现在必须按照国有土地进行征收补偿，也必须按照国务院590号令《国有土地上房屋征收与补偿条例》来进行实际补偿。如果同意就往下谈，不同意就申请上级相关部门来裁决。

2. 整理焦点矛盾，建立有利的拆迁谈判平台

不跟拆迁方直接谈价格，而是先把前置文件、前置基础和平台先谈好。拆迁方往往先给一个评估报告，评估内容很不准确，也没有评估师签字盖章，潦潦草草就送来了。我们代理的案件中有些大企业做了征收资产评估报告，和拆迁评估报告有着天壤之别，因为拆迁方的拆迁补偿价格很低，而我们做的总资产打包一切出售的资产价格较高，两个根本不可同日而语，应该怎么办？

拆迁方会说拆迁不认可资产评估。但是拆迁征收就等于企业到市场交易，按照市场比较法或者市场公平交易的方式在市场上买卖，那么我们就要按照资产评估来进行实际测算。这个问题我们认为是个矛盾点。征收方会直接跟被拆迁企业说："不用说这么多不同，你想要多少钱？"一直这么问，但是不能接他的话茬，我们要把矛盾点放在"是认可企业的资产评估报告还是认可拆迁方的评估报告"上，你可以挑我的错，但是基础和平台必须放在我的资产评估报告上，而不能放在你的评估报告上。因为一旦放在拆迁方的拆迁评估报告上，再高

也高不到哪去。反之，如果放在资产评估报告上，再低也不能低到哪去。

所以谈判一定要抓住主要矛盾，要抓住对企业有利的矛盾点，有利于企业的基础跟平台，这才是谈判高手的重点所在。主要矛盾点和平台没有谈清楚就没有后续谈判。拆迁就是这样，把所有该罗列出来的企业损失，主要的矛盾点，都解决掉，那你的价格自然就呈现出来了。这就是谈判高手必须先建立起来的架构，把平台和基础价格弄好，谈起来才游刃有余，最后的补偿价格就不可能低了。

3. 把拆迁进行合理分期

第三个问题，要放在一定的时间段或拆迁期限内抓住主要矛盾，此过程分为前期、中期、后期。主要矛盾要放在哪？放在开始还是中期或者结尾？企业主谈判的时候，一定要对拆迁现状及周边或以往拆迁地方的做法了然于胸。这样心里就会清楚，大概的时间对方会采取什么措施、会用哪些方法，这样到一个层面，就会把期限分开，然后组织不同的矛盾和事实。前期只谈前期的事实，后期只谈后期的事实，这样可以把整个的事情理得更顺。在自由平台基础上，对己方有利符合谈判的总体原则，谈判时要对时期的整体划分做到心中有数。

把拆迁进行合理分期，然后就客观事实和法律依据，以及企业的各种实际状况进行磋商和谈判。如果拆迁方一开始故意跟你说："你看看有没有丢项落项，可以给你补充。"千万不要接这种话，这句话的意思是，建立在他的平台上，可能适当地放放口，有一些浮动。所以前期一定不要接这种话。但如果到了后期，就应该接这种话了，前期的平台和基础的都谈完了，对方还想给你上下浮动，这种诚意为什么不接呢？这是对时期话语的判断，对谈判方式的掌控。

4. 谈判的时候要有立场

第四点，对对方的一些手段和措施，在谈判时要有立场，并且也一定要采取手段和措施予以回击。就算征收方明显以拆违促拆迁，很多企业主也不敢打官司，害怕败诉。但是现在已经被认定为违建了，你为什么还不敢起诉呢？要给拆迁方充分的回击，回击后就是谈判的前置条件。就跟两军打仗一样，光谈是谈不出来，主要看打。产生怀疑，进行合法性审查，才会对对方产生心理震慑作用。对方采取具体的违法行政手段，如断水、断电、断路，你不能听之任之。拆迁方做完相关措施后再找你谈，你也不能露怯，不能因为断水断电使企业不能经营，就改变以前的立场和态度。一旦有了平台或者基础，就要贯彻谈判的立场、口吻和方式，不能随意改变，这是谈判立场的整体原则，必须让对方看出你的维权决心，才能给你让步。看你左右摇摆，一会儿这样一会儿那样，拆迁方还会让步吗？用拆迁方的话讲："一旦让我感觉可以拿下了，我一分钱也不会加。"因为拆迁方已经能把你拿下了，就没有了加钱的前提，拆迁方只有在用足了手段和措施仍然拿不下时才会加钱，要适应这种边谈边打的措施。

83

中小企业拆迁要忌"马拉松式" 拆迁谈判

在我们的维权实务过程中，也确实看到很多有能力控制得住拆迁方的违法拆迁行为，却没有能力跟拆迁方要到合适的征收拆迁补偿价格的情况，这怎么回事呢？通俗地说就是企业有能力在征收拆迁中避免遭受到一些侵权的行为，会让自己处于一种合理的法律保护范围之中，但是却没有能力按照市场交易的方式达到获得自己合适的补偿价值的目的。这在客观维权实践中表现出的就是马拉松式的谈判，没完没了，不知道谈判的终点在哪，不知道双方平衡点在哪，不知道双方应该如何坐下来磋商，始终是一种针尖对麦芒、剑拔弩张的状态，始终没有和谐稳定的谈判平台。这可能就会造成中小企业一拆迁就拆三四年，迟迟没拆，补偿额度也没拿到的情况。在此要提醒中小企业，一定要避免造成这种客观现实，一定要把双方的较量限定在一定程度，也就是说对方作为强势主体，有公权力的行政职能部门的配合是无可避免的，双方之间的权利悬殊是天然存在的，但是我们一定要懂得一个道理，我们不是一下把"跷跷板"压起来的，如果征收方没有一点力度或者回旋的空间，也达不到维权目的，这就要求在压的过程中要适度，要使"跷跷板"处于平衡的位置，让征收方对你产生不了行政侵权的作用，你在追究对方违反侵权的行为也要处于合法合理的范围内，只要在一种势均力敌的情况下，"跷跷板"就会不断地晃动，在晃动过程中找到平衡点，达到双方都满意的平台基础。所以说在这些方面我们在实践维权中会特别刻意地对企业主做一些提醒性的工作，不要仅仅做到了遏制拆迁，还要建立合适的谈判平台。有很多企业周围都拆迁完了，只剩自己了，水电路生产条件都不符合生产条件了，却迟迟谈不妥，影响到自己下一步的生产经营。是搬走还是不搬走，下一步如何选址、如何重建厂房都是问题，征收拆迁谈判确实是一门大学问，希望中小企业能够吸收一些经验能够做到有理有据得到合理补偿款。

可能有些中小企业还有很多疑惑，怎么才能取得谈判胜利？在实践维权过程中越来越向好的法律环境变化，如果对方错误的违法行为确实非常严重，把对方战胜的可能性也是非常大的，所以平衡点是非常重要的。

84

怎样抓住企业拆迁关停的最佳和解机会

在企业拆迁案件办理过程中，被拆迁企业主往往在拆迁谈判中存在很多误区，以及不知掌握哪些基本的知识。笔者通过代理的真实企业拆迁案例解读，为广大企业主深入分析怎样抓住企业关停拆迁最佳的和解机会。

一、案情介绍

北京市石景山区的一家企业，正规的征收拆迁项目从 2007~2008 年开始：是一家房地产公司要在此地块上进行房地产开发。第一轮评估达到了 2000 多元一平米，包括了企业的停产停业损失以及装修和地面附着物（也就是房屋建设成本价）补偿。第二轮评估大约达到了将近 4000 元一平米，这是在 2007~2009 年期间，此时补偿额度已经实现了翻倍。

企业的自身状况：改制型企业，在 20 世纪 90 年代初的时候，通过村办企业进行一次性买断，完成了改制。以前是集体所有制企业，后变更为私营企业。但是，企业这种变更的方式所采取的是与当地的村委会签署了租赁合同，实际土地属于租赁性质，仅地面附着物归企业所有。

在此之后，此事一拖再拖，直至 2015 年，棚改项目重新启动改变了原有的征收拆迁，此时当地住建委的征收拆迁部门，又重新介入了这个案件，再次进行了评估。此时的评估所价格大概是 3000 元一平米。征收方给出的理由是，被征收企业虽然是改制企业，但与当地村委会签有租赁合同，土地性质并未发生改变，所以作为征收方只承认企业地面附着物的损失，不承认土地使用权本身的损失，这部分补偿不予给予。不能获得这部分补偿，对于被征收企业主来说是万万不能接受的。

二、律师办案

综合上述案件事实，我所根据近十年企业拆迁维权经验，通过深入的实务分析，为当事人制定全方位合理合法的维护权益方案，最终为被征收企业主争取到了满意的合理补偿。

1. 我所律师团队对该被征收企业所处地块的实际市场价值进行分析评估。被征收地块的地理位置在北京的五环与六环之间，其土地使用权所体现出的市场价值是可想而知的。因此我所作出切实的分析：真正的地上附着物和停产停业损失大约只占整体补偿数额的 30% 以上不到 40%，而除此之外的绝大部分价值都体现在土地价值上。我们根据多年企业拆迁维权经验总结出，针对这种一线城市的土地，土地在整个的补偿项目和补偿总额当中，大约都能占到 70% 左右。也就是说，到最后获得 10 000 元钱一平米（的补偿），当中大约 7000 元钱都是来自土地使用权的补偿。

2. 依照上述事实分析，制定维护企业权益的方案，与征收方展开博弈和争取。经过我所律师团队的实务分析，改制型企业当初进行了一次性买断，实际已经完成了建设用地使用权的转让行为，按照严格的法律依据，被征收地块已变更为国有土地，那么征收方应该适当适用国有土地的补偿价格给予补偿，据此经过多个回合的协商谈判，征收方最后给出了 8400 元一平米的补偿价格。

3. 综合分析征收拆迁大形势，为企业主审时度势提出合理化建议。众所周知，若按照当时的国有土地的市场价值进行计算的话，被征收地块的补偿价格可能还要更高。但在此时，我所律师团队分析指出，近年来北京进行大规模非首都化功能疏减，具体措施就是大范围的拆违建。在这种大形势之下，有可能会直接影响到一个征收拆迁项目的补偿数额执行范围。况且一旦被征收企业主执意要求更高的补偿数额，很有可能导致征收方对其施压，例如查工商、查税务、查消防、查违建等，步步紧逼，给企业主造成更大的心理压力以及更多的停产停业损失。综合上述情况分析，我们给企业主的建议是，得到八千多元一平米的补偿，已是一个合理化的补偿范围，应该达到心理预期，让事情到此结束。企业主听取了我们的建议，综合客观地分析了各方面因素，最终以八千多元的合理补偿数额与征收方签订了补偿协议。

三、专业解读

为总结相关经验，我所律师后期有跟踪回访了上述案件。从中，我们就发现了以下几个特点，第一，截至目前，被征收企业主的建筑并没有进行拆除。也就是说此处土地并没有进行实际利用。第二，通过走访我们发现，周边相类似的企业均受到了很大的政府压力以及心理冲击，所签订的补偿价格均没有我所代理的企业主所签订的补偿价格高。第三，周边类似企业签订了补偿协议后，政府拖延给款时间。但是当初当事人委托我所代理的这起案件，企业主那个时候答应款项以后，我们建议他所提出的要求就是，一次性给予全款，最终企业主在签订补偿协议一个月内就拿到了全款。综合分析以上案例，北京吴少博律师事务所为您专业讲解企业拆迁中如何抓住最佳的和解机会！

首先，企业拆迁争取和解机会的误区有哪些？

1. 被征收企业对补偿数额报价超高。我们在实务当中也遇到过相关案例，就是企业主报价完全超出了市场预期，也超出了征收方的可承受限度。由此可能会造成以下三种后果：（1）征收方不再与企业主进行平等谈判；（2）征收方将更肯定地打压被征收企业；（3）征收方甚至会采取一些强制性行为。据此，笔者劝告广大被征收企业主：报价一定要合理，况且一旦报价，不可轻易浮动，要有充足的事实及法律依据，不能超出正常人的理解范围，综合考虑合理的报价区间。

2. 被征收企业主采取过分动作。我们在实务中也看到很多案例，对方尚未采取实际的征收行为，被征收企业主就过分地去对征收方进行质疑，甚至信访、上访或者说找一些私人关系、多方关系去介入此事，反而把一湖清水搅成了浑水。此种情形，将不利于企业主抓住一个恰当的谈判机会以及争取一个合理的补偿数额。

3. 被征收企业主过分煽动周边情绪。通常来讲，一个征收拆迁项目启动，往往不是拆一户，而是拆多户。此时若有一方被拆迁当事人煽动其他被拆迁方的情绪，甚至鼓动大家采取一些过激的抵抗行为，那么此时这方当事人将被当作"出头鸟"，遭到征收方的重点打压，最终往往会失去最佳的和解机会。

此外，针对上述几点误区，北京吴少博律师事务所综合多年企业拆迁维权经验提出以下几点建议，供企业主在进行企业拆迁谈判中参考。

1. 合理报价，摒弃拆迁等于发大财的想法。企业主一要确定自身的承受范围，实事求是，提出合理的，可期获得的报价区间。切忌不要有拆迁等于发大财的想法。纵观当前法治越来越健全的条件下，我们要争取的永远是一个合理合法的补偿。

2. 抓住对方违法的"牛鼻子"。这里讲的就是企业拆迁谈判的经验问题。实践中，如果征收方一旦暴露出违法之处，此时作为被拆迁企业一定能要牵住对方的"牛鼻子"，始终把握住谈判和解的主动权。当然，更要做到张弛有度，伸缩有力，或点到为止，或抓住不放。过分紧逼，往往对创造最终和解的机会也是不利的。

3. 企业主要预知预判自身短板，评价自身的风险，抗压有度。就此，可以举一个真实的案例。这是一个我所曾经办理过的吉林省吉林市的企业拆迁案件。简而言之，通过律师介入，制定专业方案，最后从最初的一千多万补偿数额争取到了六千多万的补偿额度，已基本达到了市场预期价格。但是被拆迁企业主认为其预期利益损失过大，想要争取八千万到九千万的数额，甚至上亿的补偿。当时我们便给企业主提出了警醒，拆迁当中我们争取的补偿都是有事实根据，有法律依据的，不能凭空妄想，劝告企业主接受这个补偿价格。但是企业家对损失预估过高，以及对自己的能力和综合判断过于乐观，结果造成的对方迟迟不谈了，并且由于对方换了相关的谈判人员，补偿款从六千多万又减少到了一千多万。最后，由于企业主其在其他地方又重新建厂投资，进行了大量的贷款，承受不住巨大的资金的压力，于是在三千多万的时候就签署了补偿协议。综合以上案例，我们总结出，这其实就是企业主没有把握好"见好就收"的原则，最终还是造成了一定的损失。

4. 企业主应充分利用好"回避"手段。充分运用回避这步好棋，对可能产生的不好回答的、不好做决定的，以及对可能产生的巨大冲突问题，可以规避相关风险。回避运用的到位，就能减少巨大矛盾的产生。减少巨大矛盾的产生，就是在创造好的和解机会。

85

企业拆迁维权是一场怎样的较量

政企之间的纠纷往往一开始是力量悬殊的，拆迁方是管理者，企业是被管理者。企业在面对被拆迁的时候往往是处于劣势的，这种情况应该怎么办？有没有一种办法解决这种情况？企业维权到底是一种怎么样的较量？下面我们就从两个方面阐述这个问题：企业拆迁维权的难度到底在哪里；我们现在寻找的企业拆迁或者重大政企纠纷的解决途径是什么。

众所周知，企业征收拆迁是现在我国政企纠纷中一个比较典型的纠纷形式。而且在现实生活当中所体现出来的政企纠纷，主要反映在中小企业不动产征收拆迁涉嫌违章建筑以及土地使用权等相应的纠纷上。企业征收拆迁到底属于一种怎样的政企纠纷？

企业拆迁纠纷解决的难度在哪里？从客观实践的角度总结，现在整个企业拆迁纠纷当中充分体现出来的，在以下六个方面有一定难度：

第一，无明确法律依据。即在进行征收或者拆迁的时候，没有具体相应的法律依据。若干年前就准备研究制定的《全国集体土地拆迁管理办法》，至今仍未出台。目前我们所依据的《土地管理法》有些地方依然体现不了征收拆迁的补偿原则。我们都很清楚，按照《土地管理法》对耕地进行补偿没有太大影响，但是如果利用集体土地修建厂房、做养殖行业或者生产加工行业等，此种情况下的法律依据和政策就是缺失的，这就使很多地方在解决这种企业拆迁纠纷时，无法提供准确的法律依据。即便可以参照相应的法律依据，但却无法准确适用。这是一个客观现实。

第二，法律依据冲突。这种冲突主要存在于上位法和下位法之间。在《国有土地上房屋征收与补偿条例》（590号令）以及适用的房地产评估规范中，对一些评估方法的适用有明确的规定，比如，现在基本上适用的是四种评估方法：成本法、市场法、收益法、假设开发法，在进行单纯的土地评估交易的时候，有些也适用基准地价法。这几种方法根据法律的规定，本应合理对企业进行使用，但是各个地方在出台国有土地征收补偿办法以及暂行办法的时候，往往采用的还是成本法或者市场法，对企业的收益或者下一步造成的潜在经济损失没有进行收益法充足的量化。从这个角度来说，上位法和下位法在使用过程当中的冲突，在现实生活中比比皆是。

第三，企业的客观事实无法进行准确界定。这种情况往往都是有一定历史原因的。比如，从村委会一次性买断了50年的集体建设用地使用权，却没有办理集体建设用地使用权证，但又确实是通过招投标或者拍卖的方式一次性买断的，这种状况应该怎么认定？到底是认定他有没有集体建设用地使用权呢？又比如，集体建设用地使用权以前是没有年限的，像家里的宅基地就是这种很简单的情况。但即便不能严格地界定使用期限，但是却可以界定使用用途，因为集体建设用地本身就是非耕地的形式。有很多企业没有取得这样的集体建设用地使用权证，是因为20世纪80、90年代的客观现实，是一种客观的过渡现状造成的。因此，这个土地使用权到底认还是不认，当中可能会掺杂一些企业的客观现实和企业当时取得不动产的客观原因。

第四，地方部门在进行企业征收拆迁补偿过程当中往往给的价格非常低，并且如果你不接受这种低廉的价格，后面就会施加很多强制性的手段，如确定违章建筑，确定环保、工商税务和消防不合法等，用强制性的手段进行压制，签订不合理的补偿价。在这过程当中，拆迁方的行为往往还掺杂了一些违法行为，比如，按照《行政强制法》第44条的规定，即便认定为违章建筑，也必须等到复议或诉讼结束之后才能进行强制执行，这是一个前提，但是有很多地方相关部门认定后就立即进行强制执行，甚至不管哪些是有房产证哪些没有房产证的，其目的就是进行全部拆除，这就掺杂了拆迁方的违法行为。

第五，企业自身"狮子大张口"，或者变相附加条件。在谈企业征收拆迁的时候，按照基本的原则，当事人有选择获赔补偿或者土地安置的权利，这是作为住宅和企业的两项基本权利。但有些企业主在要补偿的时候狮子大张口，甚至严重脱离了他所在区域的市场价值。比如，有一个北京企业，我们按照当地的市场价格评估他的企业拆迁损失在 4000 万左右，但是没想到他自己张口就要 2 亿元。以前还听说在北京陶然亭附近有一个 16 平方米的公租房，向对方要 1 亿元的补偿。这种狮子大张口的情形，也是出现政企纠纷、企业拆迁纠纷难以解决问题的一个原因。另一种情况是变相附加很多条件。比如，现在没有土地证的，要求下一步安置的时候补办土地证；一个加油站要求必须在优质的地段重新安置一块土地等，这就变相额外附加了一些在地方部门看来难以达到的条件。

第六，社会第三方机构以及司法或行政机关的监督缺失。在进行拆迁补偿的时候，不管是征收方还是拆迁方，都会委托评估公司或者拆迁公司参与，评估公司往往是谁委托就对谁负责，有些时候给的评估报告没有人盖章也没有人签字，完全是按照征收方的个人意愿给出的，没有进行实际的区分，拆迁方怎么说评估公司就怎么做，这就是第三方机构的诚信缺失和监督缺失。不久前最高人民法院作出了不允许法院配合建筑工程、征收拆迁的相关部门行为的要求，现在为了维护地方部门的公信力，也出台了相应处理办法。司法机关本身就是对行政机关实施监督的主体，如果这种监督缺失了，对企业主而言就会造成更加严重的不公平、不公正。

我们总结的六种情况在政企纠纷和企业拆迁纠纷当中有很高的出现概率，也正是这几种情况导致企业拆迁纠纷很难得到解决。

我们用了将近十年时间来积累经验、探究这种政企纠纷、企业拆迁纠纷有哪些好的解决途径。我们总结认为，解决途径还是比较简单的——引入有制约力或者公信力的第三方参与到整个企业拆迁解决的过程中，他们起的作用是监督整个过程，满足合理合法的需要和状态。法院在面对社会影响力大的案件时，通常会邀请一些专家、媒体、人大代表来，这样就满足了三方解决政企纠纷的条件，这么做是因为在这种政企纠纷中，相关部门作为管理者，企业作为被管理者，双方地位不平等。那要怎样才能形成一个近乎平等的谈判状态呢？这就必须有相应的主体参与进去，并且对双方都能产生制约，对整个事态有一个评判的权利，并且最后还能具有一定的执行力。总的来说，参与主体越多、公信力越强、执行力越高，政企纠纷解决的可能性越大。所以我们说在企业拆迁解决过程当中，特别是一些大型的、有典型性的、双方矛盾比较突出的情形，在企业跟相关部门谈判的时候，都喜欢拆迁方的监督部门也就是人大派出相关的人大代表，笔者也在北京请相关的媒体，或者对整个产业有一定知识功底的法学专家或者产业专家，共同坐在一起监督谈判过程和解决过程。只有过程合理合法，结果才会合理合法，没有合理合法的过程保障，结果肯定是不公正的。所以我们在做这类案件的时候，会尽量引入更多有公信力的主体，更多对双方都有制约力的主体，来帮助我们妥善解决这种政企纠纷。

政企纠纷解决的难度以及解决的途径在哪里、如何进行双方的较量、最后的结果怎么使双方都感到公平、认可，过程的监督是非常必要的，必须引入三方、主体越多、公信力越强、执行力越高，就越能达到最后的结果公正。只有公正的过程才能保障达到公正的结果。

86

企业拆迁中遭遇"三断"怎么办？

中小企业主在面临拆迁的过程中往往都会遭遇"三断"的情况，"三断"即断水、断路、断电。究竟拆迁方利用"三断"要达到的目的是什么？被拆迁企业遭遇"三断"时应该怎么办？

（一）"三断"的目的是什么？

首先我们必须要明确"三断"的目的是什么。断经营、断生产、断你在这个地方继续留存的目的。特别是对租赁厂房的被拆迁主体而言，"三断"非常有效，只要采取"三断"方式当中一两种，往往租赁厂房的企业主就会搬迁。这样拆迁方就成功达到了打击你的目的，之后的拆迁谈判对于拆迁方就会特别有利。

（二）遭遇"三断"怎么办？

如果遭遇"三断"应该怎么办？不仅要从法律的角度，还要从实践角度维护自己的权利。那么，如何调整维权的思路，如何保持平静维权的心态呢？

1. "三断"之断电

在实践中，中小企业主遇到最多的就是断电。对生产型的中小企业来说电非常重要，机器设备的运转都需要供电来完成。拆迁遭遇断电也要分各种情形：有的是有自己的变电设备——变电箱是自己的；有的是别人的变电箱，这就需要不同的维权方法。如果自己有变电箱，那就需要跟供电局就是直接供电合同关系，虽然供电局也更多是听拆迁方的，但是供电局也不想因为简单的供电关系遭受很大的损失，所以把主要的诉讼压力、舆论压力和最后承担损害赔偿的压力都压到供电局身上，会对其产生很大的心理影响。反过来讲，如果不是自己跟供电局之间保持供电关系的时候维权效果不明显。尽管有些中小企业主说："拆迁补偿条例不是说不能采取断水断电的方式来逼迫企业主搬迁吗？"这都是理论层面的，我们所遇到的中小企业，在实践中几乎都会遇到断水、断电的情况。

如果没有供电关系，建议首先要考虑自己供电，像柴油机供电、电泵供电等，必须先恢复供电让自己的生产经营不受到很大影响，然后协调如何让供电局恢复供电。

2. "三断"之断水

遭遇断水对于中小企业来说没有意义，企业本身对于水的用量不是很大，不管是生产用水还是生活水对企业来说影响都不大。

3. "三断"之断路

拆迁方最恶劣的方式就是断路。在门前挖一条沟，让你的车出不来也进不去，这样会对中小企业产生很大的冲击，而且这种方式对拆迁方来说屡试不爽。这个时候就要采取自力救济，法律角度来说当事人当然有通行的权利，这是相邻权的问题。所以此时可以采取自力救济的方式把沟填掉，过程中一旦要产生纠纷的苗头要及时求助于警察。在客观现实中我们也是这样做的，而且基本上没有产生很大的冲突。通行的相邻权在法律上是有依据的，在没有产生冲突的前提下恢复自己通行的权利，是可行的。

在此我们要提醒中小企业主，遇到"三断"问题，首先要保持平静的心态，不要过于急躁，稳定自己的心理，视具体情况采取避免过大风险的自力救济行为，另外要随时拿着法律手段配合，这些方法在实际拆迁维权中都会起到一定作用。

87

企业客户遇到搬迁或者关停关闭应该如何确定维权目的

企业拆迁达到的维权目的是什么？企业主一定要对这个问题有理性的认识，到底应该怎么维权？维权到最后我们要的效果是什么？绝对不是一些企业主和被拆迁人所言的"补偿金额要的越高越好，要的越全越好"，我们认为这都是一种不理性的说法，一定要确立自己的维权目的。

拆迁律师建议，企业遇到拆迁的时候，维权宗旨和目的一定得是给企业争取生存以及发展的空间。用一句最宽泛的话讲就是让企业下一步还能生存，在生存的前提下还能给企业留足一定的发展空间。当然这里包含的因素和方式很可能是多种多样的。

首先要保留生存条件。比如有的企业需要很大经营的面积，拆迁的时候要优先考虑安置问题，从哪再找一片土地来重新安置企业？也不排除很多企业关停关闭后就转行不做了，这种情况就把补偿争取得越高越好，争取到不能再高为止。但是80%的企业都要留出下一步生存的基础条件，生存的基础条件就是土地，有了土地以后相关部门还得配合企业办理相关手续。特别是现在查违章建筑比较严，没有建设工程规划手续的房屋现在都处于法律风险比较大的时刻，能有合法的土地显得尤为重要。

考虑完土地后，相关部门还要配合把相关的证照办齐，把建筑建起来，而且允许下一步生产经营。现在的污染行业，像化工厂、煤矿、砖窑厂几乎都要被关停关闭了，关停关闭后还有生存的空间吗？所以要跟相关部门进行妥善的协商，留存下一步生存的基础和条件。

不光要考虑生存还需要发展，企业怎样给自己留出发展的基础条件？发展的基础条件我们认为无非是这么几个方面：首先有足够的资金，当资金量不足的时候，要有银行贷款的支持，还有就是生产的技术条件。

土地房屋以及相关的证照的办理，各个方面相关部门能够配合办理，特别在土地的选择上要具备优良的交通条件和基础设施条件，水、电、气各方面都能达到合理的条件基础，还要考虑市场占有是不是带有一定的区域因素，比如汽车4S店就是带有区域因素的行业，本身在这个区域为客户服务，离开了这个区域他的客户资源就不存在了。特别是从事区域类业务的企业，一定要考虑重新建设厂房的地点，对下一步客户的吸引和生产、运输经营条件是否有利。

企业主在拆迁的时候要给自己留出生存发展的空间，不是要多少钱，也不是要多少地，而是要综合考虑拆迁补偿方案，结合当地的具体情况研究。就像我所代理的长春的案子，长春当地有工业园区，企业就可以纳入到工业园区，即便企业的纳税额度不够工业园区的纳税额度。可以凭借拆迁项目跟拆迁方谈判，从环评和税费角度都可以进行谈判，总而言之要给自己留出谈判空间。

88

行政关停企业，企业怎么办？

大部分法律规范倾向于把行政关停作为一种行政处罚来定性，但是还有一些情况给行政关停戴上了行政强制的色彩。企业关停的法律定性不清晰，企业主面对关停手足无措，到底应该怎么办呢？

一、企业关停的原因我们总结了以下五种

1. 政策性关停

拆迁方以一个任务或者命令式的政策关停企业，是带有政策导向性的，针对的是一个省或市的范围内所推行的整体工作。政策性关停可能会出现大范围内的关停或者某一类具有共同特征的企业被关停的现象。在北京的非首都功能疏解、浙江的"三改一拆"等都是政策性的关停。

2. 环保性关停

环保性关停在现实生活中出现的概率逐渐变高，因为禁养措施和环保力度加大，一些带有污染性的中、小型行业都在进行关闭关停，特别在江浙沪地区尤为常见。污染行业的关闭关停是大势所趋，企业主要对这方面有充分认识。

3. 产业性关停

像上海的"198工业用地减量化"和"五违必治"，这两项政策主要是对一些工业上能耗大、污染大并且经济贡献比较低的工业场地进行关停和腾退。这是继续发展必然会遇到的选择性问题。

4. 用地性关停

用地性关停主要是企业可能涉嫌违法用地的情况，这种性质的关停很有可能会导致企业被拆迁的结果。很多企业在实践中改变了集体土地的用途，农用地或者养殖地被用于工业建设，被相关部门认定为违法用地进行拆除。

5. 处罚性关停

企业关停最后一般都会落实到处罚和强制行为上。处罚性关停是指企业存在消防、安全、环评等不达标的情况，为了达到处罚的目的，拆迁方会采取一些关停手段。

二、有这么多情况都会使企业面临被关停的风险，当面临关停的时候，企业要思考哪些事情呢？

1. 了解关停的相关政策

了解政策的大趋势是什么，才能更好地维权和发展；明白作出关停的行政主体是谁，才能有针对性地实施下一步的复议或者起诉；知道补偿政策是怎样的，才能游刃有余地和拆迁方谈补偿；对关停周期的安排了如指掌，才知道应该如何确切计算停产停业损失等。除此之外，根据《环境保护法》《大气污染防治法》等法律法规来看，没有规定企业必须全部直接关闭关停，有的时候还会实施限电限产、罚款、实行停业整顿或实行一次性关停关闭。这方面存在着法律的递进关系，这是关于企业关停的具体实施程序。

2. 如果没有到期关停，会有什么后果？

如果企业由于主、客观原因没有按照拆迁部门的指示到期关停，由于关停具有强制性，拆迁方就可能会采取一些处罚措施和强制手段。轻则罚款，责令停产停业强制关停，重则被吊销营业执照和许可证，甚至还会出现暴力执法、暴力拆除等，这在现实生活中也是遇到过的。

企业关停的后续措施在法律上没有明确的界定，所以企业主遇到关停会六神无主。整改后能不能重新申请许可证和营业执照，关闭关停后能不能重新营业，重新营业的标准是什么，关停后的资产如何处理，补偿怎么计算。

3. 损失额度统计或评估以及可否满足转产要求

要求相关部门赔偿损失的数额一定要结合实际，做到心里有数。不少企业在被关停以后，为了继续生存下去往往会采取一些措施进行转产。要把赔偿的数额和企业下一步发展结合起来。

三、我们对被关停企业的维权路径有以下建议

（1）向关停主管部门陈述企业自身情况，包括损失、企业发展前景、企业关停后续安排争取政策扶持。

（2）向企业产业发展主管部门反馈情况，积极争取产业导向政策和资金。

（3）对关停行为要求其上级机关进行复议审查或进行司法审查。

（4）对企业的改造升级进行预订方案设计。

（5）协调拆迁方相关部门积极谈判。

89

企业拆迁中的分割之诉

企业拆迁中的分割之诉是在实践中经常遇到的问题，到底什么是分割之诉，提起分割之诉的条件有哪些，下面将从四个方面来分析讨论这个问题。

第一，想要提起分割之诉，首先要满足主体资格要求。主体资格的基本判断前提在于是否与本次拆迁最后获得的补偿款有利害关系。从民事法律的角度来讲，作为利害相关人，应很清楚这种企业拆迁当中的分割之诉处于民事诉讼的范围内。在实践当中，有两种可能提起企业拆迁分割之诉的主体，其中最多的就是承租户。承租户租赁某企业的土地和厂房进行生产经营，取得营业执照和纳税登记等就有了基本前提。如果这个地方要进行拆迁、动迁或征收，在法律上有利害关系，承租户就有权利提起企业拆迁中的分割之诉。这是实践中出现最多的一种情况。

另外还有合伙，合伙情况在真正的拆迁当中有两种：第一种是共同建造房屋。某房屋是 A 和 B 或者甲和乙共同建造的，如果 A 或者甲把这个问题全处理了，并拿到了补偿款，你就可以以利害相关人的身份提起分割之诉，因为房子是你建的或者参与建的；第二种是经营上的合伙人，经营上的合伙人必须排除股权已经登记的情况，股权已经登记的，要适用《公司法》的规定进行利益分割。现在我们谈到的企业拆迁分割之诉只是简单的实际经营合伙关系。实践当中提起分割之诉的主体最多的就是这两种情况：一个是房屋的共同建造人，一方出土地一方建房屋；另一个是经营的广泛式的合伙关系；再有就是前述的承租户，承租土地或者厂房进行实体经营，也有权利提起分割之诉。

第二，诉讼请求。诉讼请求只有一个，即已经确定的补偿款项——由某一方跟拆迁方签订补偿协议并且可能已经拿到的补偿款。有两种情形：其一，有可能这一方已经签订了补偿协议，但是款项尚未拿到；其二，款项可能已经拿到了。不管是哪一种情形，你都有权利在这个过程中提起分割之诉。因为只要签订协议，就和拆迁方确定了相互的权利义务关系，这样不管款项是否到位，都有权利提起分割之诉。

第三，事实理由。从证据方面来说应该有这么两个方面：

（1）证据是什么，事实理由的依据就是合同。承租户所签订的租赁合同中，如果有关于遇到拆迁获得补偿怎么分割的具体约定，就从约定。因为这是在租赁之初对双方权利义务关系的确定，要遵从合同的约定。

（2）实际租赁以后，对其实际添附。比如，进行了装修、厂房的重建、改建、扩建等。如果说在原租赁合同当中没有约定添附，就按照"谁添附谁受益"的基本原则，这个装修是谁做的，其补偿就应该是谁的。就算房子是租的，只要承租人做了装修，双方也要进行分割。

第四，现状，即实际经营者是谁。企业可能有好几个营业执照并且都在进行纳税，但实际经营主体可能只有一个。尽管房东在这可能也有营业执照，但并不是实际经营主体，这就要把停产停业损失补偿给实际经营者。不能忘记前提——租赁合同有无特殊约定，没有特别约定的可以这样来处理。这些做法都要建立在一个合理性和合法性的基础上。

这都是从分割之诉的角度来讲的，下面介绍几个司法实践当中的基本规律。

首先，营业损失、一次性停产停业损失在实践当中的分割方式有很多，这取决于法官的自由裁量权。在北京，基本上是四六分或者三七分，偶尔也有对半开的。一般情况下是实际经营者获得70%，出租方获得30%或40%。因为从法律上讲，这种出租关系如果取得了出租营业许可，就是一种合法经营行为。但是一旦到了司法实践和判例中，就会被认为即便没有取得出租许可，但是出租行为也是一种盈利行为，停产停业损失也应该适当地分割给你一部分，这是一个基本规律。

其次，很多合同当中约定的"无条件搬迁"是不是完全等于没有任何补偿？从简单的书面字语来理解的话，应该是这样的。无条件即不提任何条件来进行搬迁的，特别是一些大城市，三年五年可能就会涉及征收拆迁。所以出租人往往首先考虑的不是租赁的收益，而是希望一旦租出去后遇到拆迁不要产生太大的麻烦，往往都愿意不要补偿，无条件搬迁。但在一般的司法判例中，即便是表述为"无条件搬迁"，也会对搬迁费和机器设备，即实际损失，适当地予以承租户一定的补偿。

最后，补偿项目跟补偿金额。很多补偿协议往往都没有列明所签订的补偿项目，如土地区位价的价值、厂房重置价的费用、一次性停产停业损失费、装修、附属物、机器设备的价值和搬迁费等都没有具体列明，只给出一个总额度。在实践中按照总额度区分的基本原则是要根据评估报告、评估的具体结果来进行。如果补偿项目已经具体列明，那就可以直接进行分割。

90

承租土地建厂房或租赁厂房遇到拆迁怎么办?

在承租土地进行场地建设或是直接租赁的厂房进行生产经营时,遇到拆迁怎么办?我们认为有几个问题是比较关键的。第一是怎么补偿的问题,第二是与地主或房主的关系如何处理,第三个问题就是与拆迁方的法律关系应该如何处理。

1. 直接租赁的厂房用于生产经营遇到拆迁怎么补偿

将承租户本身没有的使用权或所有权排除在外,其他的补偿都应该属于承租户。之前在《法律大讲堂》上笔者说过:厂房拆迁有六个补偿项目,除非在签订租赁协议的时候约定,如果遇到拆迁承租双方对补偿进行分割。比如,只租赁了土地,在拆迁的时候可以获得厂房重置价、停产停业损失、装修附属物搬迁费、机器设备等相应的补偿。如果租赁的是厂房,土地和厂房的补偿都不属于承租户,只要其他的补偿不放弃,都应该属于承租户,停产停业损失属于实际经营者。

如何确定实际经营者?实践中有两种观点:一种观点是实际经营者是正常纳税,取得营业执照并且实际经营的人;但在实践中也有观点认为房东的出租行为也是一种经营行为,一旦双方到法庭上打分割之诉的时候,就会给房东批出 30% ~ 50% 的份额。有些地方认可房东的租房行为,即便没有取得房屋租赁的相关许可,但租房行为是生产经营行为。

2. 与房主或地主的关系处理问题

承租户遇到拆迁时,往往地位比较弱势。拆迁方只和房屋所有人谈,次承租人是不针对的,也就是承租户的利益往往需要房东或土地所有人来做决定。在做决定的时候会减少甚至放弃租户的利益,这反映了承租户的弱势地位。承租户本身应该获得很大的补偿,但是由于房主对利益的放弃、减少造成利益损失。在这个问题上承租户一定要争取主动地位,参与到实际拆迁谈判中去。

3. 与拆迁方的法律关系

由于承租户和拆迁方之间可能不存在直接的征收与被征收关系，即拆迁方作为拆迁主体，不动产的使用权人和所有权人才是被征收主体。但是由于租赁方不存在这种关系，往往处于弱势。在这里要提醒承租户，你虽然不是被征收人，但你是利害相关人。从民事法律关系也好，从刑事法律关系也好，只要是利害相关人，就都有权利参与到实际的协商谈判中去，包括一些诉讼等法律程序的提起。你的诉讼主体资格都来源于利害相关性，拆迁不是仅仅针对征收人或被征收人的主体资格，在这一点要提醒承租方。

91

遭遇禁养及污染环境关停的养殖场该如何维权？

由于禁养政策，2016 年已有不少养殖场关闭、整改或者迁移，2017 年禁养还会继续，将会有更多的养殖场关门。为什么要划禁养区？禁养区划定有什么标准？

20 世纪 80、90 年代各地发展养殖种植类行业比较多，因为养殖行业入行门槛低而且能够解决村民工作、收入来源的问题。随着时代发展，现在对环保的要求越来越严格，各个地方都在划定禁养范围，特别是在一些水源保护地。从全国来看，津京冀、珠三角、长三角等范围，还有江苏、湖南等重点水源保护地，以及名胜古迹保护区的范围内都划定了禁养范围，目的是保护环境以及保障居民的健康生产、生活。

遇到禁养以及因为环境问题而关闭的养殖场、养殖小区，养殖场的经营者到底如何维护自己的权益？

从国务院公布的规定看，2017 年年底之前要关停、关闭、搬迁全国禁养区内全部的养殖场或养殖小区，有利于净化水质和大气环境，支持进行规模化改造以及规模化建设。我国《"十三五"生态环境保护规划》中也是如此进行要求的，并且结合《全国畜禽养殖污染防治"十二五"规划》，全国范围内的养殖场进行关闭搬迁势在必行，是不可回避的问题。2013 年国务院规定的《畜禽规模养殖污染防治条例》当中所划定的禁止养殖行业建设的范围主要是饮用水水源地、自然保护区、名胜风景区、城镇居民区及文化教育科研研究区。在具体实施的过程中，对新建养殖场的选址要给予严格的审批，对前期未在禁养区范围之内的养殖场进行严格监管，比如缺失证照的要补办。一旦划到禁养区范围内要停办动物检疫合格证明，停发动植物养殖补助等资助资金。

这就是前边讲的全国形势，现在所采取的手段和方式都是合法的，但是到实践中就可能变成不合法方式。有很多养殖场直接被停水停电、强制拆除，或者直接强制把养殖的畜牧处理掉，这些不合法的行政强制行为，在现实中是真实存在的。

按照国务院审批以及各个地方所公布的畜牧养殖环境的落实办法，我们认为在禁养维权的过程中要注意四点问题。

1. 首先要考量是否纳入禁养范围

一般情况下，禁养范围的确定要考量当地的市、县、区域级相关部门是否有相应的行政命令、红头文件、抽象性的行政行为来划定禁养区域，"十二五"规划和《畜禽规模养殖污染防治条例》要求各个地方制定自己所辖区域内的禁养范围，比如，江苏规定的是水源保护地平均 1000 米半径范围内不能存在养殖场，湖南长沙规定的距离是 500 米范围内不能存在养殖场。各个地方划定的范围是不一样的，但主要都划在水源保护地、风景名胜区等地，这些都是禁养的主要范围。地方相关部门都要制定、公布、实施这个规划的实施办法。首先要核定区县相关部门有没有制定规划，如果制定了，养殖场是否划定在禁养范围内，如果养殖场不符合环境的要求，就要确定是否在对水源保护产生影响的范畴内。

2. 从合理性讲，是否达到污染搬迁必要性

这个问题要分两个角度来讲。如果土地没有纳入禁养范围，进行环保关停就要看有没有搬迁关停的必要，这是从合理和部分合法的角度来说的。如果纳入到了禁养的范围内，这就不是一个重点问题了。我们曾代理江苏昆山的禁养案件，首先通过查询信息公开发现该养殖场并未纳入禁养范围，但是该养殖场确实缺乏对污染环境处理的相关

设施，最后申请增加污染处理设施，进行二次处理，并且请求环保部门进行批示，补办相关证照后继续从事养殖工作。

3. 具体行政行为的落实

关停、搬迁、关闭是具体行政行为的一整套执行程序，最早下达的关停通知的行为就是一个具体行政行为，这可能是一个具体的行政处罚行为。按照我国《行政处罚法》规定以及《行政诉讼法》《行政复议法》的配套规定，养殖场对行政处罚行为有复议和诉讼的权利，对是否应该实施关停关闭有纳入到法律司法审查的权利。

按照《行政强制法》第44条规定，在复议、诉讼结束之后，如果关停关闭涉及的建筑物还是必须要拆除的话，才能纳入行政强拆或司法强拆的过程。现在各个地方在关停关闭的具体措施上是有出入的，有的地方是断水断电后置之不理，只要水电不恢复就不能进行养殖行业，养殖场只能停业。或把畜牧养殖的设备全部搬迁，把养殖的动物全部卖掉，强制拆除后完全没有恢复生产的条件。

4. 补偿依据

按照《畜禽规模养殖污染防治条例》第25条规定要给予补偿，但是补偿在实践中都是偏低的。按照畜牧养殖的规模来进行停产停业损失补偿，对预期利益以及现有的固定资产都没有考量，这就是双方的主要矛盾。养殖场只能从事养殖行业，一旦关停关闭，房屋的利用价值就没有了。所以拆迁与否，对于养殖企业主来说都是一样的，因为按照养殖场的方式建造的房屋不能从事其他行业了。

拆迁律师在维权的时候要进行这方面实际考量，如果确实达到关停关闭和转产的标准，可以让当地相关部门帮助转产，然后补偿一次性停产停业损失。如果达不到转产的话，就要求当地相关部门进行回购。北京有很多是这样的案例，拆迁方愿意给予一定的补偿额度回购企业地上的附着物。即便不是真正的拆迁，拆迁方回购地也没有什么用途，但是对被关停企业来说这才是一种公平合理的方式。

92

浙江嘉善中小企业罢免协会会长维权纪实

为什么浙江嘉善木业协会众多木业企业主聘请律师罢免协会会长？

2016 年 6 月，我们团队律师接到嘉善木业协会的木业企业主潘女士的电话，邀请我团队去嘉善与一百多户嘉善木业协会的小企业主见面，会商委托律师进行企业拆迁维权事宜。

我们团队在接到电话以后派了三名律师去嘉善，并与以潘女士为首的众多木业小企业主进行会商，双方就企业规模、纳税、企业环境影响以及拆迁方本次拆迁的各方面具体行政行为是否涉及环境治理、违法用地问题进行多方探讨。木业协会一百多户业主本身要委托我们团队进行实际维权，但是由于嘉善是木业大县，众多企业以木业生产为主要的县域经济来源，双方在商讨聘请律师之时有业主提出最好是由木业协会出面聘请律师，以协会的名义跟当地拆迁方会商相关事宜，谈判会比较方便、正式。但是当众多中小企业主向木业协会理事会及会长提出聘请律师进行企业拆迁维权时，由于当时的会长受到多方压力坚决不同意聘请律师，并且撂下话："聘请律师会惹怒拆迁方反而拿到更低的拆迁补偿。"但是一些中小企业主充分认识到，所面临的客观现实使得他们不得不聘请律师进行综合法律维权。

1. 拆迁方、街道办联合压制

木业协会受到当地镇相关部门和街道办的联合压制，木业协会会长也受到了压力坚决反对聘请律师，并且要求当地中小企业主接受比较低的补偿方案。但是中小企业主纷纷表达了自己的意见："我们对企业都投入了巨大的精力和财力，并且给当地经济做出了突出的贡献，解决了当地劳动力就业问题，对当地的社会稳定和经济繁荣做出了巨大贡献，现在的补偿非常低，每平方米只有 200～300 元。"这个价格距离真正的企业征收拆迁补偿差距额度非常大，基本是按照违章建筑的价格补偿的。当地拆迁方拿出惯用的"跷跷板"原则，即"听我的给你二百，不听我的一分钱没有"，给中小企业主造成了很大的心理压力，从而也使其坚定了维权决心。但是由于企业协会多次协商会长坚决不同意聘请律师，协会的几名骨干人员跟其他中小企业主进行多方面沟通后联合在一起，确定如果再不聘请律师的话只有罢免协会会长来达到聘请律师的目的。

2. 坚定维权决心

2016年7月份我们团队第二次到嘉善开展相关的企业拆迁维权的讲座，并且向众多企业主传授了我们很多的维权方法。企业主群起激愤，利用一上午的时间罢免了理事会会长，下午就以木业协会的名义跟我团队签署了委托代理协议进行征收拆迁维权。

维权态度之坚决，维权决心之强烈，让我们也从中发掘出现在中小企业主都有法律意识，在不公平不公正的情况下要求按照相关的法律及时给予权利维护。

3. 群体维权启示

这件事带给我们很多的启发，特别是在群体维权组织以及群体维权方式方法上给我们很多的启示。

（1）群体维权一定要有骨干团队和灵魂人物，才能有凝聚力。

（2）要有共同的维权决心和共同的维权方案，方案一定要得到每一位中小企业主的认可，并且要对方案有深刻细致的研究、了解并且普及。

（3）深深地依靠法律，一切必须要在法律的框架内做事情，不能超越法律的框架。

93

强拆是怎么回事？我们应该怎么办？

城市规划固然是好事，但是伴随而来的暴力强拆也时常发生，有多少人因为暴力强拆无家可归，有多少人因为暴力强拆使自己多年的心血毁于一旦。暴力强拆是社会最大的毒瘤之一，为什么屡禁不止？强拆是不是一定违法？面对暴力强拆时，手无寸铁的普通公民如何在自己能力范围内为维权做准备？

1. 强拆一般发生在什么时期？

拆迁双方就补偿问题谈不拢，无法达成协议的时候，就可能会发生强拆事件。不过最近几年我们可以从新闻上看到出现了一些新情况——没有任何预兆的强拆。拆迁方没有就拆迁补偿价格进行过沟通谈判，也没有就建筑合法性进行法律认定，就直接在未通知被拆迁人的情况下，实施了强拆行为。这种情况更多发生在涉嫌违章建筑的厂房上。

2. 强拆合法还是非法？

合法的强拆是指司法强拆，涉嫌违章的建筑一旦被司法判决确定为违章建筑后，就可以实施行政强拆。国务院 590 号令中只规定了按照征收程序履行的合法征收行为，在双方无法达成协议时，一方可以申请征收补偿决定（实践中往往都是拆迁方在申请），补偿决定下达后，被征收人不服的可以进一步提起复议或起诉。只有等到复议、诉讼结束后法院依然维持征收补偿决定的，才可以启动司法强拆程序。违章建筑所遵循的是行政认定，而且最高人民法院也出台过司法解释，指明法院不能参与违章建筑的强拆，但是《行政强制法》给了被处罚人复议和诉讼期间不被强拆的例外性规定。这就表明，征收方必须在法院对涉嫌违章的建筑有了司法认定后才能实施强拆，此实施行为是法院让拆迁方去做的。

3. 发生强拆怎么办？

面对强拆，采取所谓以暴制暴的手段是非常不可取的。我们的建议是留取证据，事后追责。那应该怎么留取证据呢？下面来告诉大家强拆取证的有效方法。

（一）强拆现场取证要用高清手机或者相机拍摄，最好是两个人同时拍摄，一个人负责全程摄像，一个人负责照相。

（二）取证工作需要证明的是：地点、时间、人物、车辆、现场情况这五个要素。

（1）强拆地点。取证目的是为了准确证明拆迁现场所在的位置。取证时要尽可能地将附近的地标建筑或者可参照位置的建筑物连同现场一起拍摄进画面，要拍摄企业的门牌号及名称。

（2）强拆时间。取证目的是准确证明强拆发生的时间。在强拆现场要及时报警，留下报警记录，报警时要在电话里说明现场的情况（包括拆迁的时间、地点、人物、车辆），报警电话必须全程录音。

（3）强拆参与人物。取证目的是准确证明拆迁实施的主体和具体人员情况。要清晰地拍摄主要领导的面容和拆迁工作人员的面容，工作人员的制服，特别是制服上的编号。

（4）强拆参与车辆。取证目的是准确证明拆迁实施的主体和参与车辆。要清晰地拍摄现场车辆、车牌号码，将车辆和拆迁现场同时放进镜头里拍摄，拍摄到车辆在拆迁现场所处的具体位置。

（5）强拆现场情况。由负责摄像的人员连贯、不间断地拍摄，将上述四个要素尽可能全部拍摄到视频里。

4. 事后如何追责？

责任可以分为行政责任、刑事责任和违纪责任。行政责任，就是可以就强拆行为采取提起行政复议或行政诉讼的方式追责，复议和诉讼结果会计入被追究行政责任的行政机关负责人的考核中。也可以进行举报，要求上级机关监督下级的违法行为。刑事责任是指如果给被拆迁人造成了严重损失，那么相关负责人就有可能构成渎职或者滥用职权的犯罪。尽管在实践中追究拆迁方刑事责任很难，但也不失为一招，你可以向检察机关进行投诉举报，要求查处。另外就是违纪责任了。

"强拆是很可怕，但怕是没有用的。坚定的维权才是正道。"——吴少博律师

94

企业拆迁中土地使用权纠纷问题

很多中小企业主常常对土地使用权不明确，或者不清楚土地使用权在补偿中所占比例的问题。

完整的土地使用权表现出的形式会有所不同，主要有以下几种：

（1）土地承包经营权，就是在集体土地上建的厂房用于养殖、种植或生产制造。在拆迁的时候，完整的土地承包经营权应该有相应的

补偿。

（2）有国有土地使用权证，完全取得了国有土地使用权。

（3）集体企业一次性买断。当时是通过拍卖、一次性买断的形式取得使用权，买断的是乡镇集体企业一次性打包出售的资产，这就是把土地一起买断的集体所有制资产。

（4）集体企业改制。以前是集体企业，由集体企业内部股东一次性买断改制为私营企业，这也是有完整土地使用权的。不要看表面上有可能签的是土地租赁协议，但是改变不了一次性买断土地使用权和地上附着物的本质。

以上这四类都是有完整土地使用权的，要分清占用的土地是集体所有制土地还是国有土地。国有土地也会有租赁和真正的土地使用权的问题，比如租赁国有土地或厂房，那么完整的土地使用权就是上面所讲的四类。偶尔还会出现相关部门划拨土地，特别针对招商引资的企业比较多。

在拆迁过程中，大家不能对这个问题认识模糊，有很多中小企业主问道："我签的是租赁协议，我感觉土地使用权也是我的"，或者明明有土地使用权却被对方忽悠成了租赁权。我们清楚承租关系是租赁权，有土地使用权证的是物权，拆迁中补偿物权不补偿债权，租赁权是不予补偿的，也是无法纳入到拆迁补偿范围的。

土地使用权的补偿在整体补偿中所占的比例是多少？我们经过统计得出一个结论，完整的土地使用权在中小企业补偿的比例能占总体补偿的40%左右，厂房重置补偿价占20%左右，停产停业损失占20%左右，其他的是附属物搬迁费。当然这并不是完全准确的数字，有些企业机器设备非常多，不可搬迁的附属物也很多，就要适当调整比例。但整体上会对生产制造业等一般企业采取4:2:2:1方式。大家可能对"4221"这个比例有疑问，为什么合起来是90%呢？因为会在过程中有所扩张。总结起来，土地的补偿一般应该不低于40%。

有完整土地使用权的企业要衡量一下土地的价值是怎么补偿的，是否在整体补偿的40%左右，这不是按照规定来谈的，而是按照经验来谈的。

95

拆迁征收过程中企业违章建筑维权的门道解析

违章建筑的客观原因一般比较复杂，违章建筑不是平白无故建起来的，大部分是跟村里租赁土地建设厂房，或是买断乡镇的土地厂房，还有的是在自己有承包经营权的农村土地上建设厂房，或与别人合作——别人出土地自己出资建设厂房等。综上所述，违章建筑往往是有历史来源的，而且在建设的时候大部分没有人管。虽然企业没有取得相关的建设工程规划许可证，但是当时村里签了合同，相关部门批了营业执照，经营了这么多年，却忽然被确定为违章建筑。这种情况有很多，违章建筑的执法机关难道不知道这些原因吗？虽然从现行法律的角度来说，上述可能都属于违章建筑，但一定还要结合法律适用的溯及力重新审视这些问题。之前已经说过，2008 年之后才实施的《城乡规划法》，之前叫《城市规划法》，乡村的规划是 2008 年之后才有的，于是出现了法律适用的问题。法律适用层面不多谈，现在主要总结一些征收方在实践当中会采取的手段。相关案例做多以后，就会发现其中的关键问题，总结出一些门道来。

第一个是先拆后补。征收方表示要先进行拆除，拆完以后再谈补偿，理由是这个地方已经被航空卫星给拍到了，上面有要求，这个地方必须尽快先拆，拆完以后再谈用哪种方式补偿。"先拆后补"在现实中出现的频率较高，征收方希望达到快速拆迁的目的，给出的承诺往往都是空话，实现的可能性不大——征收方的目的已经达到了，怎么可能再妥善地谈补偿？在实践中一定要注意这种所谓的"先拆后补"，一般情况下不能听之信之。

第二个是强拆恐吓。征收方要求当事人限期拆除，如果限期不拆，征收方就恐吓要进行强拆，这是现实中达到拆除目的屡试不爽的一种方式，即强拆性恐吓。比如征收方表示 8 月 1 号前必须拆除，否则 8 月 2 号就强制拆除，很多当事人非常容易相信这种恐吓性语言。时刻用强拆的方式进行恐吓也是征收方的常用手段之一。

第三个是走法律程序。征收方不理睬当事人，也不急着谈判，表现出来的目的性不是很强，一步步走法律程序，然后引入到司法强拆或者行政强拆。这种情况在实践当中并不多见，因为拆除违章建筑往往是带有目的性的，如果真的走完了法律程序，可能就遥遥无期了。只有目的性不强、时间不紧迫的情况，才可能走法律程序。法律程序中还是会掺杂着先拆后补、强拆恐吓等方式。如，征收方可能会说："你这是违章建筑，不按照法律程序拆也就拆了，如果起诉我，你实体上不合法，法院尽多判我程序违法，实体上照样不赔偿。"因为在走法律程序的过程中不能拆违章建筑，所以我们通常给委托人的建议是：主动先走法律程序，这样才能使其所处的客观情况产生变化。走法律程序就是先避免造成不可挽回的后果，然后以一种平和的方式谈判磋商。可以交一定保证金，使企业再持续经营一段时间，或者如果对公共安全、环境没有重大影响，可以提出企业在一定时间内进行保留，还有法定权利可以追溯出租方，即地方村委会，要求适当赔偿，这是民事索赔的问题。我们认为这些问题都是可以进一步协调的。

第四个是确定"无证建筑"。"无证建筑"是否等于违章建筑？答案是否定的，"无证建筑"绝不等于违章建筑。法律上并没有"无证建筑"的概念，"无证建筑"应该怎么理解呢？实践中的"无证建筑"是指，企业的建设选址、建筑占地竣工验收等前置法律程序都完成了，只是最后没取得房产证或者建筑工程规划许可证的情况。"无证建筑"绝不等于违章建筑，这一点一定要清楚。法律上只有违章建筑，没有取得建筑工程规划许可证的都是违章建筑。如果没有办理施工许可证就进行了建设，这不是违章建筑，只需要责令改正即可。之前探讨过违章建筑处罚程序的阶梯性问题。只有当责令改正、罚款、补办相关手续等都达不到预期效果，并有碍于公共安全和市容市貌的情况，才能认定为违章建筑。但是实践中更多的是征收部门不管企业各自的情况，就直接认定为违章建筑，没有进行阶梯性执法。

还有一个协调问题。协调问题因人而异，我们比较推崇的处理方式是先通过法律程序让征收部门没有强制力施压，然后再予以协调。协调过程中企业一定会有所付出，只有拿出一定的条件，拆迁方相关部门才可能会允许企业再存在一定时间，这是第一。第二还要拿出一个整改措施。换言之，企业必定会承担一定的风险。另外，如果拥有完整的土地使用权，那还可以进行证照的补办、建筑的报备等。

最后有一个理论层面的问题——违章建筑到底有没有法律上物权的性质？原则上，违章建筑有一定的物权性，而且法院会对违章建筑进行拍卖，所以在法律上无法用一个正规的语言来回答。但是违章建筑的维权是一定存在的，不同法院对违章建筑租赁合同的认定也不同：有的认为由于是违章建筑所以合同自始违法，没有效力；有的地方则认为合同是合同，物权是物权，承认合同有效。所以确实没有明确的法律标准，有的地方建小产权房，属于违章建筑，但是法院也会拍卖这种小产权房。由此可见，在物权上违章建筑确实还没有界限清晰的法律概念。

96

违法占地（用地）的处罚措施及法律适用与维权

违法占地和违法用地是在征收拆迁中常出现的情况。最近经常有企业主向我们咨询关于违法占地、违法用地方面的法律规定，以及如何来进行维权的问题。违法占地和违法用地的处罚措施在我国《土地管理法》第73、76、77予以规定。对这个规定要进行区分，三个法条的内容是不一样的，分清法条中针对的是哪种行为、处于哪种环节、对应地采取哪种处罚措施，当中带有处罚措施的要求与法律适用问题。如第73条适用的是买卖或者其他形式转让土地，第74条针对的是未经批准或者骗取批准的情形，第77条的内容是农村本村的村民为了建设住宅骗取批准土地应该怎么办。由此可见，《土地管理法》第73、76、77条分别适用于不同情况。

法条规定的处罚措施主要是四种：①责令退还；②限期拆除；③没收；④罚款。这四种主要措施往往也是交叉使用的。《土地管理法》第73条和第76条对是否符合土地利用总体规划进行了区别对待。第73条对买卖或者其它形式转让土地的情形，又具体规定分为两种：

首先以违反土地利用总体规划为前提的处罚措施是要求拆除，恢复到土地原状，即拆除地上附着物及其附属设施、建筑物，恢复到土地原状；如果符合土地利用总体规划，处罚措施就变为没收地上建筑物及其他设施，可以并处罚款。这两种情况要进行区别，如果出现了违法占地或违法用地问题，首先要区别到底符不符合土地利用总体规划，不符合的就限期拆除，符合的就没收，可以并处罚款。《土地管理法》第76条当中又规定，对于未经批准或者采取欺骗手段骗取批准，非法占用土地的，又规定了一个责令退还的处罚措施。换言之，如果你采取了欺骗、骗取的手段，批准文件没有任何法律根据，或者根本没有被批准，而直接违法占用土地，这种情况法律要求责令退还土地，并拆除地上建筑物及其他设施。第77条当中也是这么规定的，农村村民如果采取了骗取手段，非法占用土地建住宅，要求责令退还并限期拆除。

一旦涉嫌到违法用地、违法占地的问题，在县级以上的拆迁方的土地管理部门进行勘察或者进行处罚的时候，一定要完全依据《土地管理法》来核定到底具体属于哪一种情况，对方也是根据具体的情况做出具体的处罚措施的。对我们被拆迁房而言，要审查他的处罚措施是否符合这三条法律规定。如果符合法律规定的需要进行处罚，那就是履行的问题；如果不是需要处罚的前提，就可以提起复议或者起诉，来要求改正这种错误。这是法律赋予的基本权利。

97

住宅和商铺混同拆迁时应该怎么处理

在拆迁中商铺和生宅，甚至和厂房混同的现象比比皆是。比如，有些居家的或者具有临街性的商铺，本身也用于实际居住，住商不分融为一体；有些企业厂房本身是在里面，但是靠外面这一排由于具有沿街性，就设成商铺的性质。这就会出现住商混同、住工混同或者工商混同。下面从六个方面来讲一下住商混同、住工混同和工商混同在拆迁中如何来界定：

第一，一层商二层住。即一层用于商业，二层用于住宅。这种情况要从两方面来说。首先，如果两层取得的房产证和土地证都是用于商业的，那么在补偿的时候，哪怕二层的用途是住宅，也应该按照商业用途来进行补偿。第二，如果说取得的证照都是住宅，但一层实际用于商业，如果要进行商业方面的主张，就必须满足前面已经讲过三个特点。如果一层是商业，但是二层实际用于住宅，就可能在界定的时候只能界定为住宅的范围。我们所说的不是平层，而是一二层的。要根据具体情况进行区分。还有一种情况是没有取得相关证照，没有土地证和房产证的一二层如何区分。这种情况在实践当中就要根据实际用途。如果一二层都用于商业，并且满足前面说的三个特点，就可以主张按照商业来补偿，但是如果都不满足，那么我们相信主张商业用途是达不成目的的。

第二，住改商。住宅改商业又分成了几种情况。按照《物权法》的规定，办理了转移登记，即住改商已经取得了不动产权属证明，那么就不用说了，肯定按照现有的土地性质权属来进行补偿。最多的是第二种情况，没有办理不动产权属证明，但是实践中确实住改商了，这就要满足前边说的三个特点：其一，沿街性，其二，实际经营性，其三，在传统的观念当中具有商铺的外在现象和属性，是有商铺的价值。那么你就可以探讨按照商业来补偿。我们所讲的不是法律法规所规定的，而是实践中可以探讨的，按照商业来主张补偿。

第三，底商与二层及二层以上的价值区分。大家都清楚，底商的价值是最贵的，二层三层四层依据层次划定，可能越往上越便宜，这样在主张损失补偿的时候，就要进行实际区分。底商按照同种类、同地段、同属性、同用途的"四同"范围来要求补偿。大家都很清楚，商业地段的人流量决定了它的商业价值，所以一定要根据周边的同地段，即相同的人流量，来确定商业价值进行补偿。二层的价值就可能是递减了。比如，一层值一万，二层可能只值六七千，这是一个商业地段买卖的成交惯例，这是很正常的情况。在进行实际补偿的时候，双方要进行实际区分。

第四，商铺安置和评估补偿。刚才讲了"四同"的问题，即在商铺进行产权调换的时候，必须满足同地段、同性质、同用途、同范围这四个要求，来达到一个最贴切的市场价值。市场评估法也是从这个角度来评估的，此外还划定了三公里范围之内满足几个土地要求可能达到测算房屋的市场价值。这是进行产权调换时一定要注意的问题，如果这个问题出现偏差的话，在调换的比例以及在进行货币差额补偿的时候就应该有所调整。比如，把我安置到一个比较差的地段，按照市场评估法原则上是 1:1 的比例，但是地段比较差的话，可能实际上就是按照 1:2 或者 1:1.5 进行补偿。但即便这样也宁愿选择 1:1，那边的 1 平方米，这边还换 1 平方米，一共 100 平方米这边还换 100 平方米，这样的话那边本来值一万块钱，这边只值五千块钱，就可以要求一平方米货币补偿五千块钱，这是货币和房屋产权调换加在一起的情况。反过来讲，从评估的角度说，如何评估现有价值，如果选择一次性货币补偿，则必须按照公平交易、公平买卖所产生的公平的市场价值来进行。

第五，无证商铺。无证商铺在实践当中有很多，往往出现在集体土地上，尤其 20 世纪 80、90 年代在集体土地上所建造的房屋。那个时候是鼓励生产开放，对外搞活，某个村里或者乡里在某地段上划了一片地建市场或者步行街的事例比比皆是，但是他们却没有相关证照。实践中还要区分这么几个情况：如果土地是一次性买断了多少年，当然集体土地是没有使用年限的，就取得了土地的使用权，再加上当时房屋建造的合理性，你就可以主张周边商铺的市场价值，这是可以的；还有一种情况是，土地是租赁的，一次性租赁 20 年或 30 年，然后建房子，此时就完全不能按照商铺补偿了。所有的商铺体现的价值都在土地上，由于没有取得完整的土地使用权，所以就只能补偿地上附着物和一次性停产停业损失费等，没有土地价值，也就不能按照商铺的价值来补偿，这就比商铺要低得很多，可能只是商铺的 20% 左右。实践当中无证商铺很多，一定要找寻它的历史客观原因——当时是怎么形成的。因为在 20 世纪 80、90 年代，我国不动产立法是比较少的，并以鼓励生产建设为主。大部分是由于早期的历史客观原因造成的，所以现在进行补偿时不能采取一刀切的方式。

第六，工商混同。本身是工业土地，由于厂房所处的地理位置，又对外产生了一定的商铺经营价值。这种情况在补偿的时候，一是参考前面说的三个特点；二看是不是建在了厂房土地使用权的范围之内，如果超出了土地使用权，那么该商铺就不能完全归结为商铺的价值；三看是否取得了房屋建造手续，或者满足一定的历史客观原因。如果满足上面这些要求，基本就可以按照商铺的价值主张。当然这只是实践中的具体做法，并不完全符合法律规定。

98

宾馆、 饭店、 超市企业拆迁的补偿安置

宾馆、饭店、超市都有一种门面性质、商铺的性质、门市的性质。再补偿的时候首先要按照商业的价值补偿，如果是自有不是租赁的需要按照商业的价值来补偿。根据楼层的价值来判定，例如一层有可能为1，二层有可能为0.7，三层有可能为0.5，这样体现的价值就是不一样的；第二：这类企业的价值由于是流动性的，就需要人不断来消费，流动性非常大，往往取决于所处的地段，地段有优势所得到的门面房之外的停产停业损失就会更多一些，按照一般的企业来讲所体现的市场价值往往比一般生产加工类的企业高得多。所以，第一点是不是满足了商铺门面、门市的性质；第二点由于地段的不同所决定了年产值的高度来怎么补偿；第三点这类饭店、宾馆装修所投入的费用都非常大也应该引起被拆迁人足够的重视，而且有些装修比较好的宾馆、饭店装修的额度投资上千万这就需要足够的装修补偿

在实践当中往往引起争议的就是两点：①装修补偿，②企业的损失如何赔偿。这就是宾馆、饭店、超市的补偿问题；在这方面需要注意的有留好自己的票据，税务的纳税凭证以及财务报表审计报表。因为自己的拆迁不能完全按照建筑面积走，本身建筑面积非常小但产值未必低，未必比一般加工类行业产值低，所以一定要通过相关的票据凭证以及财务审计报表来体现本身的价值和产值的高度。在实践当中这块也会有相应的参考，具体的标准。

99

加油站、码头、小港口遇到拆迁怎么办？

我们在实践维权过程中经常遇到承包并取得港口经营许可证的小码头、小港口，例如，山东枣庄义城、江苏丹阳、上海等地，再有就是比比皆是的加油站，自己建设或者买断的加油站，它们遇到拆迁怎么办？

这些属于特殊行业，所预期的利益非常高。例如，山东枣庄台儿庄的加油站，地上附着物、企业资产并不多，附着物基本只有4个油枪、牌子、几间棚子房，评估完仅仅几十万的资产。但加油站负责人员透露，前几年中石油、中石化等想要花近千万买这所加油站，只是因各种问题没有卖出。加油站负责人员对现在评估价值只有几十万完全不能理解，也接受不了这份评估报告。再例如，山东聊城阳谷有一个加油站曾经评估193万，其加油站负责人透露三个月前中石油想要买下这座加油站给出1800万的高价，负责人都没有卖出，所以对这份仅有193万的评估报告甚是不能理解。

这里面所产生的一些具体的差距问题，其实就是它本身所产生的市场价值，这种市场公平交易所蕴含的价值非常高，但是附属物、厂房以及用于经营的场所非常简单，这就形成了一个争议点，实践当中这类行业的补偿应该主要在于它预期利益的损失。

比如沿京杭大运河山东枣庄附近的小码头基本没有附属物，只有个地磅，有个吊车，很简单的物品。取缔关闭相关部门定价一个吊车15万，一个地磅8万，路面的硬度每家为50万。我所律师询问相关负责人年收入，负责人称年收入能达到150万到200万。但是相关部门评估结果为50万，小码头真正的价值远远不止50万，不是体现在附属物本身的价值上，而是应该体现在码头经营生产的利润上。

比如，王府井的商店可能要比在一个偏僻的几万平米的工厂每年的生产利润高得多，所以不能简单地看附着物本身的价值，要看这个地方所产生的收益。这方面会在实践过程中产生一些矛盾。这种收益在计算的时候要有客观依据，所以要保存好相关凭证、税务财务的账务报表等，即便走法律程序也是需要这些依据。还要在进行实地评估的过程中评估出可收益的年份，比如还有 15 年可经营的期限，那这 15 年当中是否都可作为停产停业的损失的周期？这都是可以再次探讨的，但是评估公司或者律师都不可能告诉一种完善的答案，这是需要被拆迁人熟知的一点。

100

企业拆迁中的商铺和门面怎么补偿？

有很多企业临街，就必然要有一部分是企业或厂房和路面连接，形成一种商铺门面的形式，然后租赁出去或自己当作商铺利用，也就是实际经营的行为。这就是自然形成的商铺和门面，这种情况在拆迁中如何补偿呢？

要结合预期的情况和性质来进行区别对待，一般情况下如果你占有的是国有土地并且有土地使用权，那么你所建的房屋也是有房产所有权的，也就是证照齐全的房屋。只不过房产证上标明的使用性质是工业用地而不是住宅，在实践中这种情况就要结合具体的使用性质和现状来参考补偿。

证照齐全，并且取得了营业执照可以对外经营，在传统的观点中就是一个临街商铺，基本满足了门面房的客观要件，只不过没有取得商铺的房产手续，这样就应该参照门面房的价格进行补偿。

第二种就是没有房产证和土地证的租赁房屋，或者在租赁的土地上自建的房屋，对外产生商业经营行为的情形。这种情形原则上就不能按照上一种情况来补偿，因为补偿价值大部分都在土地上，取得土地使用权才能按照实际状况来进行参考补偿，这个情况主要是按照你的经营情况来进行补偿。除了厂房的重置成新价，对商业经营行为而言，就是经营利润和停产停业损失可以给予一定的补偿。

第三种就是完全租赁。房子是房东所建，然后租赁过来后适当改造形成商铺经营的形式，原则上是适当给予停产停业损失补偿和室内装修附属物的补偿，完全达不到按照商铺补偿的标准。

101

沿街住房的拆迁怎么补偿？

沿街外观好似商业用房，同时也是用于实际经营行为的房屋，例如，饭店、超市、小宾馆等，下面探讨对这类房屋应该如何补偿？

国有土地上的沿街用房基本是正规的商服用地，不存在争议，产生争议的多在集体土地上。所以接下来我们就探讨在集体土地上沿街用房，它的形态类型如何：

（1）有集体建设用地使用权证；当中标注的用途为住宅，实际用于生产经营用房；

（2）客观现实自然形成，意思是本身不是沿街用房，房屋前面修路，房屋可做经营之用，这种时间推移自然形成的用房性质；

（3）村乡镇统一规划的用房，例如乡、村统一规划此地为超市一条街、建材一条街。本身经过了乡、村的统一规划，但是没有取得相关部门的建筑以及土地审批手续；

（4）自建宅基地，例如，农家乐饭店、农家乐宾馆；

（5）集体企业改制，之前是乡办、村办企业，被一次性买断的这种商铺用房。

第一种情况是有建设用地审批手续的，后四种是未取得相关部门审批手续的房屋，这几种情况的用房如果遇到拆迁应该用商服的价值来补偿。整个价值的递进状态由低到高为工业用地、住宅用地、商业用地。

此类沿街商铺用房比住宅价值要高几倍甚至是十几倍，差距甚大，实践当中存在争议。被拆迁方主张是商业用房，拆迁方主张房产证是住宅用地、宅基地。或集体企业一次性买断后，本身是厂房用地，只能按照所载明文件补偿，这给就带给双方很大矛盾。

按照法律规定必须持有商服或者商业用地的准入手续，也就是向相关部门申请审批的相关文件，之后建筑房屋也取得了商业用房的房屋所有权手续；手续齐全才能得到相应商业用房的补偿。

实践当中，现实问题与法律规定也存在一定的脱节，不能完全相吻合。我们认为如果达到以下标准，原则上也应该考虑按照商业用房价值来认定补偿：

（1）具有沿街性、具有商业位置优势，满足商业用地价值取向；

（2）取得法律所允许的相关经营手续，如营业执照、税务登记证等；

（3）持续稳定的经营行为，也就是客观满足此用地取得合法手续，并且持续稳定经营行为，满足常识所认定的商业用地的形态；

（4）不能属于临时搭建、严重违章建筑。限定集体土地基本法律是 2008 年《城乡规划法》，2008 年以后所建设并且没有取得相关手续的房屋属于违章建筑。

基于实践角度满足这四个条件的企业可以与征收方以商服的价值主张本企业权益。

102

宅基地企业拆迁补偿安置

用自家宅基地开发的企业遇到拆迁怎么补偿？宅基地是集体建设用地，宅基地的所有权人就是本集体土地的成员或本集体组织小组的成员，或者是集体企业的成员。实践中，原宅基地、原方式、原用途按照宅基地补偿，参考国有土地来进行实际补偿，原则是超出的部分来自于企业的预期损失，也就是一次性停产停业损失。一次性停产停业损失就是在超出宅基地范围内进行实际补偿。实践中有很多企业会问道："用宅基地进行生产经营，本身宅基地要有院还要有建筑，如果按照建筑面积来计算停产损失的话，院子算不算在内？"首先我们要表明一点，没有哪条法律规定停产停业损失是按照建筑面积来计算的，法律说的是按照经营面积来计算的，空院算不算经营面积在实践中是可以协商的。我们代理过一家位于北京市大兴区的石膏板厂，10 000平米的土地可能只有 2000 平米的建筑，其他区域用为石膏板的晾晒，那么其空地就属于该企业的经营面积。用宅基地对外进行商业性经营，在补偿的时候是不是要参考商业性的范围来补偿呢？其实这是无根据的，如果按照商业性质来探讨的话，原则上停产停业损失应该高于一般厂房生产经营所得的利润。

103

幼儿园拆迁的补偿与安置如何确定？

幼儿园拆迁是一个相对复杂一些的工程，因为幼儿园不仅仅是和幼儿园的所有人有关，还和在这里上学的众多儿童有联系。我所在实务中也承办过一些关于幼儿园搬迁的案例，下面就谈一谈其中的一些经验之谈。

一般幼儿园证照齐全，可以参考证照齐全的企业房屋拆迁重点应对方式，但幼儿园自身较之其他企业有与众不同的特点，这在进行拆迁谈判时要多加注意。

幼儿园拆迁不仅要考虑房屋、土地和设施的补偿问题，更重要的是留给他们的过渡时间一定要符合现实需求。幼儿园所从事的工作具有短时间内不可中断性，拆除幼儿园不仅事关幼儿园自身，而且对在幼儿园里面的儿童和家庭都有一定的影响。在有的地区，征收部门进行幼儿园拆迁往往比较突然，会出现距离幼儿园开学只剩十几天突然下达通知的情况，使幼儿园和儿童家长措手不及。特别是公办幼儿园的分布一般比较分散，一个小区或者街道只有一个，盲目进行幼儿园的拆除会给很多人带来不利影响。

进行幼儿园的腾退搬迁必然要求相关部门做好安置工作，幼儿园的拆迁问题很多都是发生在安置环节上。必须要对幼儿园的场所有安排。

有的地方相关部门只顾着执行完成自己的政策，不考虑后果和安置，这将会对很多人的利益造成损害。曾经有一个情况，某幼儿园即将被搬迁，但是没有提供任何安置场所，于是幼儿园园长自行寻找新的场所进行搬迁，等到一切工作进行完毕，却被告知因为无法变更住址所以被撤销了办园资质，幼儿园园长认为这是极其不公平的："首先搬迁是被迫的，而且我已经按照要求上交了所有材料，是相关部门没有及时回复才导致了现在的困境。"

有的地方在进行幼儿园腾退的时候，相关部门在进行拆除前为幼儿园进行了过渡场所的安置，这是一个缓解困境的合理出路。曾经安徽省的某家幼儿园就是采取了这样的措施，相关部门的回复中表示，"……该园拆除后，将原××中心小学借给该园作为临时过渡办园场所，不收租金和费用，经瑶海区社会力量办学管理办等部门同意，办了办学场地变更手续。原磨店乡政府曾将'关于金世纪幼儿园安置的意见'书面告知该园，此外，少荃家园幼儿园的建设标准、质量、费用，一旦经监理、质检、审计部门审核确认交付使用，将优先以租赁形式交由金世纪幼儿园承包。"这种处理方式我们认为是比较合理的。

笔者建议，如果遇到没有进行合理补偿妥善安置的情形时，一定要及时采取法律手段。或者进行复议，或者进行诉讼，因为在复议或者诉讼期间，法律规定相关部门不能进行强制措施的，这不仅可能会为幼儿园的存续争取到法律支持或者合理的补偿安置，最直接的作用是还能为幼儿园的发展争取到一定的缓冲时间。有的时候，起诉的目的不仅仅是为了赢，它还会提供很多其他机会带来新的生机。

104

从法律角度谈养殖行业关停补偿问题

现在全国各地很多地方都在进行禁养，对不符合标准或者规模不大的养殖场实行关停关闭、禁止养殖。我们在实践中接到若干养殖行业关停等非土地利用拆迁的案件，一直想探讨关于养殖行业关停的补偿问题。很多养殖场都是农村剩余劳动力进行生产经营的，一旦关停关闭应该怎么来补偿他们？应该对他们进行哪些方面的安置或者补偿？法律在这方面确实是有些缺失的，所以实际经营者往往会很茫然，不知道应该怎么跟当地拆迁方谈补偿问题。我们对此做了梳理，可以从以下几个方面解读养殖行业关停的补偿问题。

关停适用哪些具体的法律依据呢？主要有三个方面。

第一个是经营层面。企业本身的生产经营涉嫌违反《环境保护法》《大气污染防治法》《水污染防治法》或者 2012 年 1 月 1 日国务院实施的《畜牧养殖业污染防治条例》，这在生产经营面能够产生关闭、停止经营的效果。

第二个是土地层面。按照《土地管理法》，在基本农田范围内兴建养殖行业，可能涉嫌违法用地或者违法占地。有时到底属不属于违法占地是有争议的，如果利用荒地、废弃地进行养殖行业或者畜牧业的建设建造，则是没有问题的。

第三个是建筑层面。从《城乡规划法》来确定到底属不属于违章建筑。

以上是从法律的三个层面来总结的：①经营。按照《环保法》或者《畜牧养殖业污染防治条例》来调节，使之关停关闭；②土地。针对违法用地问题，如果认定非法占地事实清楚，也可以责令其关闭关停；③建筑。对建筑实行强制拆除，这种情况下经营不得不停止。这样就形成了纷繁复杂的养殖行业禁养形态。

很多地方的实践就是只要停止养殖，把养的鸡、猪、羊卖掉，对环境问题不再产生危害，征收方的任务就算完成了，既不要房子也不要土地，80%都是这种情况。还有的是要求进行拆除建筑，再恢复土地原貌。这种情况比较少，因为一旦要拆除建筑，就要给出一定的补偿，为了少给补偿或者不给补偿，往往仅要求停止养殖。

那么对关闭养殖行业到底如何补偿？其实这与最后所造成的后果是关联的。如果双方都同意关停后可以利用原有养殖用房改扩建、重新修整来做别的行业，那么就只赔偿停产停业损失。现实中有些地方按照一只鸡、一只羊多少钱的方式赔偿，还有一些地方，如果 9 月份成熟的鸡能卖 30 块钱，7 月份没成熟只能卖 15 块，那就补贴 15 块钱，这些方法易操作而且补偿低。如果双方对上述方式都没有异议，就可以按照此类方法进行。很多地方现在也采取对生产经营效益充分评估后进行补偿的方法。

相关部门以环保、违法用地、违章建筑的名义进行关停，最后补偿和后果怎么进行关联？如果还可以利用原有的厂房，那补偿就低；

如果无法利用就只能进行拆除，因为厂房原本只符合养殖用房的条件，现在不能继续养殖也不能从事其他业务，这样建筑就没有任何意义了，那就有权利要求合适的补偿。仅仅在国务院公布的《畜禽规模养殖污染防治条例》中第25条对补偿有简单的规定：确需关停、关闭、搬迁的，给养殖者造成损失的，县区拆迁方要给予补偿。具体怎么补偿、遵循哪些规律和补偿方式等问题却没有相应的法律标准，我们在实践中总结了两种补偿方式：

第一种方法，如果确需采取关停关闭，厂房要进行拆除，就应该参照当地征收拆迁的标准来予以补偿。尽管征收方不要土地，但是对养殖行业的经营者达到的效果是一样的——不能继续从事养殖业，建筑也不复存在，就应该参照征收拆迁的补偿标准。

第二种方法，如果没达到上述后果，则应该按照民事损害赔偿的角度进行计算赔偿、主张损失。比如，可以主张机器设备无法再重新利用；机器设备重置价的损失，例如，一年的停产停业损失是20万，五年不能经营就可以主张100万等。在法律依据不是很充分的情形下，可以主张此类实际损失。这个损失往往包括有形损失和无形损失。有形损失是能够看到的装修、附属物，或者机器设备无法重新利用等造成的实际性有形损失。无形损失则来自于长时间无法正常经营导致没有盈利等情况，有些企业还可以就专利和知识产权进行主张。实践中无非包括以上两种补偿方式，即以正规的征收拆迁或民事损害赔偿为标准。双方可以就主张进行协商，协商不清时可以委托资产评估公司进行评估。这是我们在方式方法的选择上提供的两种思路。

养殖行业关停关闭应该如何补偿，是从上位法立法本意和民事的基本规则中推论出来的，并没有明确的法律条文规定。

105

养殖场拆迁怎么补偿？

一般情况下，养殖场指养鸡、猪、羊、牛等一般畜牧性质的养殖，国务院公布的《畜牧养殖条例》也谈到了，禁养一般是针对环境有污染的养殖场，一旦进入禁养范围内原则上是要补偿的，《国务院畜牧养殖条例》当中给予了实际规定。但是落到实践中，可能就没有依据了，没有范本说明养殖场到底怎么拆迁、怎么补偿。

实践中就应该按照一般的生产经营企业补偿，但是在计算内部附属设施和所带来利润差别的时候五花八门。我们曾经做过浙江杭州地区一个大型的养猪场案件，补偿是按照每头猪250元。大家都很清楚，养殖是不断循环的，如果拆迁导致养殖场两年不能建成，那么应不应该按照养殖批次计算利润损失呢？温州有一个大型的养殖基地是这么做的，辽宁营口的一个养鸡场的孵化基地也是这么说的："拆迁会导致我的养鸡场两年不能恢复经营生产，而且我每年养殖家禽大约是3~4个批次，每一个批次的损失额度是固定的。"这样的补偿才是比较合理的。

这主要是停产损失的问题，其他的按照一般生产经营性企业的土地、厂房、附属设施、装修和一些简单的机器设备，该按照重置价的按重置价补偿，能搬迁就应该按照搬迁费补偿，这与一般经营性企业是可以互相参考。只是养殖类的停产损失的补偿跟一般经营性企业是不一样的。

106

养猪场、养鸡场等一些养殖普通家畜拆迁补偿

养鸡养猪场拆迁补偿要到位。有很多咨询养鸡、养牛、养羊、养猪等普通家畜的，特别是养鸡、养猪的特别多，面临拆迁或者是面临环境保护拆迁如何补偿？

第一，占用的土地往往都是自家的承包经营地，承包经营权是一种使用权而不是所有权，使用权在拆迁中必须按照《土地管理法》的年产6倍之上来进行补偿。这是土地承包经营权的补偿，属于征地补偿。

第二，地上附着物。一定要注意，我们要防范好拆迁方在拆迁的时候说地上附着物是违章建筑，要坚定这绝不是违章建筑。

在有土地承包经营权的土地上所从事的农牧畜业、养殖业、种植业，本身就应当包含在土地承包经营权内，都是农村土地承包土地应该干的事情，在上边的建筑绝对不是一般的违章建筑。既没有改变土地的用途和属性，也涉及不到违章建筑，这只是一种打压拆迁心理价格的手段而已。

地上附着物补偿包括厂房、养殖设施、养殖工具、附属设施、包括用电用水和环评的处理设施，都属于补偿范围，而且是不可移动的补偿范围。

第三，结合土地承包经营权的年限来计算停产停业损失。停产停业损失有些地方是按照每头猪补偿200元来算，但这种按照每头猪、每只鸡多少钱来赔偿的方法是不科学的。我们都清楚养猪是一年要养好几批，单纯补偿这一季养猪的钱，完全不足以弥补损失。应该在一个评估体系当中进行停产停业损失的核定，而且不能经过纳税，因为养殖业往往都是不纳税的。搬迁安置问题也不能忽视。

这只是养殖普通家畜，要是养殖比较高档的动植物，特别是动物，我们在实践中遇到过养貂的和养藏獒的，这种应该怎么赔偿呢？在停产停业损失方面，原则上跟普通的家畜养殖有很大的区别。

107

养殖滩涂水域拆迁补偿

从太空看地球，是一个蓝色的"水球"。就自然环境来说，水是生命的摇篮；就人类社会来说，水是商贸航运的最佳通道；环境污染的最终净器；资源开发的最大宝库。我们平常在网上搜索的时候往往看到的都是房屋、土地征收补偿的标准，很少有咨询海域水域被征收应该怎么补偿的问题。到底养殖滩涂海域水域如果遇到征用征收应该怎么补偿？

《物权法》《土地管理法》以及国家曾有的海域相关的条例在补偿上还是比较缺失的。现在有些海边以及海港周边的大中心项目在进行扩建改建，或者在施工的时候要占用一些海边周围的海域，但是海域范围内早已经被渔民养殖的海产品或者畜牧占用了。

1. 如果现在遇到相关的项目或者因为环评不达标等各个方面要求搬迁、腾退、拆迁应该怎么办？如何进行补偿呢？

要找出相关的法律依据确实是比较困难的，我国的《物权法》和《土地管理法》总体的补偿标准，现在是沿袭集体土地，水域往往都是属于集体所有制，属于当地的村民委员会，使用权是村民委员会发包给渔民，是一种承包关系，与土地承包经营权是一个道理。在进行赔偿的时候，可能见得最多的是每水域、每平方米、每亩水域应该如何赔偿，具体参考的标准，应该是以下几个方面：

（1）产值。一年的产值是多少，对方还有多少年的养殖承包经营权，这个时候从利润的角度赔偿。

（2）一旦失去了这片海域，有没有别的地方给重新规划出一片海域。不管可不可以搬迁，相关的附属设施、经营工具、经营设施应该给予全部收购赔偿。比如，渔船、渔业设施，在海域边建的房屋都属于对方的附属设施，在这块应该给评估照价赔偿。

（3）承包经营权所带来的使用权本身价值属性。刚才是从停产停业损失和附属物的角度来讲，还要从水域的承包经营权看看应该怎么补偿。这方面补偿方式可以参照耕地的土地承包经营权补偿方式。

2. 补偿的价值和价格应该来怎么办？

这在实务中是比较缺乏的，但总体的补偿方式最起码应该从以上三个角度来进行。水域和海边滩涂的承包经营权补偿其实是一个道理，不可能单纯承包经营一个水域，在水域边上必然还有一部分滩涂，滩涂和水域是结合在一起的，是一个经营主体，应该把它们结合在一起进行补偿。

108

种植业与水产业拆迁补偿

1. 种植企业拆迁补偿安置问题

我所代理过这样一起拆迁案件，新疆某企业，占地四千亩的树林，有些树木较名贵。征收方提出赔偿相应的移栽费，例如，市场中 1000

元一颗的树木，征收方付给企业 200 元。实践中这种移栽的形式必须有相同环境土质的土地，在移栽的过程中对于树木发生的损害无法估算。

实践中种植行业企业遇到拆迁就是一种公益项目的征地，补偿基本以下几点：

（1）双方协商方式，按照市场价格把种植产品进行回购或第三方买断出售。

（2）重新划定同土质范围内的土地，重新进行移栽。费用问题必须以移栽后 3~6 个月成活率价值判断。移栽期间成活率较高，也并无大面积不成活的，停产停业损失费用或只需要迁移费用；移栽期间成活率较低，需要给付树木整体价值损失费用。实践过程中成活率较浮动。例如，青海某企业，与拆迁方形成较大矛盾，企业主张树木成活率较低，拆迁方主张树木成活率高，期间观察、统计不透明易产生较大矛盾。

（3）拆迁方按市场价格方式回购。实践中种植类企业地上种植物按照这三种方式进行补偿，其他土地价值按照征地补偿。地上种植物按照《土地管理法》的规定，是地上产值 6 倍以上，但实践过程中如何衡量地上种植物的产值存在争议。对于普通的种植，如黄豆、小麦、玉米等，一旦种植名贵树种就会产生很大的争议。

2. 水产、鱼塘养殖企业拆迁补偿安置

水产养殖是利用池塘进行培育或者利用海域进行养殖。鱼塘是海岸或者是在承包经营地上挖土方进行鱼塘养殖，二者所体现的固体形态是不相同的。有些大部分都在海里水域，陆面上有一定的附属设备要配合水域的养殖，简单来讲就是有一定的养殖场地以及附属设施的养殖。

海域和水域滩涂的补偿办法是什么？征收水产养殖陆地方面是什么？例如山东烟台地区沿海大型电厂，一旦建设电厂，水产养殖户就需要搬迁。

这些水产养殖类的企业所体现的固体形态也有所区别，如育苗繁育、单纯养殖以及一些养殖大棚等。附属物、土地以及厂房基本无争议，主要还是计算停产损失价值的问题。由于养殖企业前期投入时间较长且收益较缓慢，并且收益效果存在不确定性，水产企业在进行征收维权的时候，存在这些争议的问题。

水产、鱼塘养殖行业风险极高，拆迁如何补偿？在实践当中补偿方式有按照滩涂水域平方米数补偿，也有按照本企业前三年产值平均数补偿，在实践当中补偿大多还是按照年产值来补偿。

109

林地苗木用地拆迁怎么赔偿？

新华网曾报道过一起新疆林地征收的案件，新疆维吾尔自治区乌鲁木齐市米东区有 30 万棵树枯死。枯死的 30 万棵树属于米东区古牧地镇大破城村村民马国仁、马志峰父子。树木种类相对丰富，有大叶白蜡、小叶白蜡、苹果、李子、山楂、大叶榆、圆冠榆、长枝榆、倒榆等。而枯死原因是树木赖以生存的水源因土地征迁供水的水渠废弃，树木无法浇灌造成的。这个案件是由我们代理的，我们就总结一下关于林业苗木用地拆迁中大家比较关注的问题。

1. 林业苗木用地拆迁怎么赔偿？

这涉及种植业拆迁到底应该怎么赔偿的问题。现在我们国家种植业在补偿中比较缺失法律依据，因为有的是简单的作为一个土地承包或耕地征用的问题，这里其实并不一样，要进行区别对待。

如果说种植是基本的农田产业的话，那就有承包经营权的补偿。也就是说按照《农村土地管理法》的相关规定进行补偿就可以了，这就是《土地管理法》中讲到的征地补偿。但是林地补偿，特别是种植一些名贵苗木的补偿，跟所谓的简单征地补偿是截然不同的，首先要把这个区分清楚。

2. 种植珍贵苗木或者种植大量树林的在补偿当中应该怎来做？

首先看是不是以企业经营的方式进行的林地经营，如果是，企业这方面就应该考虑到，要作为一个企业来进行实际补偿。林地就是生产出来的产品，要结合产品和经营需要、经营规模、经营的整体面积和树木棵数等来进行实际补偿。如果不是利用经营主体来进行的，也就说没有营业许可的话，要看林地苗木的贵重程度，有些按照市场价，有些按照迁移费补偿，很多树木一迁移就会死掉，这部分按照市场价值来补偿，也就是苗木在市场上的成交价来补偿。所以说林地和普通的耕地补偿价格和补偿价值是不一样的。

3. 林业苗木用地有什么相关的证照吗？

我们国家有"林权证"，林权证和宅基地使用权本身属于同种类的土地使用权，也就是集体土地使用权。但是宅基地用于建设，是一种农村建设用地使用权，而林权是以种植、承包的方式进行耕地的一种，从法律概念上来讲是一种耕地的承包经营权。也就是说林权证和普通的承包协议的使用权是不一样的，在进行补偿的时候是有物权价值的，土地承包经营权也是物权，但是这个原则在物质概念上更重一些。

4. 关于林地征收常见问题

我们在实践中最常遇到的两个问题，首先是林权人认为不可迁移的树木拆迁只给迁移费用，第二个问题是拆迁方说可以不迁移，但是补偿的价格却和市场价格相差很大，有些名贵的树木品种市场价几千上万的，但是拆迁方只想给几百块解决问题。怎么来确定市场价格，怎么来进行市场价格的测算，这些是比较关键的问题。到底给迁移费还是给树木的市场成交价？在实践中怎么测算？主要的判断标准就是如果树木一旦迁移了还能不能存活，这可能是一个技术规范的问题，有的迁移后很难存活。因为树木存活有季节的要求和土壤的要求，特别是名贵的林种花卉。有没有合适迁移的地方，有的不能从 A 地迁移到 B 地，或者适合海西生长的植物不能迁移到山东去了，这是肯定不适合生存的。迁移的速度、时间会不会给林木花卉造成生死存亡的问题，这是我们在实践中进行林地征收补偿时应该参考和注意的因素，就不在这里一一赘述了。

110

小市场租金维权

百荣世贸商城二期、永外城文化用品商城两家市场将腾退面积共13.6 万平方米，5 家小商品市场关停。

海淀区双泉堡地区的盛宏达小商品城在 2016 年 4 月正式启动整体搬迁腾退，有着 600 余商户、13 年经营历史的它将于 5 月迁往河北燕郊。

在北京各区、县纷纷开展征地拆迁腾退工作，那么对于腾退拆迁补偿您又知道多少呢？

租赁市场摊位或市场门面遇到搬迁腾退拆迁时是否应该获得补偿？法律依据在哪里？

北京动物园批发市场、大红门服装批发城、万家灯火装饰城、盛宏达小商品市场等这一类市场进行关闭搬迁，在这期间一些租赁的摊位以及门面经营的小业主面临这种情况是否能够获得补偿成为很多人关注的问题，我们认为应该从这几个方面来分析：

首先是合同关系，市场方和业主方之间存在相关的租约，也就是说业主方每年需要交费，市场方提供相应的经营场所的范围。如果在租赁合同当中明确说明了，如遇拆迁搬迁腾退，即便在合同期之内也不予任何补偿，这是一种合同的权利义务关系。在这方面小业主如果想获得补偿几乎是不可能的。

但是还有一个问题，如果没有约定，在合同租约内遇到搬迁腾退等，小业主就有权利来获得预期利润的损失以及前期投入的相关装修装饰和附属物的损失。装修附属物这方面应该按照实际评估来确定。

1. 停产、停业损失怎么确定呢？

停产、停业损失应该怎么来确定？这是一种预期可得利润的损失。以前北京市的补偿标准是 500~1500 元之间，现在的趋势是慢慢在涨。这种经营业户、商铺性质或者摊位性质经营业户本身附加值高，比企业获得的停产停业损失价值要显得再高一些。比如房山区、石景山区等地停产停业损失确定的是 800~3000 元之间，这是小业主应该获得的相关权益。

但是有些市场方或出租方还确定一个事情，就是这个地方不是征收拆迁而是腾退，把小业主腾退出去在别的地方另行安置。比如盛宏达安置到燕郊，动物园批发市场搬到河北。

2. 小业主们有没有权利选择是否接受安置？

按照现在的法律实践中，市场方也要给小业主周转过程中的停产停业损失，而且小业主还有权利选择是否接受安置。如果不去安置的地方还可以寻求一次性的停产停业损失，如果去了，达到经营条件是提供安置的义务。对于想经营的小业主来讲，满足开业经营的条件之前，市场方是有义务来赔偿周转费用、停产停业损失的。

在这方面我们也做过几个案例，确实按照合同也好，按照搬迁腾退行政命令也好，对于小业主权利应该充分保护，这里最关键的问题就是安置过程有周转问题，不能带走的装饰装修或附属物要赔偿；还有一个问题，就是安置了之后什么时候能达到开业的条件。

成功案例篇 ■

111

招商引资建厂房却遭无偿强迁

经过招商引资的企业进行的厂房建设是否存在违章建筑问题呢？

近来在江苏省南通市通州区××镇进行大范围的违章建筑的拆除，主要针对的就是企业，据统计大约拆除了40多家，企业拆除造成很大的经济损失，有的企业甚至刚刚建成不久还没有正式投入生产，就已经被强制拆除。

一、招商引资建工厂却是违建？

本案发生在江苏省南通市××镇。该镇有很多企业都是在 2000 年到 2006 年间进行招商引资而来的。××镇的××村设立了专业的工业园区，这个工业园区没有进行任何批准，但在实践中已经形成了一种潜在的工业园区的形式，企业经过招商引资来了以后，与××村和其他的村都签订了土地租赁协议，租赁了村里的土地，并且在土地租赁协议中写明是用于生产经营、使用于厂房建设并且生产经营，而且要为地方纳税政策作出一定贡献。这几点在双方的租赁协议中都有具体的约定。

有了具体的约定之后，所有的企业就紧锣密鼓地进行建筑行为，建筑过程结束后，大约在 2005 年、2006 年的时候，所有的企业都进行了实际的经营生产，几十家企业都在一起形成了一个工业园区，当地的普通人，都知道这是一个工业园区。结果在 2015 年，南通市通州区有一个拆违章土地督察，要求拆除建在所谓的非农业建设用地上的建筑，恢复耕地。

二、厂房拆除恢复耕地怎么办?

恢复耕地就需要这些企业把厂房进行拆除,但是××镇相关部门在进行拆除的时候没有按照拆迁来谈补偿问题,而是直接要求拆违章建筑,不予补偿。企业都投入了大量的资金,有些企业甚至投入数千万在这里建设厂房,所以所有的企业都不同意。企业都想在这个地方好好经营,给地方做贡献,也给自己赚取利润。

但是2015年4月份的时候,张芝山镇相关部门向所有企业送达了限期拆除决定书,其表现形式就是一个拆除决定,并且拆除决定中也没有赋予当事人陈述申辩的权利,也没有告知当事人有相关复议诉讼的权利。简简单单的一张纸,没有经过任何法律审核。拆迁方人员在做这个事情之前也没有调查取证、实际摸底、跟企业谈话等,这就是一种野蛮执法行为。

4月份向所有企业送达限期拆除决定书后,所有企业不服,在2015年7、8月份的时候,企业主们向当地的如东县人民法院提起了要求撤销送达的违章建筑认定法律文书的诉讼,这个法律文书在2016年年初被法院裁定予以撤销了。

在文书送达后也没有给当事人相关的法律救济权利,直接在去年对上述40多家厂房实施了强制拆除的行为,据统计大约造成好几个亿的经济损失。

这种野蛮的执法行为遭到了当地企业的反抗,有的企业虽说没有行为反抗,但是也在诉讼或媒体上都进行反映,这件事在当地引起了剧烈的反响。

三、违法强拆行为应给予企业赔偿

我们接受企业的委托起诉到法院,要求确认当地拆迁方的强拆是一种违法行为,并且要求给予所有企业赔偿。

在本案中有一个关键问题,就是所有企业都是经过招商引资过来的,在拆迁方的牵头之下跟当地的村委会进行了集体土地的租赁,租赁协议中有约定必须从事生产经营行为,之后企业也从事的是生产经营行为,并且取得了营业执照。

在法院的时候，我们极力主张招商引资和普通租地进行厂房建设是完全不一样的，因为招商引资的前置行为就是拆迁方允许、认可、鼓励经营建设，并且用于创收，进行实际纳税，也解决当地的工人就业问题和拆迁方的一些实际困难。招商引资的行为就是拆迁方侧面认可建筑合法性的行为，当然按照《城乡规划法》的规定，这些建筑确实没有取得建设工程规划许可证、房产证，土地也是租赁而来，但是拆迁方表现出一种积极的态度，就是已经认可建筑合法性的基础。

对于这种状况，如果拆迁方认定为违章建筑而没有走任何的法定程序就对企业进行了拆除，拆迁方应不应该予以赔偿？

按照《国家赔偿法》以及《行政赔偿法》的相关规定，必须认定是合法建筑才能予以赔偿。如果认定不了是合法建筑，也就是说造成侵权的客体没有一定合法性基础的话就不能进行赔偿。现在企业是经过招商引资和拆迁方鼓励认可的建筑，被无偿强制地违法拆除了，到底应不应该赔偿？

以前判决当中几乎都没有进行实际赔偿，包括招商引资的，在这一次的判决当中实际告知我们，经过招商引资的并且有充足的历史原因的，拆迁方从某个角度或者某个方向已经用行为或者态度表达一种认可，那么给企业造成的实际损失也应该纳入赔偿范围。也就是说拆迁方对你建筑的肯定，不管是行为表示还是书面表示，甚至是口头表示，都达到了能够认可建筑存在的合理合法性基础。

如果再遭到违法拆迁或是野蛮暴力执法，都应该纳入赔偿范围。这是我们下一步要求和约束拆迁方进行合法执法的一个前提，也是一个主流的行政法思维。

现在，行政法越来越要求拆迁方的具体行政行为和实际操作过程必须严格按照行政执法程序和信赖原则了。这就是行政法中所规定的行政信赖原则，也就是说招商引资表明了拆迁方对企业的态度许可，企业基于信赖在这里进行投资建设，如果打破了这种信赖的基础，给企业造成的损失就必须纳入到补偿范围。

四、律师说法

我们在这个案件中主要看清三个问题。

1. 主体资格问题。在判决书中也表明，即便有很多企业是边建设边申办营业执照的，企业注册时间是在厂房建设之后，但是《行政诉讼法》的主体资格认定会对其权利义务产生影响，也影响企业下一步为生产经营而建设的厂房的举动。

主体资格的认定不一定是违章建筑或厂房建设属于某一个人或企业，不管是以个人还是企业，都以产生权利义务影响为主要判断标准。

2. 招商引资的情况有别于自己单纯的租赁房屋或者租赁场地建立房屋的情况。招商引资是拆迁方的一种认可和鼓励，也是具体行为的体现，不能简单看成一种不认可的行为，即便没有取得相关的工程规划许可或房产证，但是这作为拆迁方一种实际行为和态度的认可，也是有效的。

3. 按照《行政强制法》的规定，在限制拆除决定书的复议诉讼期间，不能进行建筑物的拆除，不能对企业的权力义务产生实际的影响，因为他有复议诉讼的权力，有进行针对性提起合法性质疑的权力，只有在法院最后确定为违章建筑，才能采取实际的拆除行为。

112

包头市某保温材料厂拆迁维权案例：
股权分割皆欢喜，补偿项目要仔细

我所在 2014 年承接的内蒙古包头市某保温材料厂的企业拆迁维权案件办理过程中，获得了关于集体使用权拆迁手段的选择和技巧上的一些警示和经验。在内部人员关系的调整上，特别是内部复杂的股东关系梳理上，对中小企业有一定的借鉴意义。

委托企业共有八个股东，其中一个大股东租赁村里的一块集体建设用地，并在上面盖了 2000 多平方米的厂房。后来又引入了七个小股东，小股东又在上面建了大约 3000 平方米的厂房，双方合起来大约是5000 平方米。大股东在当地承接了很多建筑工程，因此此次拆迁对大股东来说，来自地方拆迁方的压力非常大——如果以后还想接拆迁方的工程，那就要在本次拆迁工程中老老实实的，不能超越征收方提出的补偿方案。征收方的补偿方案中对厂房的补偿比较低，停产停业核算只参考了上一年度纳税的平均额度。而七个小股东认为对自己很不利，一旦这2000多平方米被拆了，拆迁方必然要给大股东施加压力，要求其说服其他股东把剩下的3000平方米拆了。另一方面，补偿价格压得非常低，小股东们感到非常不公平。于是七个小股东聘请我所律师维护其合法权益。

其中两个小股东和大股东有亲属关系，和大股东意见不一致会造成内部不团结。于是其他小股东找到我们律师事务所，希望首先做股东的内部协调工作，然后共同维权。我们对七个小股东分析说，大股东的目的在于和当地拆迁方维护良好的合作关系，所以可能会放弃一定的利益，并不会和小股东战斗在一起，但是七个小股东应该团结在一起，共同维护自己的合法权益。然而小股东受大股东的影响，加上还有几个是亲属，导致立场不坚定，现在只有剩下立场坚定的股东希望我们维护其合法权益。

我们询问这些股东有哪些要求，他们表示土地是租赁的，可以不要钱。但厂房建设和经营都很不错，纳税、营业额度都比较高，希望征收方在补偿的时候对停产停业损失包括装修附属物等有一个合适的补偿。最好把所有的补偿加在一起，能参考商品房的补偿。我们进行了相关核算之后，发现把企业所有补偿加在一起，基本等同于当地商品房的市场价，确实可以参考当地商品房。那么大股东不同意怎么办？最后，我们决定让大股东作为一个经营主体单独出去，剩余由我们单独谈，在内部建立起基本的共识——自己谈自己的。大股东可以妥协，小股东们可以不接受，因为丧失的利益太大。如果按照当地商品房5000元一平方米计算，那么就相当于价值1500万，才给了400多万，价值差距比较大。我们进行了股东内部权利的分割，大股东退出后剩余的小股东以正规企业的名义进行实际维权。

维权手段和维权方式的选择上大同小异。

首先，针对征收的补偿方案，包括征收决定和前期评估，进行合法性审查。我们发现立项规划包括建设用地规划许可的部分存在问题，对此提出复议。在复议程序当中给对方形成了较大的心理压力。其次，在征收方向我们公布的《建设用地规划许可证》存根当中，也发现了很多以前的法律程序错误，遂要求撤销。此时，又给对方形成了心理压力。所以与对方征收拆迁部门协商谈判，没有费很大的周折就达到了维权效果。总结起来有以下几点：

首先，内部股东繁多的企业应如何维权，如何相互妥协相互合作。在抓住对方实际短处的时候，怎样才能将其发挥到极致，让征收方的短处真正成为短处。为什么这么说呢，因为《建筑用地规划许可证》本身也是当地拆迁方进行审批的，征收方本身就有问题。我们既不能留下任何漏洞，又要抓住对方的短处，给其造成强大的心理压力。这对谈判地位的形成是比较有利的。

其次，租赁的集体建设用地在进行实际维权的时候，一定要清楚维权效果和维权目的。租赁权与真正的建设用地使用权是两码事，实践和理论都是这样认为的。在我国，租赁权现在归属为债权范围，建设用地使用权被归结到物权。一旦有了物权，在进行实际拆迁的时候就要进行补偿，而对于债权的补偿则没有规定，这意味着在实践当中可能不予补偿。虽然在理论层面有争议，但这是实践中的通常做法——只承认物权性。这是应该多注意的一个地方。

另外，一定要审查具体文件的全面性。征收方有没有拿到申请征收的前置文件。比如建设用地的许可、国土资源的许可、资金预设准备的许可、社会风险的许可等，这些要进行全面的审查。另一方面还要进行实质性的审查。比如《社会稳定风险评估报告》是谁作出的，法律上不认可征收方下属机构或者第三方所作的评估报告，只能由征收方自己作出并有合理性分析的评估报告才符合规定。资金预设的准备也必须了解，如果针对100户也准备一个亿，针对1000户也准备一个亿，这明显是不合理的。

中小企业拆迁补偿的项目应该怎么去理解，都补偿哪些项目？

第一，土地。要看企业对持有的固定资产是否具有完全的使用权或产权。是否有土地证或者房产证？或是属于完全租赁的房产？是有正常经营行为的情形还是租赁厂房对外进行出租的情形？不一样的情况导致所获得的补偿项目千差万别。

企业的土地使用权所呈现出来的，不仅仅是国有土地使用权，还有集体土地使用权。早期集体企业转制的、买断集体建设用地和早期对一些乡镇企业一次性买断、一些乡镇资产的一次性出售等，都是占用的集体建设用地。而对于国有土地的情况，则要看用途，如工地、商业、工矿、仓储、教育、娱乐等，用途和性质决定了国有土地使用权的价值。

第二，厂房。房屋重置成新价要看房屋在某个时点中的建安成本。1995 年的既然成本可能 200 元，2005 年的既然成本可能 500 元，2015 年的时候可能会 1500 元，要把评估的时间作为时点，而不是以建设的时间作为时点。2015 年评估的就看 2015 年房屋的既然成本，然后折算重置成新率，这叫房屋重置成新价，也就是厂房的价值。

第三，停产停业损失，或者叫营业损失。关于营业损失，现在比较正规的做法是根据纳税额度来推算年度，然后进行实际补偿。实际补偿多长时间主要看有没有安置周转。如果有安置和周转，那么半年就补偿半年，一年就补偿一年；如果没有周转安置，就变成一次性停产停业损失。补偿时间由双方协商是一种正规的做法。另外一种做法是通常的粗犷式做法——按照建筑面积来确定经营面积。现实中基本上建筑面积就等于经营面积，再确定每平方米的补偿价。这种做法的优点在于方法简单，但没有任何科学依据和法律依据。

第四，装修附属物。装修补偿是根据企业装修的投入来确定，与房屋重置价格核算一个道理——通过折旧来换算装修费用。其中又有重装修和轻装修之分。普通企业的厂房都是轻装修，更多的是附属物的问题，比如，空调、电话、暖气、管道、排水等。重装修主要是指宾馆、饭店这类商铺型的对外经营的企业。装修比较繁琐，补偿就会比较高。

第五，不可移动的附属物。指不可移动的附属物及其附属设施。企业有很多设备设施是不可移动的，一旦移动就会贬损价值，然后通过原价计算折旧价。在实践当中，征收方认为所有设备设施都是可以移动的。但是我们必须了解，可移动设备设施的补偿是搬迁费，不可移动的是重置费。

有些当事人还提到人员安置费。这只针对具有人员属性的情况——集体土地成员或者是国有企业员工。普通的私营企业、有限公司和股份公司没有人员安置费，这些企业的相关费用都累积到停产停业损失中了。还有一些补偿奖励费用，是作为一个企业整体应该获得的补偿效益。

113

黑龙江三家养殖场拆迁维权案例

三家因为业务关系而彼此比较熟悉的养殖场都面临拆迁，所以共同委托我们进行代理。结合三家养殖场拆迁的具体状况，我们来谈一下养殖场拆迁可以借鉴的经验。

这三家养殖场的主体状况和面临的现实情况有以下相似点：

第一，这三家养殖场取得土地使用权的方式有两种：第一种是通过竞拍的方式从银行取得了土地使用权；第二种是和村委会签订了土地使用权购买协议，但是没有办理完整的土地使用权转让手续。20世纪在80、90年代的农村，这种土地使用权取得方式很普遍，所以从历史渊源来说，当事人取得的土地使用权是有合法性的。

在养殖行业的实际情况中，养殖场虽按照农业养殖的实际用途取得了土地使用权，但是经过经营发展，土地的用途可能不仅限于农业养殖，还进行了冷库、超市、饭店等的建设，可这些都不能磨灭土地使用权的合法性。在此次案件中，其中一家养殖场就遇到了这样的情况，其建场之初是按照农业生产养殖用地进行批建的，但是在实际生产的过程中有一部分土地上建成了冷库，但是是刚刚建成的，还没有投入实际使用。当地征收办以改变土地使用用途为由，要求吊销养殖场的土地使用权证，要求其卖掉养殖的动物、变卖孵化设备等。征收办的这种行为是完全违法的，等于从根本上否定了当事人合法取得的土地使用权。

第二，养殖场拆迁过程中面临的压力是有规律可循的。因为养殖场带有一定的污染性，所以拆迁方一般会以环保的名义进行施压。比如，此次案例中，其中一家养殖场和当地居民区靠的比较近，当地部门于是采取措施，以没有使用环保设施、没有对排放物、排泄物进行处理的名义要求关停养殖场，并采取了断水、断电、挖路的手段，破坏了养殖场的正常经营。可是根据我国《环境保护法》和相关行政法规规定，在使用行政强制措施关停企业之前，需要给企业改正补救的法定权利，但对方并没有落实这个法定程序，这也给我们提供了反击的机会。

值得注意的是，因为养殖行业是免税行业，拆迁方不能以核查纳税的方式进行施压。

第三，三家养殖场面临的拆迁项目都涉及公共利益，比如，市政规划的调整、修路修桥、市政设施的扩建等。

根据对方所暴露的违法之处，我们一一回击，给对方施加了足够的压力。比如，把吊销土地使用权相关的行政决定及时向哈尔滨相关部门申请行政复议，并且在一个多月之后得到了哈尔滨相关部门的支持，决定其作出的吊销土地使用权证的行为是违法的；针对其他两个行政补偿决定，我们也向上级相关部门进行行政复议，但是没有得到上级相关部门的支持，所以我们及时向法院提起了诉讼，法院撤销了复议决定和相应补偿决定，我们的合法权益最终得到了法律的保护；针对对方断水、断电、断路的行为，我们及时投诉到了相关部门，如果相关部门不予以回复的话，我们要求其承担相应的民事赔偿责任；针对环保局下达的行政处罚命令，我们也及时请求法律审查，理由是处罚的标准没有说明，而且没有"允许当事人首先作出补救改进"这一法定程序。

当把对方在这次拆迁中所有的行政行为均纳入法律审查的范围时，会产生很多有利的影响：其一，行政行为的落实会相应得到延缓；其二，双方接触机会增加，客观上给双方提供了更多的谈判机会，其三方主体增多，双方谈判调解的机会也多了；其三，给对方造成压力，增加谈判的筹码，尤其是上级相关部门或者法院支持我方诉求的话，更是让我方把握住了主动权，但即使我方掌握了主动权以后，也不能漫天要价。如果迫使对方继续采取行政措施的话，后续维权的成本会更大，而且这也不符合公平合理的态度。

最后，经过当事人和我们的共同努力，拆迁方愿意坐下来和我们进行平等的谈判，当事人都得到了满意的补偿。

114

办案手记：加油站征收维权案例

我们在山东做过三四个加油站的项目。其中一个加油站在 2010 年领取营业执照，包括危险化学品经营许可证、营业执照、纳税登记和消防安监等批准手续。早在 2007 年，当地的乡镇政府招商引资，邀请委托人在此进行投资建设。委托人决定建一个加油站，跟当地拆迁方达成了土地租赁协议，并与拆迁方下面的一个村签订了二十年的土地租赁合同。后来企业主认为租赁合同存在风险，一旦遇到规划调整，征收拆迁可能会出现争议，所以企业主要求把这块集体土地变成国有土地，再由当地的区的拆迁方出让给他。

2009 年，当地拆迁方向山东省相关部门报批了批次建设用地的规划要求。2009 年下半年，山东省相关部门进行批复，将企业租赁的集体土地转成国有工业用地。转成国有工业用地之后企业开始焦急——怎么样才能让拆迁方把这块地出让给我们？企业跟区拆迁方进行多次协调，区拆迁方也确实做出了一系列的工作，并且发改委在 2007 到 2012 年加油站分布的计划表单中，标明了该加油站的具体位置。企业也和区拆迁方的国土资源局草签了国有土地出让的预期协议，但由于各方面的原因和国土规划的复杂性，这块国有工业用地却迟迟没有出让给我们当事人，拆迁方也没有办理出让审批手续。

2014 年，当地一家大型医院看上了该加油站所处的位置，当地的乡、区两级拆迁方找到我们的委托人，希望商谈搬迁补偿和后续安置工作，但双方就补偿问题达不成协议，委托人备受煎熬。

2015 年 1 月，我们接受了当事人的委托。此时加油站的进出口都已经被高墙挡住，经营被切断。此后乡拆迁部门又给加油站下达《责令停止违法行为通知书》，以其地上附着物没有取得土地使用权的相关手续为由，确定为违章建筑。我们指出，不管是确立土地问题还是地上附着物是否违章的问题，都不是乡拆迁部门有资格进行实施的。加油站现在面临着两种不利状况：一个是经营彻底断掉了，一个是要被按照违章建筑的要求限期拆除。同时征收方通过各种渠道向委托人传达不利的信息，甚至有恐吓信息，加剧了委托人的恐慌，让他感到叫天天不灵叫地地不应。委托人希望能寻求到真正法律上的依据和律师的帮助。

我们从当事人处了解到，征收方给出的评估是130多万，包括地上的6个油箱、将近600平方米的建筑物和复杂的地下管道。当事人表示，去年中石油要收购加油站，出价将近2000万，但是现在对方只评估了130多万，实在令人诧异。怎么才能把自己的补偿、损失和预期利益损失跟征收方说明白呢？虽然按照地上附着物来讲的话，可能只需要100多万，但是按照加油站的预期收益来说，则有上千万的利益。企业主希望得到律师的帮助，从评估的角度给出实务性参考。我们依据客户的需求从理论层面和实践层面对此进行了论证和分析。

理论层面的主要问题在于：加油站作为一种特殊行业，在审批营业经营许可的时候要取得特殊行业经营许可证和危险化学品经营许可证，比一般生产加工行业的手续更复杂。特殊行业在面临征收拆迁的时候，如何评估、如何计算损失，是一个非常大的问题。我们参考了大量法律依据和研究性文章，按照2011年《国有土地征收补偿条例》及建设部的征收办法，应该按照收益法计算补偿数额。常用的评估方法有四种：成本法、市场法、假设开发法、收益法，还有不经常使用的土地修正系数法。虽然加油站的附属物和附属设施不是很多，但是它所蕴含的附加值和预期收益很高，在选择评估方法的时候，应该选择收益法。我们参照了大量研究性文章，包括收益法在加油站拆迁评估中的运用思路，如何确定加油站剩余经营年限，预测各方的净利润以及折现率的问题等。最后我所得出的评估价值应该在2000万以上。

征收方看到这个数字表示：第一，我们从未按收益法进行评估过，委托的评估公司基本都按照成本法，特别是生产经营类的行业，评估公司自始至终只能这么评，收益法从未见过，也不知道该怎么评。我们与征收方委托的评估公司进行了多次交涉，让对方按照评估知识、评估经验和评估技术法律规范对我们的评估挑错，结果对方一个错也没挑出来。这就说明收益法在本次拆迁中是完全适用的。征收方认为从 100 多万忽然涨到 2000 万的跨越度实在大，于是提出了一个解决方案——另行土地安置——在该加油站旁边 500 米处重新找地址，办妥国土手续后再拆除原址，由当地发改委和相关部门为其办理所有的配套手续。最终确实按这个方式完成了协商补偿工作。

接下来讲一讲实践中是如何维权的。

第一步，在我们提出乡拆迁部门没有下达《责令改正通知书》的主体资格后，国土资源局又给委托人下达了《处罚决定书》，认定加油站违法占地，因为当时土地没有进行实际转让。我们提起复议，要求当地市拆迁方撤销决定书。主要基于以下几点事实理由：

（1）委托人本能够取得该土地权属，但由于拆迁方的不作为和职能部门的怠政懒政造成手续迟迟未取得。这个责任应该在相应的职能部门身上。并且对方给出的加油站五年规划当中，也列明了该加油站的实际经营；

（2）加油站已经取得了所有的合法审批手续；

（3）双方已经草签土地出让合同，我方委托人已经支付一部分土地出让金，说明我们愿意以土地出让的方式取得土地使用权；

（4）已经向当地省拆迁方进行了批次报批建设文件转批手续，加油站的经营行为以申请报告的方式得到批准。

鉴于以上几点，加油站是在对拆迁方产生合理信赖的基础上做了前期工作，而后期因当地拆迁方的不作为而未取得土地使用权。企业的义务已经履行完毕，征收方的义务却没有履行，所以不利后果的责任主体不应该在企业。

第二步，当地征收拆迁行为没有按照法律法规实施。征收方的预期想法是只拆一户不需要办理手续，也不需要付出相关的成本。但是法律有严格的规定，即便只有一户，也必须办理征收审批文件。否则，作为被征收人有权利进行质疑。

第三步，该加油站是招商引资而来的，按照《行政法》基本原则当中的诚实信用原则和保护公民信赖利益原则，当地县、区、乡拆迁部门主动邀请投资，并且办理土地租赁合同和投资相关文件，表明了两点：首先，企业主在做的事情征收方是明知的；其次，招商引资的文件允诺企业主在此地进行建筑和实际经营行为。我们律师团队针对职能部门出尔反尔的问题向当地拆迁方发出了律师意见书。

这是复议当中所谈到的问题，当地拆迁方鉴于我们出具的评估意见和复议中提出的客观事实理由，给出了"一边安置一边补偿"的方法，在原址 500 米之外重新安置，随后又对该加油站地上附着物和预期收益再进行评估补偿。最终达成了 1700 万的补偿额度和一个土地置换，满足了当事人对拆迁补偿的需求，达到了良好的维权效果。

这个案例有三点值得总结：

第一，一切必须以法律和事实为出发点。这个案件的事实在于，企业是经过招商引资而来，而且拆迁方作出了种种承诺，既有口头的，还有书面的。

第二，当事人要调节好心理，不要总是处于焦虑状态，这样谈不好拆迁的问题。人都不是在真空当中生存发展的，总要接触一些人和事物，企业主人际关系往往更复杂，更容易接收到不利信息甚至恐吓信息，从而给企业主造成很大的心理压力。我们要及时对企业主理清相关事项，告知其有效的维权手段和后果，减轻他的心理压力，增强维权信心。

第三，专业律师必须做到专业到位。"专业"不仅仅是对法律的专业程度，还是对现有客观情况和维权经验的综合运用，做到对症下药步步为营，坚持自己的原则和态度，这也是维权的心态问题。

115

贵州开发商被拆迁：坚持原则从实际，维权还得靠法律

贵州开发商被拆迁的案例是我所 2015 年承办的比较成功的十大案例之一。这个案件的特殊点在于：通常开发商都是拆迁主体，但这一次开发商却变成了被拆迁人。具体是怎么回事，我们从头来说。

2002 年左右，贵州省贵阳市云岩区一个开发商经过注册成立，通过招投标获得了一块土地，然后分批次兴建小区。建成一部分后由于资金问题，后边迟迟没建成，计算下来大约有三分之二到二分之一的土地根本没有利用起来，也就是说当时二分之一的土地用于商品房开

发，并且现在已经入驻了将近十年。由于企业内部的一些股权争议，资金不到位，导致尚未建设的土地没有积极开发。2014年市拆迁方要修五环线，恰恰经过未开发的土地，并且将其一截两半。由于贵阳多山的地貌特征，一个公路的上边和下边根本没办法施工，对于企业来讲，在这种情况下，基本的开发条件已经不存在了。本身剩余的土地就在上山的斜坡上，现在又给开发建设造成了灭顶之灾，已经不可能再进行实际的商品房规划、开发、建设和预售了。云岩区相关部门提议把剩余的这块土地收回，但是作为拆迁方而言，只想给予简单的补偿价格，即出让的时候多少钱，现在就用多少钱买回来。如果觉得不够，那么再加若干年的利息，相当于把钱存进了银行里。这对开发商而言非常不公平——剩余土地现在的增值效益已经非常高了。当年可能几十万一亩地，现在几百万都不止了，还有预期利润也增长了十多倍，但是现在只退回一点利息和原值，根本就达不到正规市场交易公平的补偿价值。开发商也跟当地拆迁方交流多次，最终无法达成协议，于是到北京求助于我们。

开发商谈到了两点

第一点是预期收益。尽管没有实际开发，但是土地使用权是七十年，现在才过了十几年，预期利益的空间是存在的，并且数值是很大的。

第二点是隐性成本。这么多年付出的贷款利息，是分批进行一次性贷款，包括社会投资、财务成本和利息（不是银行的贷款利息），是一个非常高昂的成本。作为拆迁方而言，这个财务成本怎么预算，一个是预期收益，一个是为了拿到这块土地所付出的财务成本，这些都应该纳入拆迁方本次征收拆迁的赔偿范围。

双方迟迟谈不拢，在此期间区相关部门形成了很多会议纪要和报告，包括一些项目整体征收问题，一直在反复策略。拆迁方表示，如果不同意整体征收，那么就只用路线之内的土地。不管对企业会造成什么影响，即便不能再进行实际开发利用，也只补偿占有的费用，其他的不管。这对企业是一种不正当的补偿方式，所以企业最后提出了三个观点：其一，必须是整体征收，不能是区段性的征收；其二，必须要考虑剩余年限的预期收益；其三，前期所付出的财务成本一直在累积增加，拆迁方必须予以考虑。我所代企业提出这三个观点，以法律意见书的形式向企业和相关的拆迁部门送达，并跟当地拆迁方协调多次。最终效果不错，得到了四个多亿赔偿款，比当时拿地的价格增值大约 14 倍或者 15 倍，而且当中还包括了企业所提的三个条件。

由于开发商本身是拆迁主体，忽然间转变为被拆迁方，所以这种情况在实践碰到的不多。就这个案件而言，可以得到几个道理供大家做维权参考。

第一点，一定要坚持对你有利并且在实际当中能执行的策略不动摇。这个案例中拆迁方要用到的土地，占剩余未开发的面积恐怕连 1/15 都没有，但是造成的实际影响却是非常大的。再加上开发商自身没有实际经营这块土地，如果拆迁方不用的话相当于闲置在那里了。所以坚持一个对自己有利并且在现实当中可操作可执行的原则至关重要。如果过程中忽然间放弃了这个原则，对企业的利益损失是可想而知的，而且剩余土地的价值损失也很大，把上坡的阶梯型土地一截两半，这块土地的利用价值几乎就不复存在了。

第二点，跟拆迁方进行主动交流的时候，特别是大项目、大企业、大面积的情况，一定要依靠法律途径把相关的问题解释到位，形成法律意见，要求拆迁方对法律意见予以会议支持，并且可以进行实际交流。这点在大型企业的实践维权当中是很重要的。我所在上海做的一些大型企业占地都是几百亩，建筑面积几万平方米甚至以上，最高能达到十几万平方米。针对这种大企业，一定要形成自己的法律意见。拆迁方单纯的强制利益对于你来讲可能不起作用，但是作为一个需要用法律途径解决的事情，拆迁方要层层上报，你的每一笔费用和理由必须有科学的根据和法律事实、法律依据。

这个案子当中总体论述了这三个问题：其一，为什么要整体征收而不是分段征收；其二，因为如果分段征收，我的价值就会减损得很厉害；其三，预期收益要进行综合论述。这不是一个简单的法律问题，而是一个综合的预期评估问题。这不是哪个评估公司能做的，只有经验丰富的拆迁评估的律师和专家能做。还有一个问题是在隐性成本上，财务成本甚至开发商不能摆到桌面上的隐性投入，以及不断增加的财务成本到底应该怎么算，这是针对大企业才有的一种状况。因为其贷款是不断循环的模式——今天贷了一百万，明天还上这一百万又贷了二百万。如此循环，财务成本就在不断地累计增加过程中。

总而言之，一个比较大的企业在面临征收的时候，一定要有策略，有坚守的原则和充分的法律依据。根据我们多年的经验总结，所有的大企业最后必然通过法律途径来解决问题，因为大企业一旦征收拆迁，审计和财务、包括上下级相关部门等都在盯着，所以必须出具合理合法的文件。

116

安徽宿州某连锁饭店拆迁案

我们以安徽宿州某连锁饭店拆迁案为例，分析一下商铺拆迁中可能遇到的问题和对应的解决方法，希望能给各企业主一些借鉴。

该连锁饭店是一家家族企业，在当地拥有七八家的连锁店，经营效益非常好。2014 年 3 月，该连锁饭店的总店被划分到拆迁范围。总店所在的土地早期是所在社区村集体的土地，由该企业向村集体一次性买断，取得了 500 多平方米的商业性质集体土地使用权。后来因经营需要，该企业在原有建筑的后院扩建了 200 多平方米的附属建筑。

在拆迁过程早期，当事人和拆迁方并没有产生很深的矛盾。2014 年 4 月份当事人和当地乡镇相关部门签订了草签协议，约定了补偿方案，以及 5 月份将总店停止营业来配合拆迁进程。8 月份，拆迁方又给出两种安置方案：第一种是原地回迁，原有建筑安置面积可以按照 1:1 比例安置，但是扩建部分只能按照实际面积的 30% 进行安置；第二种是迁到繁华度稍差的地方，但是安置面积全部都可按照 1:1.6 比例来补偿。当事人的要求是原地回迁，且回迁的面积全部按照 1:1 的比例进行安置。后来，拆迁方又声称该饭店所在地点因规划变动成为乡镇相关部门的便民大厅，无法进行原地回迁。双方的分歧越来越大，谈判无法继续。当地拆迁方开始采取强拆和断水断电等手段，无奈之下，当事人找到我所，委托我们以法律手段维护自己的权益。

我所接案以后，针对当地乡镇相关部门的行为，及时采取了相应的措施：

第一，当时当地拆迁方已经把饭店的门窗卸掉了，把一些基础设施也毁掉了，把扩建的建筑推倒一部分。针对这些严重违法行为，我们及时报警，因损害额度达到 5000 元以上，成功以故意损坏公私财物罪进行犯罪立案，并引起了当地媒体的关注。

第二，当地拆迁方向区相关部门申请了征收补偿决定，引入了司法强拆程序。针对此决定我们向当地市相关部门申请行政复议，理由是对方没有遵循法定程序：第一，没有相关的合法文件；第二，没有同时给予当事人货币补偿和安置两种法定选择；第三，采取断水断电等违法手段，违反了征收程序。最后，市相关部门支持了我们的请求，撤销了该征收补偿决定。

我们以上的应对措施给当地乡镇征收部门也造成了很大的压力，于是对方愿意坐下来和我方当事人进行和平谈判。最后基本满足了当事人的要求——原地回迁，且把扩建部分算成合法面积给予1:1比例的安置。

这个案例的关键点在于：饭店的原有建筑属于合法建筑，扩建部分位于合法建筑的后院，是用于合法经营的合法建筑的附属建筑。且因建于 2008 年之前，只能依据当时的地方规章条令进行合法性的认定，不能根据《城乡规划法》认定为违章建筑。而当时没有相应的条令认定扩建部分为违法建筑，故扩建部分属于合法建筑，按照《国有土地征收补偿条例》应得到1:1的补偿安置。

117

济南某机械厂办案手记：
一纸败诉赢得当事人三年经营权

2014 年 1 月份，济南某机械有限公司，与济南槐荫区下面的某街道办事处所形成了拆迁征收纠纷。该街道办事处找到我所的委托人，表示要进行开垦河道修复工程，而我所委托人所在的地址在河道的边上。河道正式修通后，周边要建设绿化隔离带，所以需要进行土地腾退。我们委托人知道这个消息后，跟当地的街道办进行多次协商，但补偿问题一直未达成协议。

关于这个案例，首先要介绍一下该企业本身的状况。

该企业大约是 2006 年在此地注册成立的，企业主本人就是当地村民，所用土地是跟当地的村委会进行租赁的。换句话说就是由当地村民跟村委会租赁相关土地，平整土地后又进行了厂房建设。厂房不断翻修翻建，2014 年占地约 17 亩，厂房面积不到 5000 平方米。拆迁方几乎是按照违章建筑的成本价来计算补偿价值的，一平方米最早补偿480 块钱，最后给将近 700 块钱一平方米，所提出的补偿方案让企业主无法接受。

我们了解到，在拆迁之前，企业主和村委会打了一场官司。当地村委会听到拆迁消息以后，就想进行企业腾退，保有企业的地上建筑，以主体身份来跟拆迁方进行谈判，要求与企业解除租赁合同关系。企业不同意，要求继续缴纳租金承租土地。判决结果企业败诉，被要求进行实际腾退，二审维持原判。鉴于这种状况，我们从理论和实践两个层面进行深度分析，然后据实制定了维权方案。

在我们接受案件之初，当地拆迁方就以违章建筑为名下达了《限期拆除决定书》。

我所根据当事人所面临的客观状况，从法律层面总结出主要有两个问题：第一，企业跟村委会之间的合同已经解除，二审判决已经确定；第二，当地拆迁方下了《限期拆除决定书》，以违章建筑为名进行拆除。补偿层面主要是地上建筑物，大约六七百元一平方米，包括停产停业损失。我们接受委托之后，跟当地的街道办事处主任沟通了三四次，提出进行征收必须有妥帖全面的征收文件。不管是按照《山东省集体土地征收条例》，还是按照《山东省土地征收管理办法》，或者是按照集体土地转为国有土地的《国有土地上房屋征收与补偿条例》，都必须办理完善的征收程序。一方面，对方表示协商征收没有相关的程序，另一方面又下达了《责令限期拆除通知书》，以违章建筑为由施加强大的压力。面对这种状况，我们就给当事人提起了一个诉讼，以对方没有征收文件而实施了征收行为为由，要求确认对方的征收行为无效。

起诉之初我们就考虑到，不管最后胜诉还是败诉对我们都是有利的，为什么这么说呢？胜诉，就确认了对方的行为是违法行为，那么他现在所施加的任何征收行为都是违法的；败诉，就说明对方没有征收行为，既然没有征收行为，为什么还要找企业谈呢？企业主也希望尽量不要拆，因为已经没有同地段的土地能让他进行加工生产。如果不得不拆，就要拿合适的补偿价。

2016年10月，济南市中级人民法院下达最终的判决，确认我们败诉，理由就是对方并没有实施征收行为。我们在得到这个判决结果以后非常高兴。尽管是个败诉判决，但导致对方至今无法再找当事人谈拆迁拆违的一系列事项，这就达到了最初的维权目的。

简单介绍完维权的过程，下面就解析了一下这么做的法律依据和客观事实。

首先来谈一下这个诉，这个诉是以济南市相关部门为被告，以槐荫区拆迁方和某街道办事处为第三人的诉讼基本架构，我们的证明责任在于两点：

第一，对方没有征收文件，却实施了实实在在的征收行为。这个举证责任在我们，因为这是出于一种积极事项的举证，和普通的行政诉讼不一样（普通的行政诉讼举证行为倒置，由拆迁方进行举证，证明其具体行为合法）。我们拿出了要求当地市拆迁方和区拆迁方公开本次拆迁文件时所得到的信息回执，也就是说不存在征收文件和征收项目。我们却取得了对方的拟征收公告，表明对方在2013年就想征收，只是没有落实后续的征收公告和征收决定，但是施加了征收行为。拟征收公告和信息公开回执恰恰就证明了对方没有征收文件，这是已经可以确认的。

第二，对方有事实的征收行为。起诉证据有：①街道办主任找企业主多次沟通的音频资料；②提出勘验现场的申请，要求法庭能够现场勘验当事人的土地是否在征收范围之内，周围是不是已经都被征收；③找相关证人，即其他已被拆迁的人，来证明当事人的土地是在征收行为所涉及的范围之内，并且双方签订了征收补偿协议。我们出示的这几种证据，足以认定双方的征收和被征收行为是实际存在的，证明了对方没有征收文件却实施了征收行为。从举证角度来讲，已经完全达到了我们的证明目的。

法院最后判决，由于证据不足，达不到能证明对方有征收行为事实的程度，所以驳回我方的诉讼请求。但是我们在进行诉讼的时候，本身带有夹击性的目的，所持的态度本来就是胜诉和败诉都可以接受，并且不管向哪个方向发展，都能达到我们的目的。这个案件从判决下达到目前为止，对方再也没有找我方委托人谈过，也没有做出断水断电的举措，企业一直在稳定持续地经营着。尽管拿到了一纸败诉的判决书，但是恰恰达到了客户的经营目的。据委托人讲，企业项目是复杂的工程，规划和实施都需要很长的时间，而我们为企业赢得了至关重要的经营时间，满足了企业持续再经营所需要的一个不确定时间的基本经营需求，并最终取得了非常好经营效益。

这个案例有以下几点经验总结。

第一，拆迁方的任何具体行政行为，只要对企业产生了足够大的冲击，都应纳入法律审查程序。就像刚开始拆迁方下达《责令限期拆除通知书》确定违章建筑，我所迅速按照《行政处罚法》《行政强制法》《城乡规划法》的规定，将其纳入诉讼的法律程序当中。尽管最后是以程序错误来撤销的，但也给对方带来沉痛一击。

第二，确定基本的诉讼思路很重要。诉讼思路一定要首先考虑好，如果没有必胜的把握，提前就要想好败诉能产生什么后果，胜诉能产生什么后果。败诉有哪些具体途径，会产生哪些有利或者不利的状况，再进行具体分析，谋定而后动。

第三，根据企业的客观情况进行维权手段的选择以及维权实际的判断。有些企业长期不经营，希望快速进行拆迁，拆迁以后得到一些资金回笼，可以到别处经营。但有些经营效果很好的企业每年有稳定的大额营业利润，并不想被拆迁。

另外还要看企业到底是怎么来的。这个案例的判决表明，我方当事人是以非耕地承包协议的形式进行发包的，我们拿到判决书之后向该村委会提出质疑——这到底是承包协议还是租赁协议？我所认为是承包协议。因为是本村村民承包了本村的非耕地，这个承包协议就带有一定的人身属性，换句话说，当事人是本村村民，所以这就是承包协议。就算上面签的是租赁协议，落到实处也是承包协议。对这种民事法律关系一定要有清醒的认识，真正的法律关系确认之后不一定是租赁，有可能是承包。现在承包协议按照租赁协议予以解除了，但我们始终认为有承包的属性在里面。最后这块土地的使用权到底是归村委会还是我方委托人，尚不确定。

第四，主要看对企业损失的拿捏，心里对一些评估要有数。经营效益好的企业，按照国有土地条例以及建设部的配套办法，应该用收益法进行评估，而不能单纯从成本法角度评估。

118

黑龙江某铸造企业维权案例：拆迁方施压不要慌

我所专注于中小企业征收拆迁维权、违章建筑维权以及商铺门面、工厂拆迁维权工作近十年，《企业拆迁讲堂》节目的举办是为了给大家多提供一些参考意见跟做法。黑龙江某铸造企业拆迁维权案例是我所总结出的 2015 年结案的十大成功案例之一，希望能够在中小企业征收拆迁维权的过程当中，给大家更多的借鉴和经验，帮助大家在实际维护权益中取得好的效果。

委托人哈尔滨某机械铸造厂，在 2003 年左右与所在镇的拆迁方底下的某实业公司签订了村办企业购买协议（属于村办企业或者乡镇企业），买断了乡镇企业的厂房。那时乡镇企业的土地原则上应该按照有关规定，必须在一次性买断的范围之内。2000 年左右，集体建设用地还处于可以进行出售、拍卖和一些担保的最后执行所得标的范围之内。当事人最后签订的合同书延续了这块土地的租赁关系，并且该协议当中明确约定了相关土地都在租赁范围内，但是并没有把土地使用权一次性垄断，这跟一般的集体建设用地进行出让不一样。买断以后，因为集体乡镇企业的厂房老旧，设施不完整，不能满足生产经营许可要求，所以企业主进行了改造扩建。当事人联合七八个股东把所有的土地进行了平整，最后建设了大约 4 万平方米的厂房，七八个股东用了其中的 1 万多平方米，其他的将近 3 万平方米都是以租赁的方式给其他的企业进行实际经营生产。

企业的实际租赁和经营一直都合乎规范。2014年7月，征收方向我所委托人下达通告，将其土地界定在哈尔滨市防洪排涝的范围之内，催促紧急搬迁。到了7月中旬，区办事处向当事人发出《搬迁须知》，给当事人造成心理恐慌。征收方以防洪排涝为由敦促搬迁，却没有给出正规的征收补偿方案。当事人既不知道怎么搬，搬到哪里去、厂房设备应该怎么补偿，也没有人员进行谈判。当事人感觉事情有些复杂，就委托我们进行法律维权。

我所介入后，进行了大量调查取证。律师团认为，当事人的厂房不应该被划进防洪排涝范围之内。因为按照当事人的说法，此地马上要修一条高速路，高速路所起的高架桥是从厂房上面过去的，而且从现场看已经从南往北开始修了。我们认为这跟当地征收方所出示的理由有天壤之别。修高速路不属于紧急范围，按照国家规定，防洪排涝属于紧急公益事务。紧急公共利益怎么界定？例如洪水泛滥，要进行相关人员的撤离，相关的征地和服务设施都是紧急公共利益的体现。修高速路尽管也是一种公共利益的体现，但是跟防洪排涝完全无关，没有任何参考意义。

我所跟征收方和街道办沟通后，他们依然坚持这就属于防洪排涝的范围。我们认为必须把这个事情进行紧急查实，才能进行下一步的谈判。于是要求国土资源部相关部门信息公开，公开内容是哈尔滨道外区的相关地址上是否进行了实际的规划，进行防洪排涝的具体范围是什么。国土资源部以及相关防洪排涝职能部门的答复是并没有相关的规划要开展征地用地，也没有要求进行搬迁。难道征收方会撒谎吗？我们那时感觉不大可能。所以我们就以信息公开的方式要求国土资源部门给出正式回函，只有拿到正式回函才能跟当地街道办和征收方进行进一步的沟通谈判。拿到回函后，征收方的态度开始动摇，一会儿说有这个规划，一会儿说规划现在还没有立项。

我们认为没有那么简单，期间也一直没有停止其他取证工作。我们随后要求交通部门以及交通规划部向我们公开这条高速公路的定桩位置。经过信息公开后发现，定桩位置显示，就是要从整个企业中间搭一条高速公路的高架桥，并不是贴着地面进行高速公路的建设，而是在厂房里面竖起20多根柱子支撑高架桥从南到北行驶。这跟我们当时的理解是一致的，确实不是简单的防洪排涝项目，而是高速公路占用土地。

此时征收方和街道办的态度变得非常和缓，告诉当事人不排除从厂房上修高架桥。作为一个征收方怎么能用如此模棱两可的语言呢？2015年7月下旬，征收方下达《限期拆除通知书》认定厂房违章。企业当时是买断后进行平整，以前的乡镇厂房几乎都不存在了，现存都是2003年以后改造扩建的。众所周知，那些年进行改造扩建，包括厂房的设计施工是没人管的。企业在进行实际建设的时候，确实缺少一些报批，但相关职能部门从来没有实际要求报批扩建工作，这才被抓住把柄，被认定为违章建筑，要无偿拆除。征收方的这一行为给委托人内心造成巨大的心理影响。征收方这一行为所透露出来的信号是：如果按照征收方的办法，可能会得到一些补偿，但如果不按照，就会以违章建筑的名义进行拆除，没有任何补偿。七八个股东在思想认识上很难达成一致，有的企业主觉得少就少了，如果真的按照违章建筑拆了，就一分钱没有；有的企业主考虑到，在这个地方继续生产经营就要跟相关职能部门打交道，不能做得很过分；也有些企业主的社会经验阅历比较丰富。拆迁方对建筑区别对待，给到了400到1200元之间，一般按照平均值就是800元。正规的企业补偿，土地使用权租赁到最后必须拿出土地证，这样即便土地不给钱，还有厂房、经济损失、办公楼、装修附属和机器设备搬迁费，以及不可移动的机器设备和附着物、搬迁成本等，综合起来平均应该在800元到1000元之间，价格很可观。

我们给出了明确的建议。如果接收800元一平方米甚至没有补偿，或者主观不愿意，但是又扛不住压力的，就自愿签订补偿协议。但如果能扛住压力，并且坚持要为自己讨一个公道，就需要进行更进一步的维权。

第一步，对《限期拆除决定书》申请复议，要求哈尔滨市相关部门撤销《限期拆除决定书》。哈尔滨市相关部门接到了复议之后，第一时间和我们取得了联系。为什么要到市相关部门复议？因为区行政管理执法派出机构没有法律主体资格。征收方为被复议人，需要向它的上一级主管部门即哈尔滨市相关部门申请复议。

哈尔滨市相关部门认为，征收方的行为没有法律依据，按照《城乡规划法》的规定，认定违章建筑以后才能进行实际的拆除。法律规定首先要进行勘测，到建筑物周围拍照录像，进行证据提取。但征收方都没有做，因为他的目的根本不在于此，他只想用《限期拆除书》给当事人造成心理压力，以程序违法申请复议，最终撤销行政行为的可能性很大。此时我们又和征收方进行交流，征收方自行撤销《限期拆除决定书》，缓解了当事人的心理压力。

撤销之后，征收方迫于工程的压力同当事人磋商，但是补偿价格仍然只是小幅度调整。当事人希望能够通过一定的法律措施，给对方施加的压力大一点，增加谈判频率。这时我们就要求征收方公开相关的安置资金和安置方案。

结合实际情况和谈判过程，我们总结出了以下几点经验：

第一，企业主应该认清主体情况。自身是招商引资，还是经过集体土地买断，或者是租赁的厂房等，把自己的情况认清之后，才能在降低企业风险的情况下进行证据和材料的补强。

第二，一旦遇到当地征收部门以"拆违促拆迁"或者通过检查消防、安全等来施加压力的时候，不要恐慌。因为具体行政行为，特别是涉及不动产违章建筑，《行政强制法》规定必须等到法院判决之后才能进行强制拆除。在法院判决前不要急于做某些事情。面临《限期拆除决定》等行政行为、行政处罚的压力，要及时提请法律程序。

另外，维权过程中一定要保持平稳的心理状态，不要易喜易怒。维权路顺一些，情绪就特别高昂，维权路受阻碍了，就沮丧不止。心理状态直接影响下一步谈判的思路和力度。拆迁当中心理因素的影响很大，希望各位企业主在实际维权当中保持自己正常的心理状态。

119

安徽合肥汽车配件厂拆迁案例

案件的起因是该地相关部门筹划了一个国际物流的项目，计划征用该汽配厂的土地。该汽车配件厂在 2006 年取得了建设用地规划许可证；2007 年取得出让性工业用地，国有土地使用证记载的土地使用面积大约是 12000 多平方米；2009 年分前后两次取得房屋产权证，产权范围是 500 多平方米。后来为扩大经营需要，汽配厂又自建了 5700 多平米的厂房，但是自建部分没有取得房屋产权证。针对无证厂房，拆迁方给出的补偿政策以 1986 年航拍图为标准——如果 1986 年航拍图中建筑物存在的话，建筑物可按照合法建筑来补偿；如果 1986 年航拍图中建筑物不存在的话，那么建筑物将按照违章建筑来处罚。这种处理方式明显是非常不合理的。一般情况下无证建筑拆迁补偿都是以 2008 年的航拍图为标准，最早也是以 2002 年的航拍图为标准，以 1986 年的航拍图为标准，实在有些苛刻。

拆迁之前，该汽配厂负责人和拆迁方也曾进行谈判。拆迁方给出 2000 万的补偿金额，但是汽配厂负责人想要 2800 万赔偿额。后来经过谈判、协商，拆迁方给出 2500 万的赔偿额，可是汽配厂负责人非 2600 万不签合同。矛盾激化下谈判破裂。当地乡镇征收拆迁部门和区相关部门联系后，区相关部门指派区城管局和当地乡镇征收拆迁部门进行了强拆，6000 多平方米的建筑一次性被拆除，有证建筑和无证建筑没有被区分，且大量工厂设备被砸毁，给厂家造成了严重的损失。

随后，该汽配厂找到我所，委托我们代理这次案件。我所接案后，主要采取了三个手段：

第一，要求法院确认拆迁方的强拆决定和强拆行为违法。我所提供的证据证明其违法性在于：一是，我方起码 500 多平米的建筑已取得了产权手续，不应认定为违章建筑进行强拆；二是，根据我国《城乡规划法》，认定违章建筑必须要有完整的认定程序，包括勘验、笔录、听证、陈述、申辩等，可是这些法定程序拆迁方都没有实施。

第二、经我所查实，对方国际物流的项目没有正规的立项，甚至没有就土地使用权类别进行划定。也就是说，对方没有完全取得土地使用权，我方之前取得的国有土地使用权还是有效的。就此，我们要求恢复重建，向区规划部门、国土部门递交了申请办理施工许可证和建设工程规划许可证的法定资料。我们非常清楚，在已经有拆迁计划的前提下，相关部门不可能再为我们办理重建手续，但是对方拆迁项目的手续又有严重的漏洞，依照法律必须为我们办理重建手续。对方陷入矛盾中，迟迟不给答复，手续办理法定期限到期以后，我们把要求相关部门履行职责纳入法律诉求范围，给对方施加了压力。

第三，根据法律规定，我方当事人被损毁的有证建筑和设备都可以要求赔偿，但是无证建筑无法要求赔偿。为了最大程度争取当事人的预期赔偿数额，我们转换思路，向检察院、当地纪委和人大常委会发出了律师检查建议函，要求追究相关负责人的行政主体责任，要求对其违法行为进行惩治。

我所采取的措施给对方造成了巨大的心理压力，因为对方行为的恶劣性，当地媒体对此次案件也进行了全程跟踪。在法律和舆论的双重压力下，对方最终妥协，和我方当事人达成协议，我方当事人最终得到了 2800 万的拆迁补偿，案件圆满结束。

附：专家看法

一、《行政强制法》 第 44 条中易被误解的两个问题

【提要】《中华人民共和国行政强制法》第 44 条规定："对违法的建筑物、构筑物、设施等需要强制拆除的，应当由行政机关予以公告，限期当事人自行拆除。当事人在法定期限内不申请行政复议或者提起行政诉讼，又不拆除的，行政机关可以依法强制拆除。"这是拆除违法建设案件中最常用的条款之一，但是如何正确理解此处的"公告"，如何厘清"公告"与"催告"的关系，如何在拆除违法建设案件中正确理解及运用"诉讼不停止执行"的原则及例外，下文结合案例对此进行了分析。

【案情】

原告（二审被上诉人）：韩某忠，男，汉族。

被告（二审上诉人）：贵州省毕节市黔西县拆迁部门。

贵州省毕节市中级人民法院审理查明：2012 年 2 月起，韩某忠未经办理任何房屋建设手续，在贵州省毕节市黔西县莲城街道办事处天坪村三组修建一楼一底的二层房屋 1 幢，房屋修建在规划区内。2013 年 4 月 8 日，贵州省毕节市黔西县规划局（以下简称"黔西县规划局"）予以立案调查，并对韩某忠修建房屋进行编号，编号为"天违 13 号"。2013 年 4 月 13 日，黔西县规划局下达责令停止违法建设行为通知书和责令立即拆除通知书，同日进行了现场勘察，经勘察"天违 13 号"建筑面积为 286 平方米。2013 年 5 月 9 日，黔西县规划局下达黔规告字［2013］第 167 号行政处罚告知书，告知拟对"天违 13 号"房屋作出限期自行拆除的行政处罚。同年 5 月 15 日，黔西县规划局作出黔规处字［2013］第 167 号行政处罚决定书，认定"天违 13 号"房

屋违反《中华人民共和国城乡规划法》（以下简称《城乡规划法》）第 14 条规定，决定作出限期 15 日内自行拆除的行政处罚。2013 年 8 月 20 日，黔西县规划局向"天违 13 号"下达第 167 号行政强制催告书，催告其于 2013 年 9 月 10 日前履行黔规处字［2013］第 167 号行政处罚决定书。2013 年 11 月 19 日，黔西县规划局向黔西县拆迁部门报送黔规呈［2013］23 号《关于拆除莲城街道办事处 G321 国道线附近违法建筑的请示》，同日黔西县拆迁部门作出《关于同意依法拆除莲城街道办事处 G321 国道线附近违法建筑的批复》，责成黔西县规划局作为主体，严格按照有关规定，认真组织实施。2013 年 11 月 20 日，黔西县规划局作出第 167 号行政强制执行决定书，决定对"天违 13 号"房屋予以强制执行。2013 年 11 月 21 日，黔西县规划局组织相关部门将韩某忠修建的"天违 13 号"房屋强制拆除。韩某忠不服前述强制拆除房屋的行政行为，向贵州省毕节市拆迁方申请行政复议，要求确认强制拆除行为违法。2014 年 5 月 20 日，贵州省毕节市拆迁方作出毕府行复决字第［2014］15 号行政复议决定书，维持了黔西县拆迁方责成相关部门强制拆除违法建筑的行政行为。韩某忠仍不服，于 2014 年 9 月 23 日向贵州省毕节市中级人民法院提起行政诉讼，请求确认黔西县拆迁方强制拆除其房屋的行为违法。

【审判】

贵州省毕节市中级人民法院一审判决认为：《城乡规划法》第 40 条规定："在城市、镇规划区内进行建筑物、构筑物、道路、管线和其他工程建设的，建设单位或个人应当向城市、县拆迁方城乡规划主管部门或者省、自治区、直辖市拆迁方确定的镇拆迁部门申请办理工程规划许可证"；第 68 条："城乡规划主管部门作出责令停止建设或者限期拆除的决定后，当事人不停止建设或者逾期不拆除的，建设工程所在地县级拆迁方可以责成有关部门采取查封施工现场、强制拆除等措施。"韩某忠在未办理任何房屋建筑手续的情况下，在黔西县规划的范围内，擅自修建房屋，违反了《城乡规划法》第 40 条的规定，所建房屋属违法建筑，其权益不受保护。黔西县拆迁方责成黔西县规划局对未经批准擅自建设的违法房屋予以拆除的行为符合《城乡规划法》第

68 条的规定。韩某忠请求确认黔西县拆迁方强制拆除其房屋的行为违法的请求于法无据，不予支持。据此，依照修改前的《最高人民法院关于执行〈中华人民共和国行政诉讼法〉若干问题的解释》第 56 条第 4 项之规定，于 2015 年 1 月 9 日作出 ［2014］黔毕中行初字第 23 号行政判决，判决驳回韩某忠的诉讼请求。

宣判后，韩某忠不服，向贵州省高级人民法院提起上诉，请求：1. 撤销一审行政判决并依法改判；2. 判令被上诉人负担一审、二审案件受理费。上诉人韩某忠诉称：1. 上诉人的建房时间是 2012 年 2 月，被上诉人对此并无异议，一审法院认定上诉人于 2013 年 2 月开始建房，属于认定事实错误；2. 被上诉人作出强制拆除决定后，在上诉人享有的陈述、申辩、行政复议或行政诉讼期限内，直接进行强拆，剥夺了上诉人前述权利，程序违法；3. 一审法院采信的黔府函 ［2005］318 号规划图、黔路复 ［2012］291 号文件等属于无关证据，认定上诉人未取得相关手续建房的权益不受保护，进而认定被上诉人强拆行为程序合法的结论错误；4. 被上诉人对周边违法建筑不予处理，仅针对上诉人的强拆行为违反公平、公正原则。

被上诉人黔西县拆迁方辩称：1. 被拆除建筑系未办理相关手续，修建在《黔西县县城总体规划 2002~2020》规划区域内，且未经县城乡规划主管部门及相关部门批准，违反了《城乡规划法》第 40 条的规定，系违法违章建筑；2. 黔西县拆迁方根据《城乡规划法》第 68 条规定责成黔西县规划局作为主体，于 2012 年 11 月 21 日将上述违章建筑进行强制拆除，符合《中华人民共和国行政处罚法》《中华人民共和国行政强制法》（以下简称《行政强制法》）和《城乡规划法》的规定。一审认定事实清楚，程序合法，适用法律正确，请求二审维持原判。

贵州省高级人民法院经审理后认为：《城乡规划法》第 40 条规定："在城市、镇规划区内进行建筑物、构筑物、道路、管线和其他工程建设的，建设单位或个人应当向城市、县拆迁方城乡规划主管部门或者省、自治区、直辖市拆迁方确定的镇拆迁部门申请办理工程规划许可证"。第 68 条规定："城乡规划主管部门作出责令停止建设或者限期拆除的决定后，当事人不停止建设或者逾期不拆除的，建设工程所在地县级拆迁方可以责成有关部门采取查封施工现场、强制拆除等措施。"本案中，上诉人韩某忠在未办理工程规划许可证等房屋建筑手续的情况下，在黔西县规划范围内擅自修建房屋，违反了《城乡规划法》第40条的规定，所建房屋属于违法建筑。黔西县规划局经立案调查，并作出责令停止违法建设行为和限期拆除行政决定后，上诉人韩某忠在限期内仍未自行拆除违法建筑。根据《城乡规划法》第68条的规定，被上诉人黔西县拆迁方有权责成黔西县规划局等有关部门对未经批准擅自建设的违法房屋予以强制拆除。《行政强制法》第35条规定："行政机关作出强制执行决定前，应当事先催告当事人履行义务。"、第37条规定："经催告，当事人逾期仍不履行行政决定，且无正当理由的，行政机关可以作出强制执行决定。"第44条规定："对违法的建筑物、构筑物、设施等需要强制拆除的，应当由行政机关予以公告，限期当事人自行拆除。当事人在法定期限内不申请行政复议或者提起行政诉讼，又不拆除的，行政机关可以依法强制拆除。"针对上诉人韩某忠未经批准擅自建房的行为，黔西县规划局于2013年4月13日作出责令立即拆除通知书，责令上诉人韩某忠立即拆除其违法建设的房屋；于2013年5月15日作出黔规处字〔2013〕第167号行政处罚决定书，责令韩某忠于15内自行拆除其违法建筑。在法定期限内，韩某忠未履行该行政处罚决定，亦未对该限期拆除行政处罚决定申请行政复议或提起行政诉讼。黔西县规划局遂于同年8月20日向上诉人韩某忠作出第167号行政强制催告书并进行了强制拆除公告；后经被上诉人批准，于2013年11月20日作出行政强制执行决定书，决定对涉案房屋予以强制拆除，符合《行政强制法》第35条、第37条的规定。根据《行政强制法》第44条对违法的建筑物、构筑物、设施等的强制拆除的行政强制执行程序的特别规定，当事人在对限期拆除的行政决定申请行政复议或者提起行政诉讼的法定期限届满后，既不自行拆除违法建筑物又无法定正当理由时，行政机关可依法作出行政强制执行决定，并依法实施强制拆除行政行为。行政相对人对行政机关作出的行政强制执行决定不服，申请行政复议或者提起行政诉讼，并不影响行政强制决定执行程序的开展。本案中，被上诉人责成黔西县规划局作出限期拆除行政处罚决定后，进行了催告和公告，上诉人韩德忠在

2013 年 5 月 15 日至 2013 年 11 月 20 日的法定期限内，未对该限期拆除行政决定申请行政复议或提起行政诉讼，亦并未履行限期拆除义务，被上诉人遂作出行政强制执行决定并予以强制拆除的行政行为符合《行政强制法》第 44 条的规定。故上诉人韩某忠认为被上诉人作出行政强制拆除决定后，在其申请行政复议或者提起行政诉讼的法定期限内直接进行强拆属于程序违法的主张，本院不予支持。另，上诉人认为一审法院认定其开始建房时间错误，本院经调查核实，予以纠正。上诉人认为一审法院采信的黔府函〔2005〕318 号规划图、黔路复〔2012〕291 号文件等属于无关证据，因黔府函〔2005〕318 号规划图、黔路复〔2012〕291 号文件等表明的规划范围和规划事项证明上诉人修建的房屋处于该规划范围内，需要根据《城乡规划法》办理工程规划许可证等房屋建筑手续，与本案具有关联性，故上诉人此项主张本院不予支持。至于上诉人认为被上诉人黔西县拆迁方选择性执法的主张，因无证据证明，本院不予采信。综上所述，上诉人韩某忠在未办理工程规划许可证等房屋建筑手续的情况下，在黔西县规划的范围内擅自修建房屋，违反了《城乡规划法》第 40 条的规定，所建房屋属违法建筑。被上诉人黔西县拆迁方责令黔西县规划局对上诉人未经批准擅自建设的违法房屋予以拆除的行为符合《城乡规划法》第 68 条和第 44 条的规定。一审判决认定事实清楚，程序合法，适用法律、法规正确。依照修改前的《中华人民共和国行政诉讼法》第 61 条第 1 款第 1 项之规定，判决驳回上诉，维持原判。

【评析】

一、背景情况介绍

《行政强制法》与《行政处罚法》《行政许可法》一起被视为规范和控制行政权力的三部曲，因为《行政强制法》的立法目的并非更多地授予行政机关行政强制权，而是为了约束、限制行政机关，为了规范行政强制权。从《行政强制法》的篇章结构看，该法第 44 条是关于违法的建筑物、构筑物、设施等强制拆除的特别规定，虽然该条位于第四章行政机关强制执行程序的一般规定中，但是并非适用于其他强制执行方式的一般规定，属于一般规定中的特殊条款。也就是说，行政机关在强制拆除违法建筑时，既要遵循强制执行程序的一般规定，也要符合第44条的具体要求。

二、本案中两个值得关注的问题

本案的争议焦点在于黔西县拆迁方作出的强制拆除韩某忠建设的房屋的行政行为是否合法。而判断行政行为是否合法，关键就是看行政行为是否按照现行法律规范性文件的规定作出。依法行政的基本要求之一是合法行政，就是要求行政机关实施行政管理，应当按照法律、法规、规章的规定进行。本案中，拆除行为应当遵循的重要法条之一就是《行政强制法》第44条的规定，关键涉及以下两个问题。

1. 催告与公告的关系

《行政强制法》第44条比较特殊地规定了"公告"程序。统观整部《行政强制法》，只有这一处提到了"公告"程序。而上述案例中，在一审法院查明部分，恰恰没有表述行政机关进行了公告的事实。为什么法律要明确规定公告程序呢？为什么行政机关容易忽略此程序？第44条规定的"公告"程序是不是等同于第35条规定的"催告"程序呢？

"公告"顾名思义，是广而告之的意思，虽然生活实践中对于"公告"一词的运用比较宽泛，一些启示、声明等也被冠之以公告之名。但是在法律上"公告"内涵相对狭窄，更具公开性和严肃性，是向不确定的大多数公众公开和传递信息，以便公众知晓，也便于公众监督。例如《国有土地上房屋和征求补偿条例》第13条、第26条等也有关于公告的具体规定。在拆违案件中常用的《北京市禁止违法建设若干规定》第17条规定（其他城市也有类似规定，如《上海市拆除违法建设若干规定》《天津市禁止违法建设若干规定》等），"强制拆除违法建设，应当提前5日在现场公告强制拆除决定，告知实施强制拆除的时间、相关依据、当事人的权利和义务等"，也明确规定了公告的程序。这里需要注意的是，《北京市禁止违法建设若干规定》中"公告"的内容是强制拆除决定，但是《行政强制法》第44条中提到的"公告"是在"限期当事人自行拆除"之前的。结合第37条强制执行决定的内容等第四章的其他规定，《行政强制法》第44条中"公告"的内容应当是限期拆除等基础行政行为，而非强制拆除行为，这与《北京市禁止违法建设若干规定》中公告内容并不一致。《行政强制法》第35条、第37条以及第38条对催告进行了明确规定，催告发生在当事人没有履行义务之后。对于行政机关而言，在强制拆除违法建筑时，应当将公告与催告相结合，在强制执行前公告，限期当事人自行拆除，当事人逾期不拆除的，在实施强制拆除行为之前还应当催告。已经有拆迁方规章的地方，行政机关也应当遵守相关具体规定，如北京市行政机关除实施强制拆除之前应当催告外，仍应当进行再次公告。这是法律规范对依法行使行政强制权的规定，也有利于进一步保障公民、法人或者其他组织的合法权益。但是，本案中，一审法律文书未表述行政机关公告情况，二审法院认为部分的表述显得没有证据支持，值得推敲。

2. 诉讼不停止执行的原则与例外

原《行政诉讼法》第44条规定："诉讼期间，不停止具体行政行为的执行。"修订后的《行政诉讼法》第56条仍保留了这一原则。诉讼不停止执行的原则，是行政诉讼法特有的一项原则，主要是基于行政管理的特殊性，法律采取了倾向于对社会公共利益保护、维护行政行为的公定力以及提高行政效率的立法原则。同样的立法目的使现行《行政复议法》中也有类似的复议不停止执行的规定。但是，行政诉讼不停止执行原则并非绝对的，一些情况下，行政行为的执行可能造成无法弥补的损害，基于这样的特殊情况，《行政诉讼法》第56条在原则之外，也列举了四种例外情形：（一）被告认为需要停止执行的；（二）原告或者利害关系人申请停止执行，人民法院认为该行政行为的执行会造成难以弥补的损失，并且停止执行不损害国家利益、社会公共利益的；（三）人民法院认为该行政行为的执行会给国家利益、社会公共利益造成重大损害的；（四）法律、法规规定停止执行的。具体到拆除违法建设问题，《行政强制法》第44条后半段是否属于例外条款呢？

笔者认为，《行政强制法》第44条中"当事人在法定期限内不申请行政复议或者提起行政诉讼，又不拆除的，行政机关可以依法强制拆除"，主要是考虑到建筑物、构筑物、设施一般价值较大，拆除行为具有不可恢复性，防止尚有争议、没有得到司法救济的强制拆除行为得以实施，实际上确定了诉讼不停止执行的例外。一般强制执行的期限，是行政机关明确要求的期限，但是第 44 条规定行政机关强制执行的期限是当事人申请行政复议或者提起行政诉讼的法定期限。这里当事人申请行政复议和提起行政诉讼针对的行政行为可能涉及：基础行政行为（如限期拆除决定）、公告行为、催告行为、强制拆除决定，因为公告和催告目前一般不纳入行政诉讼的受案范围，此处的行政行为应当既包括基础行政行为，也包括强制拆除决定，这样才能充分实现第 44 条设定的目的，才能更好地避免行政相对人遭受不可挽回的损失。本案中，行政机关于 2013 年 11 月 20 日作出强制拆除决定，并于次日实施了强制拆除行为，尚未等待当事人行使复议和诉讼的权利，不符合依法行政的要求。强制拆除决定本身具有可诉性，本案中法院仅仅将可诉的行政行为理解为限期拆除决定，并不符合法律规定的本意。

【律师提示】

行政机关在对违法建设进行强制拆除时，应当遵守《行政强制法》第 44 条的规定。即对违法的建筑物、构筑物、设施等需要强制拆除的，应当由行政机关予以公告，限期内当事人自行拆除。当事人在法定期限内不申请行政复议或者提起行政诉讼，又不拆除的，行政机关可以依法强制拆除。

行政机关对违法建设查处过程中，应当依法进行公告和催告。上述法条涉及的"公告"是在"限期当事人自行拆除"之前，内容应当是限期拆除等基础行政行为，具体包括相对人的基本情况、行政行为的理由和依据、执行的方式和时间、当事人复议和诉讼权利和期限等。同时，行政机关还应当进行催告，《行政强制法》第 35 条、第 37 条以及第 38 条对催告进行了明确规定，催告发生在当事人没有履行义务之后。对于行政机关而言，在强制拆除违法建筑时，应当将公告与催告相结合，在强制执行前公告，限期当事人自行拆除，当事人逾期不拆除的，在实施强制拆除行为之前还应当催告。

此外，已经有相关部门规章的地方，应当遵守相关具体规定，如北京市行政机关除实施强制拆除之前应当催告外，仍应当进行再次公告。这是法律规范对依法行使行政强制权的规定，也有利于进一步保障相对人的合法权益。

同时，《行政强制法》第 44 条中"当事人在法定期限内不申请行政复议或者提起行政诉讼，又不拆除的，行政机关可以依法强制拆除"，主要是考虑到建筑物、构筑物、设施一般价值较大，拆除行为具有不可恢复性，实际上确定了诉讼不停止执行的例外。当事人可以根据该条规定提出保护涉案建筑的抗辩，以避免遭受不可挽回的损失。

二、招商引资境遇下中小企业信赖利益保护问题

【提要】 招商引资是拆迁方发展经济的重要举措之一，对作为投资方的中小企业而言，基于对拆迁方行政权的尊重和行政行为的信任，才能实现招商引资项目落地。如果遇到拆迁方收回土地实施强制拆除违法建设时，中小企业的信赖利益是否应当得以保护？在过程中，行政机关实施了诸多行政行为，是否存在重复执法问题？对此是否可以起诉？笔者结合案例进行了分析。

【案情】

原告（上诉人）：山东省滨州群××商贸有限公司。

被告（上诉人）：山东省滨州市规划局。

被告（上诉人）：山东省滨州市滨城区拆迁部门。

第三人（被上诉人）：中海沥青股份有限公司。

原告××宝公司是 2004 年依法成立的企业法人，作为招商引资项目，该公司于 2005 年在涉案土地上进行厂区建设，主要从事服装加工和产品出口项目。其于 2005 年 6 月 22 日向滨城区拆迁部门上报群××公司招商引资项目可行性研究报告。2005 年 9 月 1 日，原告与滨城区梁才街道办事处（以下简称梁才街道办）签订了《征用土地补偿协议》，征用土地 495 867 亩，使用期限为 50 年。双方约定，协议签订

后，梁才街道办积极配合原告尽快办理征用土地手续，确保依法合理用地。2005年9月22日，市规划局出具了滨规函［2005］481号《关于群蓝宝公司服装加工项目的选址意见》，同意其选址意见，望尽快按有关规定办理相关手续。2006年3月24日，梁才街道办以"建设施工进展缓慢、项目没有实质性进展"为由向原告发出催告函，要求加快建设进度。

2008年12月14日，被告滨城区拆迁部门下发滨城政字［2008］81号《关于撤销梁才街道办事处与滨州市滨城区益通电动车厂等单位土地租赁合同的决定》（2005年9月1日梁才街道办与群××公司未经有权的拆迁部门审批，私自签订征用土地补偿协议，占用梁才街道办周马村土地49.59亩，进行非农业建设，要求将占用的土地归还给原村委会）。12月18日，被告滨城区拆迁部门下发通知，要求涉案土地，并限于2008年12月25日前退还给原村委会恢复耕种。2009年3月11日，原告与梁才街道办签订补充协议，双方约定梁才街道办为原告办理土地征用手续，若原告受到行政处罚，梁才街道办承担原告所有损失及违约金，违约金为损失额的20%。2009年7月10日，滨州市建设局颁布拆迁公告，确定进行中海沥青公司含酸重质油综合利用与产品质量升级项目。梁才街道办与原告多次就拆迁补偿事宜进行协商。经评估，原告院落内房屋价值为1 418 871.17元，原告不认可，双方未能达成拆迁补偿安置协议。2010年8月17日，被告市规划局向群××公司法定代表人李群作出了《责令限期改正通知书》，要求其于2010年8月24日前无偿自行拆除违章建筑。2011年4月2日，被告市规划局向李群作出了《规划行政处罚告知书》及《规划行政处罚听证告知书》。4月7日，被告市规划局向李群作出了《规划行政处罚决定书》。2011年5月7日，被告市规划局向李群作出了《强制拆除告知书》，要求其于5月19日前自行拆除违章建筑，逾期拒不拆除的，滨城区拆迁部门将组织有关部门依法实施强制拆除。

2011年7月9日，被告市规划局向原告群××公司作出了滨规责改字［2011］第30108号《责令限期改正通知书》（以下简称《通知书》），依据《中华人民共和国城乡规划法》（以下简称《城乡规划法》）第40条、第64条、《中华人民共和国行政处罚法》第23条的规定，责令原告于 2011 年 7 月 10 日前自行无偿拆除违法建筑，恢复原貌。2011 年 7 月 11 日，被告市规划局向原告作出了《强制拆除告知书》（以下简称《告知书》），责令原告于 7 月 14 日前自行拆除违法建设的房屋，逾期拒不拆除的，滨城区拆迁部门将依法组织相关部门实施强制拆除。2011 年 7 月 25 日滨州市拆迁部门向第三人中海沥青公司颁发了滨国用［2011］第 8475、8476 号土地证，确定涉案土地由第三人使用。2011 年 7 月 27 日，被告滨城区拆迁部门对原告厂区实施强制拆除。拆除过程中，被告滨城区拆迁部门将原告的财产一宗异地保管（其中包括电盘 1 个、变压器 1 台等）。第三人中海沥青公司未参与强拆。

【审判】

山东省莱芜市中级人民法院审理后认为，根据《中华人民共和国土地管理法》（以下简称《土地管理法》）第 43 条第 1 款、第 44 条、第 63 条、第 78 条的规定，原告群××公司作为招商引资项目，于 2005 年在租赁土地上进行厂区建设，该《征用土地补偿协议》实质是以租代征，违反法律强制规定，为无效协议，梁才街道办作为滨城区拆迁部门的派出机构，无权批准征收、征用土地。本案涉案土地为农用地，原告群××公司在涉案土地上进行生产建设，应当依法办理农用地转用审批手续。至强制拆除时，原告群××公司未办理相关土地审批手续，原告在涉案土地上进行建设属非法占地行为。原告群××公司诉请被告归还原告征用的土地缺乏事实及法律依据，一审法院不予支持。原告群××公司未向相关规划部门申请办理建设工程规划许可证，被告市规划局于 2011 年 7 月 9 日对原告作出并送达《通知书》，要求其对违法建筑限期自行拆除。并于 2011 年 7 月 11 日对原告作出并送达了《告知书》，责令原告于 7 月 14 日前自行拆除违法建设的房屋，逾期拒不拆除的，滨城区拆迁部门将依法组织相关部门实施强制拆除。被告市规划局作出上述《通知书》有法律及事实依据。但在上述行政程序中，被告市规划局未依法作出限期拆除决定书，未告知行政相对人获取权利救济的途径及依法保障当事人陈述、申辩的权利，程序违法。根据《城乡规划法》第 68 条之规定，直接实施强制拆除活动的主体，须由县级以上地方拆迁部门责成有关部门组织实施。

本案中，被告滨城区拆迁部门作为强拆权利主体未经法定责成程序组织实施强拆，且强拆实施前未将强拆对象、强拆依据等内容予以公告，强拆程序违法。原告所建厂房虽然违反滨州市城市利用总体规划，但其系经拆迁部门招商引资而设立和投资建设的，时间较长，投资较大，被告应当予以适当补偿，将其认定为违法建筑不予补偿欠妥。原告应当对被诉具体行政行为造成损害的事实提供证据。原告群××公司诉请赔偿经济损失 7.32 亿元人民币，但未对其诉状中所述的曼地亚红豆杉树和东北红豆杉树、中国珍稀枣树等植被，石灰粉的数量、价格，出口玻璃器皿的数量及价格以及附属设备提供有效证据予以证明，其诉请理由不成立。但依据公平公正的原则，可参照滨城区拆迁部门提供的《关于群××商公司房屋拆迁补偿价格的评估报告》中不动产评估价格 1 418 871.17 元、拆除前被告滨城区拆迁部门依据同期涉案区域拆迁补偿标准单方认可的原告院墙树木价格 101 437.33 元、苗圃及其他附属设施价格 229 763.9 元予以补偿。综上，山东省莱芜市中级人民法院判决：一、确认被告市规划局未作出限期拆除决定书的行为违法；二、确认被告滨城区拆迁部门于 2011 年 7 月 27 日强制拆除原告厂房的具体行政行为违法；三、被告市规划局和滨城区拆迁部门赔偿原告群××公司损失 1 750 072.4 元，自判决生效之日起 10 日内履行；四、被告滨城区拆迁部门返还所保管的原告物资一宗；五、驳回原告其他诉讼请求。

原告群××公司、被告市规划局、被告滨城区拆迁部门不服，提起上诉。山东省高级人民法院经审理认为，根据《城乡规划法》第 68 条的规定，在滨城区拆迁部门责成相关部门强拆前，市规划局应当首先作出限期拆除决定书，告知行政相对人获取权利救济的途径及依法保障当事人陈述、申辩的权利。直接实施强制拆除活动的主体，须由县级以上地方拆迁部门责成有关部门组织实施。本案中，市规划局并未履行上述行政程序；滨城区拆迁部门作为强拆权利主体亦未经法定责成程序组织实施强拆，且强拆实施前未将强拆对象、强拆依据等内容予以公告。因此，一审法院判决市规划局未作出限期拆除决定书的行为违法、确认滨城区拆迁部门于 2011 年 7 月 27 日强制拆除群××公司厂房的行政行为违法并无不当，应予维持。根据《国有土地上房屋征收与补偿条例》第 24 条第 2 款的规定，本案中，虽然上诉人群××公司至强拆前一直未办理涉案土地的审批、规划、建设等相关手续，但市规划局于 2005 年 9 月 22 日出具了滨规函［2005］481 号《关于群××公司服装加工项目的选址意见》，同意其选址意见，且群××公司与滨城区梁才街道办事处签订《征用土地补偿协议》征地 49.5867 亩（即涉案土地）后，才从事服装加工和产品出口的项目。基于信赖利益的保护，滨城区拆迁部门应当给予群蓝宝公司适当赔偿。根据《最高人民法院〈关于行政诉讼证据若干问题的规定〉》第 5 条的规定："在行政赔偿诉讼中，原告应当对被诉具体行政行为造成损害的事实提供证据。"本案中，群××公司诉请赔偿经济损失 7.32 亿元人民币，但一审中只向法院提供了其自列的曼地亚红豆杉树、东北红豆杉树、中国珍稀枣树、石灰粉、出口玻璃器皿及附属设备等数量、价格明细表及部分照片，仅根据上述证据无法证明上诉人群蓝宝公司的实际损失，其诉请市规划局和滨城区拆迁部门共同赔偿 7.32 亿元的证据不足。一审法院依据公平公正的原则，根据滨城区拆迁部门提供的《评估报告》中不动产评估价格及拆除前滨城区拆迁部门依据同期涉案区域拆迁补偿标准单方认可的群蓝宝公司院墙树木、苗圃及其他附属设施价格共计 1 750 072.4 元予以赔偿，合法适当。虽然上诉人群××公司主张该《评估报告》未经庭审质证，不能作为法院赔偿判决的依据，但一审法院调取《评估报告》后向上诉人群蓝宝公司进行了出示，并听取其意见，因此一审法院将该《评估报告》作为赔偿判决依据并无不当。另，上诉人滨城区拆迁部门主张《评估报告》中已包含群××公司院墙树木、苗圃及其他附属设施价值，一审法院赔偿判决部分存在重复计算的问题。但该《评估报告》第一部分致委托方函中称："对委托评估的房地产（即本报告所述估价对象）进行了评估测算，确定上述房产在估价时点的市场价格为人民币小写：1 418 871.17 元。"第四部分房地产估价结果报告，第三项估价对象显示："估价对象为群蓝宝公司所有的房地产，位于黄河五路以北、黄河七路以南、东海一路以东、滨小铁路以西。"且该《评估报告》未附技术报告及项目明细，上诉人滨城区拆迁部门亦未提供其他证据证明《评估报告》评估的房地产价格包含院墙树木、苗圃及其他附属设施的价值。因此，上诉人滨城区拆迁部门的该项主张不能成立，本院不予支持。山东省高级人民法院判决驳回上诉，维持原判。

【评析】

当前，在工业用地减量化的大背景下，以拆违代替拆迁，或者以低额奖励代替腾退拆迁补偿，以拆除违章建筑作为辅助手段，进行低成本拆迁，这样的情况在实践中常常发生。本案中，法院认定涉案建筑物没有规划审批手续，同时，依法确认市规划局未作出限期拆除决定书的行为违法，确认滨城区拆迁部门强制拆除行为违法，并对于由此导致的招商引资企业主张的赔偿问题，从信赖利益保护的角度进行了裁判。结合上述案件，笔者对其中招商引资企业信赖利益保护问题进行评析。

一、信赖利益保护原则的内涵与理解

信赖利益保护源于民法上"诚实信用"这一帝王原则，后被行政法吸收。信赖利益保护原则要求行政行为具有确定力，未有法定事由和未经法定程序不得随意撤销、废止或改变，即拆迁方对已经作出的行为或者承诺应守信用，不得随意变更，不得反复无常。公民、法人或其他组织可以根据对行政行为的信赖而安排生产、生活，因特殊情形需要变动且对行政相对人造成损失的，应当予以合理补偿。

信赖利益保护原则适用的要件包括：一是存在行政行为，随着依法行政建设的推进，信赖利益保护不仅局限于《行政许可法》第8条的规定，包括但不限于可诉的行政许可等行为，其他行政指导行为、行政合同行为中的信赖利益保护等也越来越受到重视；二是存在信赖的事实，就是行政相对人基于行政行为实施了某项事务或活动，耗费了必要的人力、物力和财力；三是相对人属于善意，就是要求行政相对人没有主观过错，如果以欺诈、胁迫或贿赂方式，使行政机关作出行政行为而产生的利益不属于此原则的适用范围。

信赖利益保护原则与行政行为的公定力密不可分。行政行为的公定力是指行政行为对任何人都具有被推定为合法、有效而予以尊重的

法律效力。在当代法学中，公定力理论重要的理论根据之一就是"既得权说"。该说认为，行政行为的公定力之所以被承认，是为了保护相对人因信任合法行政行为所已取得的权利和不特定公众因信任"侵益行政行为"而已取得的权利。信赖利益保护原则也源于此。

二、招商引资中的信赖利益

招商引资是地方拆迁方发展经济的重要举措和日常工作内容之一。实践中，招商引资的形式多样，例如常见的招商引资合同，招商引资合同是在招商引资的过程中，投资者与拆迁方或者拆迁方授权的有关部门签订的合同，其显著特征是合同的一方是拆迁方或拆迁方授权的有关部门。本案中，原告先向滨城区拆迁部门上报群××公司招商引资项目可行性研究报告，此后与梁才街道办签订《征用土地补偿协议》，约定梁才街道办在协议签订后积极配合原告尽快办理征用土地手续，确保依法合理用地。该协议即属于招商引资合同。实践中，部分招商引资合同条款中约定由投资方进行土地收购，但这违反《土地管理法》的规定。根据法律规定，农村集体土地属于农民集体所有，任何单位或个人需要使用农村集体土地，都应当按照法定程序，向相关部门提出申请，拆迁部门以国家名义将农村集体土地征用为国有土地后才能允许用地单位对该国有土地进行使用。但是，对不同行政行为的审查，无论是法定职权、认定事实、法定程序、适用法律都可能存在差异，行政合同还涉及签订、履行、无效、违约责任、补偿以及赔偿责任等。因此，在拆违及行政赔偿案件中，直接认定招商引资合同是否有效值得商榷。

法学理论界对于行政合同是否独立存在，是否归属于民事合同曾有争议，但是，2004年《最高人民法院关于规范行政案件案由的通知》中明确列举了行政合同的案由。2015年修订的《中华人民共和国行政诉讼法》进一步明确了行政合同的可诉性。实践中，在招商引资责任和任务层层分解的情况下，还有一些更为灵活的招商引资方式。例如，一些以村集体经济组织名义与投资方签订的协议，约定投资方应当在辖区指定范围内设立公司，村集体经济组织协助做好修建、改建厂房等，此合同经乡镇拆迁部门盖章鉴证，也属于带有招商引资性质的合同。

在招商引资中投资方的信赖利益保护问题尤其应当引起重视。对投资方而言，基于对拆迁方行政权的尊重和行政行为的信任，才能实现招商引资事项。如果投资方可以随意怀疑或者任意否定拆迁方机关作出的意思表示，那通过招商引资发展经济以及保障就业等目标是无法实现的，此种情况下的信赖利益应得到保护。

上述案例中，由于涉案建筑物确实未取得规划审批手续因而被认定为违法建设，在对违法建设进行强制拆除过程中，强制拆除行为本身亦违法，是否应当赔偿，是本案争议的重要问题之一。本案中，首先，存在行政行为，即双方签订了《征用土地补偿协议》这样的行政合同；其次，基于行政行为的公定力，在没有司法程序确定该合同违法或无效的情况下，原告对此产生信赖，开始办理土地手续并建设厂房；再次，本案中，原告已经向滨城区拆迁部门上报群××公司招商引资项目可行性研究报告，主观上并无过错。因此，一、二审法院认为，"原告所建厂房虽然违反滨州市城市利用总体规划，但其系经拆迁方招商引资而设立和投资建设的，时间较长，投资较大，被告应当予以适当补偿，其认定为违章建筑不予补偿欠当"，"群××公司与滨城区梁才街道办事处签订《征用土地补偿协议》征地 49.5867 亩后，才从事服装加工和产品出口的项目。基于信赖利益的保护，滨城区拆迁部门应当给予群蓝宝公司适当赔偿"，体现了司法实践对于信赖利益保护原则的运用。而具体赔偿数额的确定，遵循举证规则和证明责任的规定，没有确实、充分的证据的情况下，一般按照公平的原则确定。

三、是否存在重复执法的问题

实践中，在涉嫌违法建设的查处过程中，常常会出现行政机关作出多个行政文书，这些文书在行政相对人、违法建设的坐落和面积以及建筑结构、责改期限等多方面有重合之处，也有区别，这是否属于重复执法。

笔者认为，可以从行政行为的构成要件和相应法律规定来分析。一般认为，具体行政行为是国家行政机关、法律、法规授权的组织，行政机关委托的组织及其工作人员，在行政管理活动中行使行政职权，针对特定的公民、法人或者其他组织，就特定的具体事项，作出的有关该公民、法人或者其他组织权利义务的单方行为。行政行为的特征包括：主体是行政机关以及行使行政权力的其他组织，内容是对特定对象或者特定事项的处理，效果上是从外部对公民、法人或者其他组织权利、义务的安排。2015 年修订的《中华人民共和国行政诉讼法》第 71 条规定，"人民法院判决被告重新作出行政行为的，被告不得以同一的事实和理由作出与原行政行为基本相同的行政行为"。从这样的规定中可以看出，判断重复行政行为需要审视"事实"和"理由"两个具体部分。这里的事实，是指行政机关认定的据以作出行政行为的法律事实；这里的理由，是指行政机关据以作出行政行为的证据和所依据的规范性法律文件。如果主要事实和主要理由一致，应当认定为同一事实和理由；如果主要事实和主要理由不同，仅是次要的事实和理由一致，则不属于同一行政行为。

本案中，被告市规划局向原告群××公司法定代表人李某作出了《责令限期改正通知书》《规划行政处罚告知书》《规划行政处罚听证告知书》《规划行政处罚决定书》《强制拆除告知书》。此后，被告市规划局向原告群蓝宝公司作出《责令限期改正通知书》《强制拆除告知书》。显然，本案中作出行政行为的行政机关是同一的，都是规划局；行政行为的主要事实都是针对同一建筑物是否违反规划管理法律、法规问题；主要法律依据是《城乡规划法》《行政强制法》，但是前后各行政行为的相对人不一致。公司法人与其作为个人的法定代表人不能等同，公司法人是有民事权利能力和民事行为能力，依法独立享有民事权利和承担民事义务的组织，实质上是一定社会组织在法律上的人格化。法定代表人是指依照法律或法人组织章程规定，代表法人行使职权的负责人，实质是特定的自然人。李群虽然是公司的法定代表人，但是其同时也是独立的自然人。本案中，根据上述分析，《责令限期改正通知书》和《强制拆除告知书》虽不构成重复执法问题，但是由于其均指称同一建筑物，但是行政机关对不同的行政相对人作出上述行政行为的合法性需要证据支持。如果行政机关没有撤销之前的行政行为，而仅是变更了行政相对人，涉案的行政相对人均可以提起诉讼，而行政机关则需要承担证明行政相对人认定正确的证明责任，否则可能承担败诉的结果。

【律师提示】

实践中，地方拆迁部门为发展经济、拉动就业等常常进行不同形式的招商引资活动。投资方在签订招商引资合同时要注意合同内容不得违反法律规定，例如，部分招商引资合同条款中约定由投资方进行土地收购，这违反《土地管理法》的规定。根据法律规定，农村集体土地属于农民集体所有，任何单位或个人需要使用农村集体土地，都应当按照法定程序，向相关部门提出申请，拆迁部门以国家名义将农村集体土地征用为国有土地后才能允许用地单位对该国有土地进行使用。

在招商引资项目面临强制拆除时，投资方基于对行政行为公定力的信任而产生的信赖利益应当得到保护。如果存在行政行为，例如，双方签订了《征用土地补偿协议》这样的行政合同，基于行政行为的公定力，在没有司法程序确定该合同违法或无效的情况下，投资方对此产生信赖，开始办理土地手续并建设厂房，加之投资方主观上并无过错。此种情况下，基于信赖利益的保护，投资方应当获得赔偿。本案也体现了司法机关对信赖利益保护的裁判思路。

此外，实践中，如果出现多份类似的《责令限期改正通知书》或者《强制拆除告知书》，可以从作出行政行为的行政机关、行政行为认定的主要事实、依据的法律条款等方面判断行政机关是否存在重复执法问题。

需要提示的是，公司法人与法定代表人不能等同，公司法人是有民事权利能力和民事行为能力，依法独立享有民事权利和承担民事义务的组织，实质上是一定社会组织在法律上的人格化。法定代表人是指依照法律或法人组织章程规定，代表法人行使职权的负责人，实质是特定的自然人。在到底以公司法人还是自然人作为行政行为相对人的问题上，行政机关应当承担证明责任。

三、拆迁中补偿资金问题

【提要】 房屋征收与补偿案件中争议焦点常常围绕征收补偿费用问题，这是与当事人切身利益密切相关的问题。《国有土地上房屋征收与补偿条例》创设了征收的目的、征收补偿主体、征收补偿的程序、强制执行的方式等新规定，确定了"先补偿、后搬迁"的原则。实践中，如何围绕征收补偿费用等问题进行陈述辩论才会得到司法机关的认可，公民、法人或其他组织如何明确征收补偿费用问题，更好地维护自身权益，本文通过以下案例对此进行了分析。

【案情】

原告（二审上诉人）：刘某彩，无业。

被告（二审被上诉人）：山东省潍坊市潍城区拆迁部门（以下简称潍城区拆迁部门）。

为打造历史文化旅游品牌，搞好城隍庙等古建筑的修复、开发和利用，潍城区拆迁部门制定五年规划纲要，召开专门会议研究部署城隍庙片区开发项目。2012年4月13日，潍城区征收办拟定《房屋征收补偿方案（征求意见稿）》并公告公示征求意见，时间自2012年4月13日至2012年5月12日，期限为30天。2012年4月23日，潍城区征收办对片区内房产的权属、建筑面积、房屋用途等情况进行了调查登记并公示。2012年5月13日，潍城区征收办对征求意见的情况进行了汇总。2012年5月18日，被告潍城区拆迁部门根据征求意见情况对《征收补偿方案》进行了修改，并将征求意见情况和根据公众意见修改的情况予以公示。公示后，超过80%的被征收人对《征收补偿方案》无异议。2012年5月，潍城区征收办作出《城隍庙及周边街区棚户区改造项目社会稳定风险评估报告》，项目概况为城隍庙片区整体建筑外观陈旧，年久失修，配套不完善，基础设施落后，居民要求改造的呼声很大；该项目共涉及征收单位及个人301户（含住宅和非住宅），征收面积约1.76万平方米，共需补偿资金约11 775.04万元（其中涉及城隍庙片区房屋征收费用预算金额为59 996 527元）。综合评价为社会稳定风险程度低，但有发生个体矛盾冲突的可能。2012年5月

20 日，被告潍城区拆迁部门召开常务会议，听取了潍城区征收办关于《征收补偿方案》和《社会稳定风险评估报告》的汇报，会议原则同意潍城区征收办汇报的意见。2012 年 5 月 24 日，被告潍城区拆迁部门作出《征收补偿方案》并予以公告，该补偿方案依据《国有土地上房屋征收与补偿条例》等有关政策的规定，确定征收补偿方式分为货币补偿和房屋产权调换两种方式，由被征收人进行选择。被征收房屋价值根据房地产市场化评估进行确定。同时确定了具体的货币补偿政策和房屋产权调换政策。2012 年 5 月 25 日，潍城区拆迁部门城关街道办事处在交通银行潍坊分行营业部开立的结算账户收到拆迁款 2000 万元。2012 年 12 月 3 日，潍城区国库集中支付中心出具的山东省资金往来结算票据载明收款 4000 万元，收款项目为城隍庙安置房建设款。原告刘建彩的房屋在《房屋征收决定》公示的征收范围之内。《房屋征收决定》涉及的城隍庙片区属于老片区，贫困居民多，房屋整体破旧，年久失修，基础设施落后，配套设施不齐全，存在安全隐患，片区内大多数居民要求征收改造。《房屋征收决定》于 2012 年 5 月 22 日公告之后，涉及的房屋征收范围内已经签订补偿协议的户数有 268 户，达到房屋征收住宅类房屋总户数 282 户的 95.03%。原告不服被告作出的《房屋征收决定》，于 2013 年 6 月 20 日提起行政诉讼。

【审判】

山东省潍坊市中级人民法院判决认为：原告提供的房产证证明其所有的房屋位于被告作出的《房屋征收决定》载明的房屋征收区域范围内，原告与被诉的《房屋征收决定》具有法律上的利害关系，依法具有本案诉讼主体资格。被告于 2012 年 5 月 22 日作出的《房屋征收决定公告》载明"被征收人及利害关系人如对本公告不服，可在公告之日起 60 日内依法申请行政复议，或在规定期限内向人民法院提起行政诉讼"。该公告未告知明确的起诉期限，因此，原告的起诉期限应当从其知道或者应当知道被诉《房屋征收决定》的内容之日起计算不超过 2 年。而且，被告对其发布《房屋征收决定公告》的具体时间没有有效证据予以证明，在被告主张原告的起诉超过法定期限但不能提供其发布公告具体时间的确凿证据的情形下，应当以原告主张的知道日期为准。本案原告主张其知道《房屋征收决定》的时间为 2013 年 5 月，至 2013 年 6 月 20 日原告递交起诉状，没有超过 2 年的法定起诉期限。《房屋征收决定》的合法性包括作出房屋征收决定的主体是否合法、房屋征收的要件是否具备等。其中房屋征收的要件应当包括：符合公共利益的目的，符合各项规划的要求，征收补偿方案合法，经过了社会稳定风险评估，征收补偿费用足额到位、专户存储、专款专用，遵循法定的程序。关于征收补偿费用是否足额到位、专户存储、专款专用问题。为配合城隍庙棚户区改造工作，潍城区人民拆迁部门城关街道办事处在交通银行潍坊分行营业部和潍城区国库集中支付中心的补偿资金和安置房屋建设款账户存款金额分别为 2000 万元和 4000 万元，以上资金总额为 6000 万元，大于征收费用预算金额 59 996 527 元，应当认定征收补偿费用到位情况符合《房屋征收与补偿条例》的规定。原告的起诉理由不能成立，对其诉讼请求依法不予支持，应当判决驳回其诉讼请求。根据《最高人民法院关于执行〈中华人民共和国行政诉讼法〉若干问题的解释》第 56 条第 4 项之规定，判决驳回原告刘建彩的诉讼请求。

宣判后，刘某彩不服，提起上诉。山东省高级人民法院经审理后认为：本案主要争议焦点在于被上诉人潍城区拆迁部门作出的《房屋征收决定》是否符合《房屋征收与补偿条例》的规定。关于上诉人提出的补偿资金没有足额到位、专户存储、专款专用问题。上诉人认为征收项目需要资金 1 亿多元，但被上诉人主张项目总体需要资金 1 亿多元，具体到城隍庙棚户区改造项目则不需要 1.17 亿元。潍城区拆迁部门城关街道办事处在交通银行潍坊分行营业部和潍城区国库集中支付中心的补偿资金和安置房屋建设款账户存款金额分别为 2000 万元和 4000 万元，资金总额为 6000 万元，大于征收费用预算金额 59 996 527 元，征收补偿费用达到了足额的要求。根据被上诉人提供的证据，涉案征收补偿费用到位时间是在房屋征收决定作出之后，这一点并不符合《房屋征收与补偿条例》的规定。法律要求征收补偿费用应当在作出房屋征收决定前足额到位、专户存储、专款专用，目的是在征收补偿上保证被征收人的合法权益。从本案房屋征收范围内已有 95.03% 被征收户签订协议的情况看，被上诉人已经在征收补偿问题上保证了被征收人的合法权益，该问题不足以达到确认被诉《房屋征收决定》违法的程度，否则将损害大多数被征收人的合法权益。但对于被诉《房屋征收决定》存在的该问题，本院予以指出，被上诉人在今后的工作中应当按照《房屋征收与补偿条例》的规定严格执行。综上，原审法院判决认定事实基本清楚，适用法律正确，应予维持。依据《中华人民共和国行政诉讼法》89条第1款第1项之规定，判决驳回上诉，维持原判决。

【评析】

一、土地征收与补偿案件总体原则

国有土地上房屋征收与补偿，事关人民群众切身利益。为了规范国有土地上房屋征收与补偿活动，维护公共利益，保障被征收房屋所有权人的合法权益，国务院于2011年颁布施行了《国有土地上房屋征收与补偿条例》，废止了施行多年的《城市房屋拆迁管理条例》确定的城市房屋拆迁制度，在征收目的、征收补偿主体、征收补偿的原则与程序、强制执行的方式等方面进行了新的规定。此后，一些省、市也出台了细化规定，如《北京市国有土地上房屋征收与补偿实施意见》《山东省国有土地上房屋征收与补偿条例》。从这些不同位阶的规范性文件中，可以概括出国有土地上房屋征求与补偿的一些重要原则，比如启动的公共利益标准、拆迁方作为征收补偿主体、先补偿后搬迁的原则等。上述案件中，一审裁判文书紧紧围绕争议焦点，即区拆迁部门作出的《房屋征收决定》是否符合《房屋征收与补偿条例》的规定进行了审查，从征收是否符合公共利益的目的、征收是否符合各项规划的要求、征收补偿方案是否合法、征收是否经过了社会稳定风险评估、征收补偿费用是否足额到位、征收是否遵循法定程序等几个重要方面进行了审查，比较全面。二审法院也对一审法院的裁判结果予以维持。但是，两个法院对于征收补偿费用的审查结果并不一样。

二、关于征收补偿费用的要求

为了保障征收补偿顺利进行，保障行政相对人的合法权益，拆迁方必须保障搬迁前补偿到位。《国有土地上房屋征收与补偿条例》第

12 条规定："市、县级拆迁部门作出房屋征收决定前，应当按照有关规定进行社会稳定风险评估；房屋征收决定涉及被征收人数量较多的，应当经拆迁方常务会议讨论决定。作出房屋征收决定前，征收补偿费用应当足额到位、专户存储、专款专用。"该条是对征收补偿费用的明确规定，简言之，就是拆迁方必须保障搬迁前补偿到位。原《城市房屋拆迁管理条例》第 8 条规定，任何单位或者个人需要拆迁房屋的，必须持国家规定的批准文件、拆迁计划和拆迁方案，向县级以上房屋拆迁主管部门提出拆迁申请，经批准并发给房屋拆迁许可证后，方可拆迁。而拆迁人取得房屋拆迁许可证的必要条件是：建设项目批准文件、建设用地规划许可证、国有土地使用权批准文件、拆迁计划和拆迁方案、办理存款业务的金融机构出具的拆迁补偿安置资金证明。《国有土地上房屋征收与补偿条例》明确规定拆迁方是征收和补偿的主体，禁止建设单位参与搬迁活动，具体工作可由房屋征收部门委托非营利性的房屋征收实施单位承担。房屋征收部门与房屋征收实施单位之间属于行政委托关系，最终的法律责任仍然由委托人即房屋征收部门负责。虽然按照行政法规的规定，征收由拆迁方取代了建设单位，但作为征收补偿主体的拆迁方应当同样满足资金充足的要求，在征收前做好征收补偿费用的准备工作，保证在搬迁前补偿到位，不能等待建设单位的参与和帮助。

《国有土地上房屋征收与补偿条例》第 27 条规定："实施房屋征收应当先补偿、后搬迁。作出房屋征收决定的市、县级拆迁部门对被征收人给予补偿后，被征收人应当在补偿协议约定或者补偿决定确定的搬迁期限内完成搬迁。"这样的规定实际上明确了不论是自愿搬迁还是强执搬迁，其前提都是必须补偿到位。这与关于强执搬迁的规定也有衔接，即强制执行申请书应当附具补偿金额和专户存储账号等材料。

本案中，一审法院仅从潍城区城关街道办事处在交通银行潍坊分行营业部和潍城区国库集中支付中心的补偿资金和安置房屋建设款账户存款金额显示的资金总额为 6000 万元，大于征收费用预算金额 59 996 527 元，即认定征收补偿费用到位情况符合《国有土地上房屋征收与补偿条例》的规定，没有审查补偿资金到位的时点。

在原告代理律师上诉中明确指出此问题的情况下，二审法院对此进行了更正，不仅审查了征收补偿费用是否达到足额的要求，而且根据同样证明达到足额要求的证据材料，认定涉案征收补偿费用到位时间是在房屋征收决定作出之后，并不符合《国有土地上房屋征收与补偿条例》的规定。

由于此案发生在新、旧《行政诉讼法》衔接过渡阶段，虽然二审法院没有采用新《行政诉讼法》中确认违法的裁判方式，但是对于征收补偿费用没有按时到位的情况进行了明确说明，并提出了建议，体现了依法全面审查的要求。而原告代理律师在诉讼过程中关于补偿资金应及时、足额到位的诉讼意见也为案件的公正审理奠定了坚实基础。

三、如何获悉征收补偿费用的情况

虽然《国有土地上房屋征收与补偿条例》第29条规定，房屋征收部门应当依法建立房屋征收补偿档案，并将分户补偿情况在房屋征收范围内向被征收人公布。审计机关应当加强对征收补偿费用管理和使用情况的监督，并公布审计结果，但是在实践中，行政相对人可能在此之前就希望及时了解到征收补偿费用的具体情况。可兹借鉴的方式之一是通过拆迁方信息公开申请。

根据《信息公开条例》的规定，各级拆迁部门及县级以上拆迁部门应当建立、健全本行政机关的信息公开工作机制，并指定机构负责本行政机关信息公开的日常工作。根据《国有土地上房屋征收与补偿条例》第4条第1款的规定，市、县级拆迁部门负责本行政区域的房屋征收与补偿工作。由此，拆迁部门具有受理公民、法人或其他组织向其提出的拆迁方信息公开申请，并作出相应处理答复的法定职责。根据《国有土地上房屋征收与补偿条例》第12条第2款的规定，市、县级拆迁部门作出房屋征收决定前，征收补偿费用应当足额到位、专户存储、专款专用。根据《信息公开条例》第11条第3项的规定，设区的市级、县级及其部门还应公开征收或征用土地、房屋拆迁及其补偿、补助费用的发放、使用情况。据此，公民、法人或者其他组织申请公开的拆迁方信息属于拆迁方信息公开的职责权限范围，对于征收补偿费用的拆迁方信息应当公开。

【律师提示】

当普通公民在自家房屋处于房屋征收区域范围内时，可能由于多种原因，对房屋征收决定不满意，因而提起了行政诉讼，希望通过诉讼来保护自身合法权益，而如何判断房屋征收决定是否合法并如何提出有价值的诉讼意见呢？

在考虑是否起诉以及如何对房屋征收决定的合法性提出异议时，可以考虑以下几个方面内容：（1）征收是否符合公共利益的目的。例如，对危房集中、基础设施落后等地段进行旧城区改建的，属于《国有土地上房屋征收与补偿条例》第8条第5项之规定情形，属于符合公共利益的需要；（2）征收是否符合各项规划的要求。依据《国有土地上房屋征收与补偿条例》第9条第1款的规定，确需征收房屋的各项建设活动，应当符合国民经济和社会发展规划、土地利用总体规划、城乡规划和专项规划；旧城区改建，还应当纳入市、县级国民经济和社会发展年度计划。对此，行政机关应当逐一提供证据；（3）征收补偿方案是否合法。依据《国有土地上房屋征收与补偿条例》第13条第1款的规定，市、县级拆迁部门作出房屋征收决定后应当及时公告，公告应当载明征收补偿方案。补偿方案内容应当符合公平、合理补偿的原则，且在补偿方案制定、修改、公布过程中，大多数被征收人对补偿方案持肯定态度；（4）征收是否经过了社会稳定风险评估，是否形成了《社会稳定风险评估报告》；（5）征收是否遵循法定程序。根据法律规定，在房屋征收过程中，房屋征收部门应拟定征收补偿方案报市、县级拆迁部门论证，市、县级拆迁部门论证结束后应予以公布，征求意见，并根据征求意见情况，进行修改、公布；（6）征收补偿费用是否足额到位、专户存储、专款专用。是否能够获得及时、足额的补偿是百姓最关心的问题之一。实施房屋征收应当先补偿、后搬迁，作出房屋征收决定的市、县级拆迁部门对被征收人给予补偿后，被征收人应当在补偿协议约定或者补偿决定确定的搬迁期限内完成搬迁。不论是自愿搬迁还是强执搬迁，其前提都是必须补偿到位。所以，在考虑征收补偿费用是否符合法律规定时，既要足额，又要求及时。如果行政机关没有充分证据证明补偿资金到位的时点，原告对此提出异议，则原告常常会在案件辩论中处于有利地位。

此外，根据《信息公开条例》的相关规定，公民、法人或者其他组织申请公开征收补偿费用的拆迁方信息属于拆迁方信息公开的职责权限范围，拆迁方信息应当公开。如果公民在没有掌握征收补偿费用的情况下，可以通过申请拆迁方信息公开的方式全面收集证据。

四、遭受违法强拆的房屋所有权人可主张行政赔偿

【提要】近年来，随着土地和房屋价值不断攀升，各地查处违法建设问题越来越成为社会矛盾中的焦点问题。一些行政机关，在强制拆除违法建筑过程中，出现强制拆除程序违法的问题。在诉讼过程中，存在试图通过主体资格等程序抗辩回避实体问题的倾向。如何对行政机关强制拆除行为的合法性进行认定？认为自身权益受到侵害的房屋所有权人能否提起行政诉讼主张行政赔偿？本文对此进行探析。

【案情】

原告：陈某等三亚市海屿花园小区业主百余人。

被告：三亚市拆迁部门、三亚市城市管理局、三亚市公安局、三亚市吉阳区拆迁部门、三亚市吉阳区城管局、三亚市吉阳区住房和城乡建设局。

2007年8月，本案100多名原告与三亚海屿土石方工程有限公司、该公司法定代表人胡某山、胡某山之妻吴某清签订《购房协议书》，购买了位于三亚警备区（师部）农场海屿花园小区的房屋。涉案海屿花园小区房屋系2007年三亚海屿土石方工程有限公司建设。自2007年至2011年，三亚海屿土石方工程有限公司陆续在三亚警备区师部农场荒地、弃耕地上建起80多栋，共计千余套房屋、别墅，建筑面积约为15万平方米。2008年至2009年进行销售，所建房屋已全部售出。涉案公司法定代表人胡某山曾任三亚警备区师部农场场长，该公司售房时对外宣称涉案小区属于三亚市警备区（师部）农场职工的集资建房，职工分房以外的房屋可以对外销售。本案原告签订《购房协议书》后进行装修，并添置家具入住。

2015 年 5 月 21 日、6 月 11 日~14 日、6 月 17 日~18 日，在未告知原告的情形下，吉阳区拆迁部门组织市公安局、区城管局、区住建局、抱坡村村委会等多家单位，对涉案房屋进行了强制拆除。由于事先未告知，并且拆除过程中未履行法定程序，未对原告的财产进行登记、公证、保存，导致被大量不明身份的社会闲散人员哄抢财物，给诸多原告造成了重大经济损失。具体情况为：2015 年 5 月 21 日早上 5 点左右，吉阳区城管局在未入户调查、事先未以任何口头或书面通知的情况下，在涉案小区 84 户业主中只有 4 户在场的情况下，强行用铁锤砸门入户，对本小区内 37 栋、38 栋、39 栋楼实施强拆。在强拆过程中，被告未按法定程序对房屋内财物进行录像公证及搬离房屋后进行妥善保管，导致该三栋楼被拆业主家内几十万元的红木家具、名酒、玉器等贵重物品被拆迁人员私分，部分家具、电器、被褥、床上用品、衣物、用具因堆放在空地无人看管被附近村民哄抢一光，另有大量没有来得及搬离的家具、电器被砸到废墟里。据不完全统计，这三栋楼共计 84 户业主，房屋内合法财产损失约合 800 多万元。2015 年 6 月 11 日，三亚市吉阳区城管局继续对小区内其余 50 栋楼房进行强拆。前后两次强拆造成该小区业主直接经济损失达 2.1 亿元以上。

【诉辩意见】

原告诉称：三亚市吉阳区城管局 2015 年 5 月 21 日的强拆行为程序严重违法。首先，吉阳区城管局未依法履行告知义务，剥夺了业主陈述、申辩及要求听证的法定权利。其次，吉阳区城管违反《中华人民共和国行政强制法》的规定，未依法定程序作出《责令限期拆除通知书》，程序严重违法。此外，吉阳区城管局未告知业主对强制拆除违法建筑有复议和诉讼的权利。吉阳区城管局在强拆过程中未依法对财物进行公证、清点、登记，未在搬离被拆房屋后进行妥善保管，导致业主财物被私分、哄抢，损失巨大。吉阳区城管局工作人员利用职务便利在拆迁过程私分、哄抢财物涉嫌刑事犯罪，依法应当追究刑事责任。最后，在 2015 年 5 月 21 日违法强制拆除三栋房屋程序违法及开发商违法建房问题未有任何调查结果及处理意见的情况下，吉阳区城管局于 2015 年 6 月 11 日再次变本加厉地组织实施范围更大，违法手段更为恶劣的违法强拆。吉阳区城管局在没有任何正式书面通知的情况下，再次组织八百多人对海屿花园小区实施突袭式强拆。在这次强拆过程中，城管工作人员和负责搬东西的民工、附近村民再次在强拆中私分哄抢业主的财物，仅湖南楼60余间套房里60多台海信电视全部被盗，有的业主还在外地根本不知情，有的小区业主被隔离在警戒线以外，根本无法靠近房屋，眼睁睁地看着自己的财物被私分哄抢。海屿花园小区的购房业主是来自全国15个省份的普通老百姓，为了有个好的环境给老人养老以及家人疗养，倾其半生的积蓄在涉案小区购买房屋，但遭到违法强乔，对此被告应当予以赔偿。

被告辩称：首先，涉案小区房屋属于没有合法手续的小产权房，属于违法建设，涉案行政机关拆除违法建设的行为并无不当。其次，原告与胡某山、吴某清等因《房屋购买协议书》产生的纠纷，与本案诉争行政行为没有关联性，原告应当通过提起民事诉讼等途径寻求救济，本案不属于行政诉讼审查范围。再次，所谓业主不是合法权利人，相关行政机关在强拆前，已经向建设者进行了告知，胡某山、吴某清等海屿花园小区的"建设者"为行政相对人，原告不是建设者，无权对拆除行为提起行政诉讼。

目前本案尚在审理中。

【评析】

本案涉及房屋面积大、涉及人数众多，加之多个行政机关参与，社会影响较大。在诉讼过程中，原告主张被告强拆行为违法，由此给原告造成的损失应当予以赔偿，原告代理律师从涉案土地的来源、涉案房屋的形成年代及背景、行政机关强拆的程序等方面进行了充分的准备和陈述，被告则主张涉案业主并非本案适格原告，在诉讼技巧上回避了强拆行为是否违法的实体问题，寄希通过程序上的抗辩，阻却原告主张行政赔偿的途径。下面从强拆行为是否合法以及原告是否具有提出赔偿诉讼的主体资格两个方面进行评析。

一、强制拆除行为合法性的问题

合法性审查是行政诉讼最具有特色的基本原则，可以说，行政诉讼中的大部分程序和制度都是围绕合法性审查原则来确定的。这一方面源于依法行政是行政执法的基本要求，因为依法行政的基本要求之一就是要求行政机关依照羁束性的法律行使行政权，另一方面也是司法与行政的关系决定的，人民法院在长期进行审查活动的过程中，对于适用法律最有经验，对合法性问题也能够进行正确的评价。在起诉强制拆除行为的案件中，关于强拆行为是否合法，是争论的焦点问题之一，也应当是人民法院审查的重点内容之一。

无论涉及的建筑物是否是违法建设，行政机关在强制拆除建筑物时，都应当依法进行。而如何认定强制拆除行为是否合法，应当结合目前的法律规定进行认定。例如《行政强制法》第 4 条、第 43 条以及 61 条等都对行政机关违法实施行政强制等进行了规定。根据相关规定，对于违法行政强制行为，可以从以下几个方面进行分析：首先，没有法律、法规依据的。《行政强制法》第 4 条规定了行政强制的法定性原则，即行政强制的设定和实施，应当依照法定的权限、范围、条件和程序。如果行政机关实施行政强制没有法律、法规的依据，则构成适用法律错误，属于违法实施行政强制。其次，改变行政强制的对象、条件、方式的。法律、法规设定行政强制措施，应当明确该强制措施适用的对象、条件和方式，如果行政机关没有遵循相关规定，则属于违法行为。再次，违反法定程序实施行政强制的。这种情况在实践中更为常见。《行政强制法》第三章和第四章对于行政强制措施和行政强制执行进行了规定，行政机关实施行政强制行为应当遵守程序合法的规定。例如，《行政强制法》第 43 条规定，行政机关不得在夜间（通常是指 22 点至次日 6 点之间）或者法定节假日（通常指双休日和法定节假日）实施行政强制执行。但是，情况紧急的除外。行政机关不得对居民生活采取停止供水、供电、供热、供燃气等方式迫使当事人履行相关行政决定，如果行政强制行为违反上述规定，则构成违法。值得提出的是，行政机关的强制拆除行为总体上应当符合正当程序原则，也应当符合行政机关为其自身设定的规范性文件的规定。

本案中，行政机关的强制拆除行为违反了程序合法的要求。主要表现在：

首先，《行政强制法》第 34 条规定，"行政机关依法作出行政决定后，当事人在行政机关决定的期限内不履行义务的，具有行政强制执行权的行政机关依照本章规定强制执行"。第 35 条规定，"行政机关作出强制执行决定前，应当事先催告当事人履行义务"。第 44 条规定，"对违法的建筑物、构筑物、设施等需要强制拆除的，应当由行政机关予以公告，限期当事人自行拆除"。本案中，被告在没有作出限期拆除通知书以及强制拆除决定书，没有进行公告，也没有进行催告的情况下，径行实施强制拆除行为，违反了上述规定。

其次，《行政强制法》第 36 条规定，"当事人在收到催告书后有权进行陈述和申辩"。第 44 条规定，"当事人在法定期限内不申请行政复议或者提起行政诉讼，又不拆除的，行政机关可以依法强制拆除"。上述法条明确规定了当事人享有陈述和申辩的权利，行政机关应当充分听取当事人的意见，当事人享有提起行政复议和行政诉讼的权利，强制执行的期限应当是申请行政复议或者提起行政诉讼的法定期限，以防止存在争议没有得到司法救济的强制拆除行为得以实施，损害当事人的合法权益。本案中，行政机关未依法履行告知义务，没有保障权利人应当享有的陈述、申辩权，也没有保障权利人应当享有的提起行政复议和行政诉讼的权利，明显违反上述规定。

再次，《海南省查处违法建筑若干规定》是海南省行政区域内查处违法建筑应当适用的地方性法规。该规定第 12 条规定，"查封施工现场应当在现场公告查封决定。实施查封施工现场时，应当通知当事人清理有关工具、物品。当事人拒不清理的，可以一并查封，并制作财物清单由当事人签字确认。当事人不签字的，可以由违法建筑所在地居民委员会、村民委员会确认。公安机关、街道办事处以及供水、供电企业应当对查封施工现场工作予以协助和配合"。第 13 条规定，"强制拆除违法建筑，应当提前五个工作日在现场公告强制拆除决定，告知实施强制拆除的时间、相关依据、当事人的权利和义务等。当事人是公民的，通知本人到场；当事人是法人或者其他组织的，通知其法定代表人、主要负责人到场。当事人拒不到场的，邀请见证人到场，由见证人和行政执法人员在现场笔录上签名或者盖章。实施强制拆除的行政机关应当通知当事人清理有关物品，当事人拒不清理的，应当制作财物清单并由当事人签字确认。当事人不签字的，可以由违法建筑所在地居民委员会、村民委员会确认。实施强制拆除的行政机关应当将财物运送到指定场所，交还当事人，当事人拒绝接收的，依法办理提存"。本案中，被告未提供确凿、充分的证据证明其提前5日进行公告，通知了当事人，制作了物品清单，办理了提存，因此其强制拆除行为程序明显违法。综合以上分析，被告强制拆除行为程序明显违法，鉴于涉案建筑物已经拆除，不具有可撤销的内容，应当依法判决确认被告强制拆除行为违法。

二、关于原告诉讼主体资格问题

当事人在遭受违法强制拆除行为时，可以依法申请行政赔偿。关于违法行为导致的行政赔偿问题，最高法院已有多个案例，具体赔偿损失问题将另案分析。此处需要分析的是原告作为房屋的实际权利人是否具有行政诉讼主体资格的问题，也就是原告起诉要求确认被告强制拆除行为违法并要求行政赔偿，是否符合起诉条件中原告适格的要求。

首先，查处违法建设案件中相对人的认定问题。根据违法建设搭建容易、拆除困难的现实情况，依据《城乡规划法》第64条和第68条的规定，对于正在建设中的违法建筑，行政机关主要的职责是责令停止建设，责令限期改正，提供合法手续。在此种情况下，行政相对人的确定相对来说比较容易，一般是建设单位。但是，对于已经形成多年的建筑，行政相对人的确定是一个常见的难题。有的行政机关认为，房屋所有权人享有对房屋的占有、使用、处分、收益等各项权能，因而应当对房屋使用状况负责监管，因此，房屋所有权人应作为行政相对人。也有行政机关认为，对于形成多年的建筑物无法判断其相对人时，可以通过在违法建筑范围内张贴公告等广而告之的形式，由主张相应权利的相对人自行申报后确定行政相对人，此种情况下建设单位、房屋权利人以及实际使用人都可能属于行政相对人。而无论行政机关作出何种认定，根据《行政诉讼法》以及《最高人民法院关于行政诉讼证据若干问题的规定》中举证责任的规定，被告即行政机关都应当承担证明认定相对人正确的举证责任。任何行政行为的作出都要求行政机关认定事实清楚，而认定事实清楚的基础是行政机关应主动调查相关建筑物、构筑物、设施的建筑和使用情况等。在建设单位、所有权人和使用权人不一致的情况下，没有确凿、充分的证据证明其已经充分调查取证的情况下，行政机关可能面临认定相对人错误的结果。

其次，即使在行政机关认定建设单位为行政相对人的情况下，实际生活在涉案房屋内的房屋权利人，认为强制拆除行为违法，侵害了自身合法权益时，都应当是适格的原告。有一种对原《行政诉讼法》中原告主体资格的误解，就是认为只有行政行为直接针对的相对人即行政行为法定文书载明的人才具有原告资格。但实际情况并非如此。理论上，行政行为的相对人包括直接相对人和间接相对人，前者就是法律文书载明的相对人，后者是指法律文书虽然没有载明，但是其合法权益受到行政行为影响的人。对此，《最高人民法院关于执行〈中华人民共和国行政诉讼法〉若干问题的解释》第 12 条、第 13 条等就已经规定了与具体行政行为有法律上利害关系的公民、法人或者其他组织对该行为不服的，可以依法提起行政诉讼。新《行政诉讼法》第 25 条更是对此进行了明确的规定，即行政行为的相对人以及其他与行政行为有利害关系的公民、法人或者其他组织，有权提起诉讼。对于"法律上利害关系"的理解，应当注意以下几点：其一，法律上的利害关系就是说行政机关的行政行为对公民、法人或者其他组织的权利、义务已经或者将会产生实际影响，实际影响的情形包括增加了义务、剥夺了权利、置于不利地位，或者行政行为的存在会给其他行为的作出提供具有法律意义的根据等。其二，这种利害关系是一种已经形成或者即将形成的关系，最高人民法院江必新副院长认为，对于利害关系应当从宽理解，就是某个公民、法人或者其他组织能够证明其与被诉行政行为具有别人所不具有的利害关系或者某种特殊利益，则应当认定其与行政行为具有利害关系。其三，对公民、法人或者其他组织权利、义务产生实际影响中的权利内容广泛，包括人身权、财产权、相邻权、公平竞争权、企业经营自主权，还包括与人身权、财产权相关的教育权和就业权等。具体到本案中，被告主张行政相对人是胡某山等建设者，对此应当提供确凿、充分的证据支持，否则会承担认定事实不清的结果。即使按照被告此项主张认定相对人，也不能否定这些购房者、居住者对强制拆除行为及行政赔偿提起诉讼的权利。因为行政机关已经实施的强制拆除行为因为程序违法对房屋所有权人的合法财产权造成了实际损害，本案原告具有诉讼主体资格，这也符合《中华人民共和国国家赔偿法》第4条"行政机关及其工作人员在行使行政职权时有下列侵犯财产权情形之一的，受害人有取得赔偿的权利"的规定。

【律师提示】

在拆除违法建设的案件中，行政机关既要对行政行为相对人认定正确等事实问题承担证明责任，也要对强制拆除行为程序是否合法等执法程序问题承担证明责任。强制拆除程序方面，行政机关应当进行下列程序：①催告，即行政机关作出强制执行决定前，应当事先催告当事人履行义务；②听取当事人的意见，即应当保障权利人的陈述和申辩权，应当充分听取当事人的意见；③作出强制拆除决定；④送达强制拆除决定；⑤执行强制拆除决定。对于强制拆除决定书，当事人享有提起行政复议和行政诉讼的权利，行政机关强制执行的起始日应当在当事人申请行政复议和提起行政诉讼的法定期限届满之后。

对于强制拆除的具体过程，各地有不同的具体规定，但总体上都应当符合正当程序原则。一般要求：在强制拆除违法建筑前，行政机关应当提前在现场公告强制拆除决定，告知实施强制拆除的时间、相关依据、当事人的权利和义务等。当事人是公民的，通知本人到场；当事人是法人或者其他组织的，通知其法定代表人、主要负责人到场。当事人拒不到场的，邀请见证人到场，由见证人和行政执法人员在现场笔录上签名或者盖章。实施强制拆除的行政机关应当通知当事人清理有关物品，当事人拒不清理的，应当制作财物清单并由当事人签字确认。当事人不签字的，可以由违法建筑所在地的居民委员会、村民委员会确认。实施强制拆除的行政机关应当将财物运送到指定场所，交还当事人，当事人拒绝接收的，依法办理提存。如果违反正当程序原则以及法律相关规定，行政机关将面临败诉的结果。

同时，认为行政机关违法的强拆行为侵害了房屋所有权或居住者人身权、财产权的，可以就行政机关违法行为导致的损害提起行政赔偿诉讼。即使相关的行政文书中将建设单位列为行政相对人，但是遭受实际损害的房屋所有权人作为法律上的利害关系人也可就违法强拆行为提起行政诉讼及行政赔偿诉讼。

五、提起行政复议和诉讼的主体不限于行政相对人

【提要】 关于法律上利害关系的认定，在法学理论和司法实践中常常存在争议，例如购房者支付合理对价购买了小产权房后，当小产权房面临被认定为违法建设应当强制拆除的情形时，小产权房购房者是否可以申请行政复议或者提起行政诉讼，那么是通过房屋买卖民事纠纷还是起诉行政机关的强制拆除行为来维权呢？本文对此进行了分析。

【案情】（注：本案是北京吴少博律师事务所代理的已生效案件）

原告（上诉人）：施某安。

被告（被上诉人）：海南省三亚市拆迁部门。

2007年8月1日，施某安与案外人吴某清签订《房屋购买协议书》，约定吴某清于2007年5月将自建的位于三亚警备区农场旁的海屿花园小区B区楼房15栋603房（面积78㎡）卖给施某安，双方达成以下条款："1. 吴某清自愿将房屋卖给施某安后，施某安对该房屋拥有所有权和转让权，吴某清无权干涉，且转让后被转让方享有与施某安同等权利；2. 根据要求，在不动整体框架结构的前提下，施某安可以对该套房进行自主装修；3. 如地方拆迁方或部队因建设需要拆迁该房屋，则地方拆迁方或部队对该房屋的拆迁赔偿归施某安所有，并由吴某清负责协调解决；4. 吴某清必须派人负责小区的水电、卫生、物业等工作，可适当收取施某安的费用；5. 施某安同意一次性付款给吴某清，吴某清开收据给施某安作为凭证；6. 此协议一式二份，吴某清、施某安各持一份，自双方签名盖章之日起生效。"同日，施某安向吴某清支付了购房款23.4万元，吴某清向施某安开具了《收据》。2015年5月~6月，三亚市吉阳区城市管理局对施某安房屋所在的海屿

花园小区楼房实施强拆。后施某安对三亚市吉阳区城市管理局的强拆行为不服，向三亚市城郊人民法院提起诉讼。2015 年 9 月 25 日，施某安以其在诉三亚市吉阳区城市管理局强拆案件审理过程中得知三亚市综合行政执法局作出 233 号强制执行决定为由，向三亚市拆迁部门申请对 233 号强制执行决定进行行政复议。2015 年 10 月 8 日，三亚市拆迁部门作出 33 号不予受理决定，不予受理施某安提出的复议申请，并于次日向施某安邮寄送达。施某安不服 33 号不予受理决定，于 2015 年 10 月 21 日向原审法院邮寄起诉材料，提起本案行政诉讼，请求撤销三亚市拆迁部门作出的 33 号不予受理决定，并责令三亚市拆迁部门依法受理施某安的复议申请。

另查明，三亚市综合行政执法局于 2012 年 12 月 17 日作出 233 号强制执行决定，主要内容为："该处建房业主：本局执法人员于 2012 年 8 月 7 日巡查时发现，你未经规划部门批准，未取得建设工程规划许可证，在吉阳镇上抱坡村师部农场旁，擅自建设一栋建筑，现已建至七层封顶，占地面积约为 318 平方米，建筑面积约为 2226 平方米。该违法建设行为违反了《中华人民共和国城乡规划法》第 40 条第 1 款、《海南省城乡规划条例》第 37 条之规定，依据《中华人民共和国城乡规划法》第 64 条、第 68 条、《海南省城乡规划条例》第 73 条之规定，我局于 2012 年 9 月 15 日已依法送达三综执（吉阳）罚决字〔2012〕第 693 号《行政处罚决定书》，且于 2012 年 9 月 22 日下发三综执（吉阳）催字〔2012〕568 号《强制执行催告书》，要求你于 2012 年 9 月 23 日 24 时前自行拆除上述违法建筑物，并于 2012 年 9 月 22 日发出公告，要求你履行拆除义务，但你逾期仍未履行拆除义务。根据《中华人民共和国城乡规划法》第 64 条、第 68 条之规定，我局决定于 2012 年 12 月 19 日对你上述违法建设的建筑物实施强制拆除。如不服本决定，可自本决定书送达之日起 60 日内向三亚市拆迁部门申请行政复议；也可在 3 个月内直接向三亚市城郊人民法院提起行政诉讼。行政复议和行政诉讼期间，本决定不停止执行。"

【审判】

海南省三亚市中级人民法院作出〔2015〕三亚行初字第 157 号行

政判决，认为：根据《中华人民共和国行政复议法》第12条第1款的规定，三亚市拆迁部门在收到施某安的行政复议申请后，负有进行审查并根据不同情况作出相应决定的法定职权和相应职责。根据《中华人民共和国城乡规划法》第40条第1款的规定，本案涉案楼房的建设者未经规划部门批准，未取得建设工程规划许可擅自建设，所建房屋为违法建筑。三亚市综合行政执法局针对涉案楼房建设者的违法建设行为作出行政处罚决定，在责令楼房建设者自行拆除违法建筑未果后，作出强制执行决定，其执行对象是涉案楼房的建设者。鉴于涉案楼房为违法建筑，三亚市综合行政执法局决定强制执行并未侵害施某安的合法权益，故三亚市拆迁部门作出33号不予受理决定并无不当。施某安诉请撤销33号不予受理决定不能成立。施某安认为三亚市综合行政执法局作出强制执行决定违法，属另一法律关系，不予审查。综上，判决驳回施某安的诉讼请求。

施某安提起上诉，认为其与三亚市综合行政执法局作出的行政行为有法律上的利害关系，原审法院认定事实不清，适用法律错误，其与开发商签订的买卖合同虽无效不受法律保护，但房屋内装修及家具等物品是施某安的合法财产，依法应受保护。三亚市综合行政执法局是基于行政处罚决定和强制执行决定实施的强拆行为，在强拆之前未履行调查、清点、登记等义务，导致强拆时房屋内财物被砸毁，侵犯了其合法财产权利，对其权利、义务产生了实际影响。他作为涉案房屋的实际占有、使用人，是三亚市综合行政执法局行政处罚后果的实际承受人，与233号强制执行决定具有法律上的利害关系。

三亚市拆迁部门答辩称，施某安不是具体行政处罚及强制决定的相对人，无权对具体行政行为申请复议。本案中，只有建房业主才有权提起行政复议或行政诉讼。施某安既非涉案建筑的建设者，也非土地使用权人，与被拆建筑没有法律上的利害关系。根据《城乡规划法》《海南省城乡规划条例》的相关规定，建设业主才是涉案行政行为的相对人。本案中，行政处罚及行政强制的对象是建设单位，也即建房业主。根据相关法律规定，未经验收或者验收不合格的房屋，不得交付使用。涉案房屋不允许买卖，更不允许交付使用。施某安与吴某清的《房屋购买协议书》是针对违法建筑的买卖合同，该买卖行为不受法律保护。施某安可以通过民事诉讼途径向吴某清主张返还购房款，而无权针对拆除违法建筑行为提起行政复议。综上，施某安不是涉案行政行为的相对人，与涉案行政行为不具有法律上的利害关系。三亚市拆迁部门作出不予受理决定符合法律规定。

海南省高级人民法院作出二审判决，认为本案的争议焦点和审查重点是三亚市拆迁部门不予受理施某安对233号强制执行决定提出的复议申请是否正确、合法。根据审理查明的情况，三亚市综合行政执法局作出233号强制执行决定，针对的主体对象是涉案海屿花园小区楼房的建设者，客体对象是海屿花园小区楼房建设者不履行693号行政处罚决定确定义务的行为。施某安不是海屿花园小区楼房的建设者，不存在应当履行639号行政处罚决定确定的义务而其拒不履行的行为，施某安的海屿花园小区房屋权利来源于其与吴某清之间的房屋买卖关系，故施某安不是233号强制执行决定的相对人。至于施某安是否为233号强制执行决定的利害关系人，因违法权益不受法律保护，利害关系应是指公民、法人或者其他组织的合法权益受到行政行为的侵犯，如果当事人不能证明自己的合法权益受到行政行为的侵犯，则不能认定其与行政行为有利害关系。本案中，施某安提供的证据不能证明233号强制执行决定侵犯了其应受法律保护的合法权益，故可以认定其与233号强制执行决定不具有利害关系。施某安主张其是海屿花园小区房屋的实际占有、使用人，是涉案行政行为后果的实际承受人，涉案房屋内的装修、家具等物品是其合法财产，依法应受法律保护，因而与233号强制执行决定具有利害关系。因本案是施某安不服233号强制执行决定向三亚市拆迁部门申请行政复议，如上所述，就233号强制执行决定本身而言，并不针对施某安，且不涉及海屿花园小区房屋内的装修、家具等财产；施某安主张其实际承受了涉案行政行为的后果，依法应当并且能够通过对其与吴某清之间的房屋买卖关系进行民事法律责任界定而得到救济，故施某安的上述主张不能成立。综上，三亚市拆迁部门认定施某安提出的复议申请不符合《中华人民共和国行政复议法实施条例》第28条第2项规定的受理条件，并据此作出33号不予受理决定，不予受理施某安提出的复议申请，并无不当。原审判决认定事实基本清楚，适用法律和判决结果正确，应予维持。施某安的上诉请求和理由不能成立，本院不予支持。

【评析】

本案中，一、二审法院围绕三亚市拆迁部门不予受理施某对 233 号强制执行决定提出的复议申请是否正确、合法这一焦点问题进行了审判，其中的关键点在于施某安是否具有提起行政复议或者行政诉讼的主体资格。本案涉及两个值得思考的问题：第一，实际居住的小产权房购买者是否有权就涉案房屋强制执行决定提起行政复议或者行政诉讼；第二，涉及民行交叉的案件，购房者应当如何维权。

第一，行政文书载明的相对人不等于行政复议或行政诉讼的主体。当行政行为的载体即行政文书确定的行政相对人是建设者时，购买涉案房屋的购房者是否可以申请行政复议呢？笔者以为，行政文书载明的相对人并不等同于可以提起行政复议或者行政诉讼的主体，即不应当以行政文书载明的相对人来限制可以提起行政复议或者行政诉讼的主体范围。

其一，从法律规定方面分析，《中华人民共和国行政复议法实施条例》第 28 条规定：'行政复议申请符合下列规定的，应当予以受理：（一）有明确的申请人和符合规定的被申请人；（二）申请人与具体行政行为有利害关系；……"其中，并没有将行政复议申请人限定于行政行为的相对人。《中华人民共和国行政诉讼法》第 25 条规定，"行政行为的相对人以及其他与行政行为有利害关系的公民、法人或者其他组织，有权提起行政诉讼"，同样没有将行政诉讼的原告局限于行政行为针对的相对人。

其二，从法学理论角度分析，鉴于行政复议的制度设计较多来源于行政诉讼法律制度。两者仅仅是受案范围、审理程序要求以及审查强度上有差异，但是在申请人资格上并无区分的必要。无论是否复议前置，有资格申请行政复议的人就有资格提起行政诉讼，故以行政诉讼中原告的资格认定理论进行分析。由于原告是行政诉讼的发起者，是最基础、最为关键的主体，行政诉讼中关于原告资格的设定，既是一种法律意义上的资格，保护合法权益的所有者，也具有将可能滥用司法资源的主体排除的作用。关于原告主体资格的规定，修订前的

《中华人民共和国行政诉讼法》第 24 条对原告资格进行了比较原则性的规定，即提起行政诉讼的公民、法人或者其他组织，《最高人民法院关于执行〈中华人民共和国行政诉讼法〉若干问题的解释》第 12 条借鉴了行政诉讼中第三人的概念，提出了具有法律上利害关系的规定。而新修订的《中华人民共和国行政诉讼法》第 25 条中在"利害关系"之前没有修饰限定，即原告的资格标准由"法律上的利害关系"扩展为"利害关系"（同样，在《中华人民共和国行政复议法实施条例》第 28 条对于行政复议申请条件的规定中，也仅适用了"有利害关系"的提法，没有其他限定）。只是在司法实践中，法院仅能处理法律上的利害关系。可以说，《行政诉讼法》中规定的利害关系意思是从宽解释的"法律上的利害关系"。由上述分析可以看出，原告资格的本质特征应当是"法律上的利害关系"。而如何界定法律上的利害关系，有观点认为法律上的利害关系应当是指行政法律上的利害关系。但笔者以为，此观念值得推敲。行政法律关系一般是指行政机关通过行政行为与行政相对人之间产生的法律上的关系，但是行政法律关系并没有包含行政机关与相关人的关系。而且，行政法律关系将事实行为排除在外，这既不符合行政诉讼的实际，也不符合行政诉讼法的规定。此外，法律上的利害关系也不完全等同于法定权利，还应当包含公民、法人或者其他组织的既得利益以及必定实现的期待利益等。可见，行政诉讼的原告资格并不应像民事诉讼中存在的"直接利害关系"的限定，不应当限定于行政行为的相对人。同时，在确定原告资格的过程中，应当以"可能性"作为参照标准，就是并非要求起诉人在起诉时就应当有合法权利受到侵害的必然性要件，而是只要起诉人的合法利益或者正当利益存在被侵害的可能性时，就应当赋予原告起诉的主体资格。

其三，从法律实践角度分析，在认定违法建设的执法过程中，行政机关认定的"相对人"自己主张其并非适格的相对人，房屋所有权者或土地权利人另有他人，但是行政机关仍然依据其调查的情况，在之后的执法过程中，以其认定的人员作为行政行为的相对人的，此时，涉案建筑的建设者、土地的权利人或者房屋的所有权人是否可以通过行政复议或行政诉讼来维权？此种情况中，如果仅仅按照行政文书载明的相对人来限定提起行政复议或者行政诉讼的主体，显然不符合法治的要求。例如，如果行政机关将在涉案建筑中的暂住者或者承租人认定为强制执行的相对人，这些行政机关认定的相对人可能出于并不关乎自身所有权或者法律意识不强等原因不注重行政机关的相关认定。在行政机关认定相对人可能存在错误的情况下，否定了持有相关协议或者有效法律凭证等权利人提起行政复议或者行政诉讼的权利，则会导致权利人通过行政复议和行政诉讼主张权利的合法渠道被堵塞。

具体到本案中，被上诉人答辩中称，行政强制的对象是建设单位，强制执行决定书中载明的相对人是建房业主，因此只有建房业主才可能通过行政复议或者行政诉讼主张权利。但实际上，行政机关不应当以施某安并非行政文书载明的行政行为相对人来否定其提起行政复议的权利，尤其是当房屋已经建成交付多年，施某安已经与吴某清签订《房屋购买协议书》，且没有对房屋买卖法律关系进行司法定性的情况下，吴某清以房屋所有权使用权或者房屋装修添附等自身合法权益可能因行政行为受到损害申请行政复议时，应保障其进入行政复议程序的权利。

第二，涉及民、行交叉案件购房者的维权之路。考虑到理论界以及司法实践中关于利害关系的认定一直存在争议，各地法院在处理此类案件中对于行政诉讼中原告主体资格的把握并不完全一致，选择较为恰当的维权方式才能更好地维护自身合法权益。例如，如果行政机关已经针对涉案建筑物实施了强制拆除行为，作为房屋实际居住者的权利人可以针对强制拆除行为提起行政诉讼以及行政赔偿诉讼。通常情况下，强制拆除行为涉及屋内动产的保护问题，房屋实际权利人起诉强拆行为的案件进入实体审理的可能性较之起诉强制拆除决定违法的案件进入实体审理的可能性更大，当事人可以在起诉强制拆除行为违法的案件中主张赔偿。本案中，代理律师就针对行政机关的强制拆除行为提起了诉讼，并在强制拆除及赔偿案件中积极为购房者维权，效果较好。同时，在行政机关查处违法建设的过程中，购房者可以就房屋买卖合同提起民事诉讼，如果法院确定买卖合同无效，根据《中华人民共和国合同法》第 58 条的规定，合同无效或者被撤销后，因该合同取得的财产，应当予以返还；不能返还或者没有必要返还的，应当折价补偿。有过错的一方应当赔偿对方因此所受到的损失，双方都有过错的，应当各自承担相应的责任。因此，签订房屋买卖合同的出卖人应当返还房款及赔偿相应的装修添附损失，购房者可以请求赔偿信赖利益损失以及期待利益损失等。

【律师提示】

《中华人民共和国行政诉讼法》第 25 条规定，"行政行为的相对人以及其他与行政行为有利害关系的公民、法人或者其他组织，有权提起行政诉讼"，法律并没有将行政诉讼的原告局限于行政行为的相对人。申请行政复议与提起行政诉讼的主体资格上并无区分的必要，无论是否复议前置，有资格申请行政复议的人就有资格提起行政诉讼。

当购房者购买的房屋被行政机关认定为违法建设，而行政机关一直针对很多年前建房的单位或个人进行行政行为时，实际在涉案房屋内居住生活的权利人仍然有权利申请行政复议或者行政诉讼，尤其是针对行政机关实施的强制拆除行为可以提起确认为违法的行政诉讼以及行政赔偿诉讼。一般在行政强制拆除行为违法时，即使原告无法直接证明财产损失的具体数额，人民法院也会可以根据生活经验结合案件的具体情况，酌定行政机关应当赔偿的数额。提起行政诉讼并不妨碍购房者通过民事合同诉讼维护自身权益，在行政机关查处违法建设的过程中，购房者可以就房屋买卖合同起诉民事诉讼，要求卖房者赔偿损失。

六、多个行政行为并存时如何维权

【提要】 当公民投入大量资金建房后，面临拆迁方作出的房屋征收决定和房地产开发企业的不合理协商，面临住建部门的行政处罚决定以及不明身份人员的强制拆除行为，同时还面临行政机关自行撤销行政行为以及公安机关不履行保护财产权法定职责的情况时，应当如何选择维权途径。笔者结合下述案例，进行维权策略分析。

【案情】（注：案情来源于对代理律师提供资料的整理归纳。）

委托人：吉林省长春市德惠市张某文、张某武

根据吉林省住房和城乡建设厅下达的"五年规划"及年度任务指标，长春市德惠市住房和城乡建设局结合实际情况制定了年度市区棚户区改造计划。2012年5月20日，德惠市住房和城乡建设局向德惠市发展和改革局提交《关于呈报东风棚户区二区改造建设工程项目建议书的请示》。2012年5月22日，德惠市发展和改革局出具了准予立项的批复。2014年2月13日，德惠市拆迁部门作出《房地产征收决定》。

委托人张某文、张某武因计划开展养殖经营，于2000年取得位于东风棚户区二区一处土地的使用权，总面积为2300平方米。因为道路不通等原因，委托人于2009年开始建房，其中房屋建筑占地面积为1750平方米。另涉案土地旁边有一院落，面积约350平方米，建筑面积约为350平方米。委托人建房总成本约为100万元。委托人于2009年、2010年分别向德惠市规划局交过两次款项。但因道路一直不通，涉案房屋建成后一直未投入使用。

因涉案地块位于房屋征收和土地收储范围（注：由2014年9月2日，德惠市住房和城乡建设局发函询问得知的情况），曾有开发商与委托人协商补偿问题，在协商过程中，开发商曾提出补偿方案是按照总建筑面积"1.5∶1"的比例置换，其他补偿款没有提及。因涉案地块附近地块建筑物的补偿标准都是按照"1∶1"置换的，委托人没有同意开发商关于涉案地块的补偿方案。

2014年7月2日，德惠市住房和城乡建设局向张某清出具了《行政处罚告知书》，主要内容是张某清建房未经城乡规划主管部门审批，未取得建设工程规划许可证，对涉案建筑限期自行拆除，逾期未拆除，德惠市住房和城乡建设局将会同相关部门依法强制拆除。2014年7月25日，德惠市住房和城乡建设局向张某清出具了《行政处罚决定书》。2014年7月27日，张某清委托代理律师提起行政诉讼，并向德惠市住房和城乡建设局发律师函，提出不得在委托人已经申请行政复议或者提起行政诉讼的期间对房屋实施强制拆除。2014年8月5日，德惠市

住房和城乡建设局撤销了该局作出的上述《行政处罚决定书》。

另，涉案房屋于 2016 年 6 月 24 日被强制拆除。2016 年 6 月 28 日，委托人的代理律师向德惠市公安局胜利派出所邮寄邮寄律师函，要求以"故意毁坏公私财物罪"立案侦查相关人员。2016 年 7 月 4 日，向德惠市公安局邮寄律师函，要求督促胜利派出所及早立案侦查。

【维权策略分析】

为了开展合法经营活动，委托人向规划主管部门交纳了款项，支付了取得土地使用权的对价，投入百万元，建设了房屋。但是，涉案房屋因涉及棚户区改造或者回迁房安置项目面临被征收，委托人在对补偿方案不满意的情况下，接到相关部门认定涉案建筑系违法建设的行政处罚。在公民申请行政诉讼过程中，行政机关自行撤销其作出的行政行为，但是委托人所建设的房屋却被身份不明人员进行了强制拆除，委托人向公安机关报案但一直未得到回复。此种情况在实践中常常发生，这样的情况下，公民应当如何维权呢？

第一，梳理出存在的可诉行政行为以及可能涉及的行政机关。按照《中华人民共和国行政诉讼法》关于行政诉讼受案范围的规定以及被告的认定规则，本案存在的可诉行政行为包括：其一，德惠市住房和城乡建设局作出的《行政处罚决定书》以及该行政机关撤销《行政处罚决定书》的行政行为。其二，德惠市拆迁部门作出的《房屋征收决定》。其三，身份不明人员实施的强制拆除行为。其四，德惠市公安局接到举报后未履行法定职责的行为。

第二，从维权目的实现的角度，对可诉行政行为进行初步分析。其一，行政机关作出《行政处罚决定书》与撤销该《行政处罚决定书》的行政行为均属于独立的可诉行政行为。即使行政行为已经在法律上不存在，但行政行为的相对人仍然可以要求确认违法，已经在诉讼过程中的，也可以坚持诉讼，请求确认违法，此种情况下坚持诉讼，往往胜诉概率较大。对于撤销该《行政处罚决定书》的行政行为亦可诉，诉讼的目的在于启动司法审查的行政机关撤销行政行为的目的和程序是否合法，行政机关撤销行政处罚决定的主要原因是程序问题还是实体问题。这两个诉讼的总体目的都是排除对涉案建筑涉及违法建设的定性问题，为之后的维权打下基础。

其二，《房地产征收决定》可诉。按照《国有土地上房屋征收与补偿条例》第8条的规定，为了保障国家安全、促进国民经济和社会发展等公共利益的需要，有下列情形之一，确需征收房屋的，由市、县级拆迁部门作出房屋征收决定：（四）由拆迁方组织实施的保障性安居工程建设的需要；（五）由拆迁方依照城乡规划法有关规定组织实施的对危房集中、基础设施落后等地段进行旧城区改建的需要。该法第14条规定："被征收人对市、县级拆迁部门作出的房屋征收决定不服的，可以依法申请行政复议，也可以依法提起行政诉讼。"在提起本诉时，需要明确委托人的房屋是否确属于被征收范围内，一般可以公告或者依补偿方案中有关征收范围的内容。如果存在房屋补偿决定，委托人对此不服的，也应当及时提起对房屋补偿决定的行政诉讼。否则，案件将进入申请法院强制执行的审查阶段。此诉可以为协商谈判赢得机会和时间。

其三，对于强制拆除行为，提起诉讼以及行政赔偿诉讼，获得直接经济赔偿的机会较大。本案中，案情里并没有介绍强制拆除的主体是哪个机关，这种情况在实践中也常常发生，导致委托人不知道被起诉哪个被告。对此，最高人民法院相关案例已经有了指导性意见，概括而言，就是在强制拆除房屋的案件中，原告应当对被告适格承担初步的证明责任。但是，如果行政机关已经发布征收决定，或者作出违法建筑确认决定的，原则上推定作出征收决定或者违法建筑确认决定的行政机关是强制拆除机关。除非作出决定机关有证据证明强制拆除行为确属其他相关部门或者组织所为。这样的规定，为当事人合理选择被告进行维权提供了有力支撑。

其四，要求公安机关履行保护财产权法定职责的案件，可以通过公安机关的调查处理更多地掌握强制拆除主体以及执法过程情况，为委托人进一步维权服务。

第三，从诉讼成本和效果的角度，确定维权的步骤和方式。因案件延续时间较长，起诉期限问题不容忽视。其一，对于行政处罚决定以及撤销行政处罚决定，德惠市住房和城乡建设局作出《行政处罚决定书》以及撤销该行政处罚决定书的时间分别是2014年7月25日和

2014 年 8 月 5 日，无论按照修订前的《中华人民共和国行政诉讼法》规定的 3 个月的起诉期限，还是《最高人民法院关于执行〈中华人民共和国行政诉讼法〉若干问题的解释》关于不知道诉权和起诉期限时 2 年的规定，都可能存在超过起诉期限问题。

其二，《房地产征收决定》是德惠市拆迁部门于 2014 年 2 月 13 日作出的，可能委托人实际上并不知晓该《房地产征收决定》的内容，而主张适用 20 年起诉期限的规定。但是该《房地产征收决定》是以公告方式送达的，起诉期限的计算不同于直接送达的起诉期限。对此，最高人民法院也有相关指导意见，就是行政机关依法以公告方式送达的，起诉人知道行政行为的时间应当以公告之日起计算。公告有期限的，从公告期结束之日起计算。公告内容已经告知诉权和起诉期限的，应当视为已告知诉权和起诉期限。具体而言，《国有土地上房屋征收与补偿条例》第 13 条第 1 款规定："市、县级拆迁部门作出房屋征收决定后应当及时公告。公告应当载明征收补偿方案和行政复议、行政诉讼权利等事项。"根据上述规定，房屋征收决定以公告方式送达，并不需要参照《民事诉讼法》规定的送达程序，向每一户被征收人送达。只要市、县拆迁部门依法进行公告，即视为征收决定已经送达每一户被征收人，征收决定公告中告知当事人诉权和起诉期限的，即视为全体被征收人已经被告知诉权和起诉期限。如果本案中德惠市拆迁部门有证据证明其在被征收范围内张贴公告，自该公告发布之日起，即视为所有被征收人已经被告知征收决定的内容及诉权和起诉期限。本案的委托人此时再提起诉讼，也已经超过修改前的《中华人民共和国行政诉讼法》第 39 条规定的 3 个月的起诉期限。

其三，对于强制拆除行为，可以按照新修订的《中华人民共和国行政诉讼法》规定的起诉期限提起行政诉讼以及行政赔偿诉讼。鉴于没有认定违法建设的前置行政行为，其强制拆除行为的合法性存在很多问题，对此进行起诉并附带赔偿，对于切实维护当事人合法权益比较可行。对于要求公安机关履行保护财产权法定职责的案件，也符合行政诉讼起诉的规定，可以提起诉讼。

此外，《国有土地上房屋征收与补偿条例》第 26 条第 1 款规定："房屋征收部门与被征收人在征收补偿方案确定的签约期限内达不成补偿协议，或者被征收房屋所有权人不明确的，由房屋征收部门报请作出房屋征收决定的市、县级拆迁部门依照本条例的规定，按照征收补偿方案作出补偿决定，并在房屋征收范围内予以公告。"鉴于赔偿数额与补偿数额可能存在的差距，可以考虑针对德惠市拆迁部门没有按照补偿程序对委托人作出补偿决定的行为提起行政诉讼，要求德惠市拆迁部门按照上述法律规定履行作出补偿决定的法定职责。当然，委托人需要提供之前有关人员曾就征收补偿问题进行协商但双方未达成补偿协议等方面的证据材料。

【律师提示】

在维权过程中，公民、法人或者其他组织应当进一步提高证据保存意识，例如，各类合同、交费票据以及行政机关作出的相关行政行为等。涉及征收补偿地块的，要注意各类公告的内容。同时，对于可能出现的不利局面，及时委托代理律师提供法律帮助，全面、具体地向代理律师介绍事实情况，在代理律师的帮助下，选择最佳的诉讼方案维权，避免产生建筑物被强制拆除等无法挽回的结果，在被强制拆除后也能最大限度的维护自身合法权益。

七、行政机关强制执行与申请法院强制执行的关系

【提要】 在社会经济生活中，公司租用集体经济组织的厂房、厂院，自建办公楼等附属设施的情况非常普遍，而国土资源部门针对集体经济组织作出国土资源行政处罚决定后，出租方没有在法定期限内提起行政复议或者行政诉讼，导致案件进入了申请法院强制执行阶段。当法院已经作出准予强制执行决定书、组织实施的镇拆迁部门已经下达腾退通知书的情况下，承租方为维护自身权利，需要厘清国土资源部门申请法院强制执行、法院如何对强制执行案件进行行政审查、法院委托乡镇拆迁部门组织实施拆除等问题的联系与衔接，并有针对性地采取维权措施。

【案情】（注：本案是北京吴少博律师事务所代理的案件）

委托人：宁波市杰隆锻造有限公司。

委托人：宁波市海顺创导机械实业有限公司。

2007 年 8 月 30 日，宁波市杰隆锻造有限公司（以下简称杰隆公司）与宁波市鄞州区东钱湖镇梅湖村经济合作社（以下简称梅湖村经济合作社）签订《厂房租赁合同》，承租其 960 平米厂房以及厂房所在厂区的空地，并在租赁的空地上自建厂房、办公楼、宿舍等建筑，合计约 1650 平方米。宁波市海顺创导机械实业有限公司（以下简称海顺公司）与梅湖村经济合作社于 2009 年 3 月 10 日签订《土地租赁协议》，承租了该村位于大花岙黄泥湾一块约 4 亩（2666.6 平方米）的土地，并建造了约 3000 平方米的厂房和办公用房。

2009 年 8 月 7 日，宁波市国土资源局以梅湖村经济合作社为被处罚人作出东旅行罚［2009］02 号《土地行政处罚决定书》，主要内容如下：梅湖村经济合作社未经依法批准，于 2009 年 4 月在梅湖村大花岭穿底岙山塘地建造厂房，共建成违法用地 6936 平方米，其中建筑占地面积 2886.9 平方米，建筑面积 3878.6 平方米。根据《中华人民共和国土地管理法》第 76 条、《中华人民共和国土地管理法实施条例》第 42 条的规定，对梅湖村经济合作社作出处罚如下：1. 责令退还非法占用的 6936 平方米土地；2. 限期拆除在非法占用土地上建造的 3878.6 平方米房屋及其他设施，并恢复土地原状；3. 处以每平方米 15 元人民币的处罚，共计 104 040 元。

梅湖村经济合作社于 2009 年 8 月 10 日收到上述《土地行政处罚决定书》后未在法定期限内申请复议或者提起诉讼，仅支付了 104 040 元罚款，未履行其他义务。2016 年 3 月 12 日，宁波市国土资源局向梅湖村经济合作社送达了甬土东旅催［2016］1 号催告书，限其在收到催告书后 10 日内履行《土地行政处罚决定书》中第 1、2 项内容的义务。但梅湖村经济合作社在指定的期限内未自动履行，宁波市国土资源局向法院申请强制执行。宁波市鄞州区人民法院于 2016 年 4 月 20 日立案受理后，于 2016 年 4 月 21 日作出［2016］浙 0212 行审 95 号《行政裁定书》，准予强制执行《土地行政处罚决定书》中第 1、2 项内容且执行由宁波市鄞州区东湖镇拆迁部门组织实施。

2016 年 4 月 27 日，杰隆公司、海顺公司委托代理律师以宁波市国土资源局为被告，以涉案部分建筑系该两公司建设为由提起诉讼，要求撤销《土地行政处罚决定书》。2016 年 8 月 9 日，宁波市鄞州区人民法院裁定驳回起诉。

2016 年 9 月 30 日，东湖镇拆迁部门依据宁波市鄞州区人民法院作出的［2016］浙 0212 行审 95 号行政裁定书，向杰隆公司、海顺公司送达《腾空房屋通知书》，要求杰隆公司、海顺公司于 2016 年 10 月 18 日前腾空上述房屋，撤离该处。

杰隆公司、海顺公司委托代理律师向宁波市中级人民法院提起监督纠正申请，要求依法撤销宁波市国土资源局于 2009 年 8 月 7 日作出的甬土东旅行罚［2009］02 号《土地行政处罚决定书》，依法撤销宁波市鄞州区人民法院于 2016 年 4 月 21 日作出的［2016］浙 0212 行审 95 号行政裁定书。

2016 年 9 月 26 日，宁波市中级人民法院依法受理两公司提出的审判监督申请。代理律师向东湖镇拆迁部门发送律师函，要求撤销依法撤回《腾空房屋通知书》，并不得对涉案房屋实施任何有实际影响的行为。

【解析】

当公民、法人或者其他组织遇到行政机关或者人民法院的强制执行时，往往很难分清哪个机关可以执行。这些部门的衔接程序如何，应当厘清强制执行权的设定和实施问题，才能更好地维权。

1. 国土资源部门无权强制执行，应当申请人民法院强制执行

行政权是依照法律规定，组织和管理公共事务以及提供公共服务的权力，涉及社会生活的诸多方面，影响范围广、强度大。然而，权力具有两面性，权力行使合法、合理，可以对社会产生积极作用，而随意行使权力，则会给处于相对弱势的公民、法人或者其他组织造成损害。为规范行政强制执行权的行使，《中华人民共和国行政强制法》围绕监督行政机关依法履行职责的立法目的，对强制执行问题进行了明确规定。

从行政机关强制执行方式的角度，行政强制执行包括行政机关强制执行和行政机关申请人民法院强制执行。因而，《行政强制法》第四章对行政机关强制执行程序进行了明确规定，第五章则对行政机关申请法院强制执行的程序进行了规定。

行政机关强制执行和行政机关申请人民法院强制执行这两种方式最主要的区别在于是否有法律的明确规定。《行政强制法》第 34 条规定："行政机关依法作出行政决定后，当事人在行政机关决定的期限内不履行义务的，具有行政强制执行权的行政机关依照本章规定强制执行。"《行政强制法》第 53 条规定："当事人在法定期限内不申请行政复议或者提起行政诉讼，又不履行行政决定的，没有行政强制执行权的行政机关可以自期限届满之日起三个月内，依照本章规定申请人民法院强制执行。"其中，所谓"具有行政强制执行权的行政机关"，就是指已经有法律明确授权的行政机关。

例如，《中华人民共和国城乡规划法》（中华人民共和国第十届全国人民代表大会常务委员会第三十次会议于 2007 年 10 月 28 日通过，自 2008 年 1 月 1 日起施行）是全国人大常委会通过的法律，该法第 65 条规定："在乡、村庄规划区内未依法取得乡村建设规划许可证或者未按照乡村建设规划许可证的规定进行建设的，由乡、镇拆迁部门责令停止建设、限期改正；逾期不改正的，可以拆除。"这是法律明确规定乡镇拆迁部门既可以是责令停止建设、限期改正的主体，也可以是直接实施强制拆除的主体。

《中华人民共和国城乡规划法》第 68 条规定："城乡规划主管部门作出责令停止建设或者限期拆除的决定后，当事人不停止建设或者逾期不拆除的，建设工程所在地县级以上地方拆迁部门可以责成有关部门采取查封施工现场、强制拆除等措施。"这是对于城乡规划主管部门相关权力的规定，即城乡规划主管部门具有责令停止建设、限期拆除的权力。但是具体实施强制执行时，应当由建设工程所在县级以上拆迁部门责成有关部门具体实施。总体而言，实践中，对于违反规划行政管理的行为，行政机关的强制执行应当遵守《行政强制法》第四章的规定。

但是，对于违反国土资源行政管理的行为，法律规定与上述规定并不相同。《中华人民共和国土地管理法》并未赋予国土资源部门强制拆除的权力。因此，需要执行国土资源行政处罚决定书时，国土资源部门依法应向人民法院提出申请，申请人民法院强制执行。总体而言，对于违反国土资源行政管理的行为，行政机关应当申请人民法院强制执行。

需要说明的是，根据《行政强制法》第 53 条的规定，没有强制执行权的行政机关申请人民法院强制执行并不需要其他法律的专门规定，行政机关可以根据《行政强制法》第 53 条的规定向人民法院提出申请。

《最高人民法院关于违法的建筑物、构筑物、设施等强制拆除问题的批复》已于 2013 年 3 月 25 日由最高人民法院审判委员会第 1572 次会议通过，自 2013 年 4 月 3 日起施行。其中规定，"根据行政强制法和城乡规划法有关规定精神，对涉及违反城乡规划法的违法建筑物、构筑物、设施等的强制拆除，法律已经授予行政机关强制执行权，人民法院不受理行政机关提出的非诉行政执行申请"。就是说，虽然违反规划行政管理的违法建设也常是违反土地行政管理的违法用地行为，但是不同机关依照不同的法律作出的行政行为，强制执行的机关并不相同。

2. 人民法院强制执行分为两种

上文从行政机关的角度，对哪些行政行为可以由行政机关自行执行，哪些应当申请人民法院强制执行进行了区分。从人民法院执行内容的角度看，人民法院的强制执行权分为两类：一类是对生效裁判文书的执行，一类是非诉审查执行。

前者是指为了维护生效裁判的权威性，由法律赋予人民法院的强制执行权力。具体到行政诉讼中，行政审判是人民法院针对原告与被告行政机关之间的纠纷进行的裁判，当生效裁判送达当事人之后，如果负有履行义务的一方当事人拒绝履行义务，则已经裁判的行政争议并没有真正得以解决，人民法院会根据生效裁判，依靠法律赋予的强制执行权，强制当事人履行其应当承担的义务。

此外，由于行政诉讼双方关系的特殊性，在司法强制执行之外，法律授权的行政机关也有强制执行权。因此，《行政诉讼法》第 95 条规定:"公民、法人或者其他组织拒绝履行判决、裁定、调解书的,行政机关或者第三人可以向第一审人民法院申请强制执行,或者由行政机关依法强制执行。"

人民法院的非诉审查执行,就是行政机关作出行政行为之后,公民、法人或者其他组织在法定期限内没有申请行政复议,没有提起行政诉讼,也没有履行义务的,行政机关申请人民法院强制执行。非诉审查执行的主要依据是《行政强制法》第五章的规定,该章对于非诉审查过程中,行政机关需要进行的催告以及需要提交的申请材料、法院对非诉审查案件的受理与审查等进行了明确规定。人民法院通过非诉审查,对行政机关作出的行政行为会作出两种处理结果:一种是准予强制执行,另一种是不准予强制执行。而人民法院裁判的标准也是行政诉讼中特有的"合法性"审查原则。

根据上述分析,在上文陈述的案件中,宁波市国土资源局以梅湖村经济合作社为被处罚人作出东旅行罚〔2009〕02号《土地行政处罚决定书》,当梅湖村经济合作社没有申请行政复议,没有提起行政诉讼,也没有完全履行行政处罚决定书内容时,宁波市国土资源局向人民法院申请了强制执行。人民法院在进行书面审查之后,作出了准予强制执行的裁定。

3. 准予强制执行案件中裁、执分离问题

对于非诉审查执行案件中,人民法院准予强制执行的,具体由哪个机关实施执行行为,涉及裁、执分离问题。上述案件中,人民法院在准予强制执行的裁定书中,另有半句话"执行由宁波市鄞州区东湖镇拆迁部门组织实施",这种方式是否合法?

《最高人民法院关于执行〈中华人民共和国行政诉讼法〉若干问题的解释》对于裁定准予强制执行和裁定不准予强制执行进行了比较细化的规定。同时,该解释第93条规定:"人民法院受理行政机关申请执行其具体行政行为的案件后,应当在30日内由行政审判庭组成合议庭对具体行政行为的合法性进行审查,并就是否准予强制执行作出裁定;需要采取强制执行措施的,由本院负责强制执行非诉行政行为的机构执行。"该条规定明确了法院内部的裁、执分离问题,即行政审判庭负责非诉审查执行案件的书面审查,作出准予强制执行或者不准予强制执行的裁定书。对于准予强制执行的案件，移送法院执行部门具体实施执行措施。虽然最高人民法院的该司法解释随着行政诉讼的修订也进行了修改。但是目前很多法院仍遵循这样的裁、执分离方式。

所谓裁、执分离就是制作裁决的机关与执行裁决的机关分离，不能由统一机关既行使裁决权又行使执行实施权。在《国有土地上房屋征收与补偿条例》制定过程中，对于征收决定的强制执行主体曾一度产生非常大的争议，虽然最后明确了申请人民法院强制执行的规定，但是具体如何实施，还没有明确的规定。

目前由于没有具体规定，全国各地仍处于探索阶段，司法部门倾向于考虑到广义的"裁、执分离"原则的要求，认为人民法院只应对非诉审查执行案件中的行政行为进行审查和裁定，具体的组织实施行为还应由有关行政部门来承担。

本案中，法院根据辖区改革方案的规定，提出具体执行由宁波市鄞州区东湖镇拆迁部门组织实施，不宜认定为违法。值得肯定的是，杰隆公司、每顺公司委托代理律师既向裁判机关即上一级法院提出审判监督申请，也向执行机关即东湖镇拆迁部门发送律师函，有利于更好地维护委托人的合法权益。

【律师提示】

按照《中华人民共和国城乡规划法》第65条和第68条的规定，乡镇拆迁部门既可以是责令停止建设、限期改正的主体，也可以是直接实施强制拆除的主体。城乡规划主管部门具有责令停止建设、限期拆除的权力，但是具体实施强制执行时，应当由建设工程所在地县级以上拆迁部门责成有关部门具体实施。行政机关强制执行时应当遵守《行政强制法》第四章的规定。

《中华人民共和国土地管理法》并未赋予国土资源部门强制拆除的权力，因此，对于违反国土资源行政管理的行为，行政机关应当申请人民法院强制执行。《行政强制法》第五章对于非诉审查过程中，行政机关需要进行的催告以及需要提交的申请材料、法院对非诉审查案件的受理与审查等进行了明确规定。人民法院通过非诉审查，对行政机关作出的行政行为会作出两种处理结果：一种是准予强制执行，另一种是不准予强制执行。

裁、执分离就是制作裁决的机关与执行裁决的机关分离，不能由统一机关既行使裁决权又行使执行实施权。狭义上是指法院部门行政庭负责裁判、执行部门负责执行；广义上是指法院裁判、行政机关具体实施执行措施。

行政法学界通常认为，我国现行的行政强制执行权，以申请人民法院强制执行为原则，行政机关自行强制执行为例外。但这是从法律规定数量相比较而言的。从实际操作的角度看，行政机关自己实施强制执行的数量占多数。